La herencia de los Sueños

SHARK

© La herencia de los sueños (Shark)
Barcelona 2014
Portada: Markelcrack
Autor: Shark
Facebook, twitter: La herencia de los sueños
Autógrafos y dedicatorias: sharkbcn1@hotmail.com
ISBN: 846067328-6
ISBN-13:978-84-606-7328-6

AGRADECIMIENTOS

Quiero agradecer a quienes con buena o mala fe me incitaron a escribir esta novela ambientada en un mundo difícil de explicar y de comprender como es el BDSM. Lo intentaron con las 50 sombras que para los críticos y detractores más acérrimos se quedó en la frialdad de las descripciones y pasó de puntillas por la pasión sin acercarse lo más mínimo a lo que el lector hubiera deseado. Espero que en algún momento alguien pueda decir que "la herencia de los sueños" es la sombra de las sombras.

Cabe un guiño literario a alguien que se hace llamar "Huella". En algún pasaje tiene ese guiño por la promesa que le hice al aportar sus opiniones. También quiere agradecer el ánimo y la motivación que me ha aportado "corinne" quién a partir de la lectura de uno de los primeros capítulos me hizo poner el turbo a mis dedos y a mi imaginación. Su frase "quiero leer más" la recordaré siempre. Agradecimiento especial a mi entonces agente literario que dijo no tener tiempo para leer novelas y a los veinte minutos de enviarle uno de los capítulos me llamó inmediatamente con un mensaje. "He empezado la primera frase y no he podido parar hasta el final" ¿Hay más novela? Me preguntó. Y qué decir de Isabel que hizo un hueco en sus múltiples recursos administrativos para leer y darme su opinión de los ya avanzados capítulos 32 y 33. Un correo me advirtió que había terminado de leer el 32. Minutos después me llegó otro correo. "No he podido evitarlo. He arrancado con el 33 y lo he terminado mis felicitaciones. ¡Qué ritmo!". Quiero agradecer sinceramente y con mención especial la colaboración desinteresada de lunadesangre quien ha trabajado en la maquetación de esta novela. A otros tantos que han aportado su granito de arena "MasterJ" "Galatea" mi más sincero agradecimiento para ellos y a los que sin nombrar saben que una parte de sus aportaciones están aquí.

.

Contenido

Capítulo 1

Rondaban las once de la mañana de aquel día primaveral. El sol penetraba por los ventanales de la residencia. La enfermera puntual en su ruta acababa de empujar mi silla de ruedas hasta el lugar donde a mí más me gustaba. Era un placer permanecer allí hasta la hora de la comida. Total no tenía otra cosa que hacer. Recibir los influjos del sol a esas horas era un placer del que pocas veces tuve la ocasión de disfrutar.

Mi vida consistía en dejar transcurrir los días uno tras otro. Sin distinguir ya si hoy era lunes o martes. No era algo importante salvo que algún residente lo preguntase. Yo ni me paraba a pensar en el día en que vivía. Me resultaba del todo indiferente. No tenía que fichar en ningún lugar. Nadie reclamaba mi atención. Más bien era yo quién reclamaba la atención de los demás. En especial de las enfermeras. Con el resto de residentes mantenía una relación nula o casi nula. Hoy estaban y mañana desaparecían. En su inmensa mayoría con los pies por delante. En mi caso no esperaba ser menos.

En esta residencia me refugié hace ya unos años cuando me sentí solo. Ya no me quedaban amigos y no tenía ganas de incordiar a mis hijos. Ellos ya tenían lo suyo como para aguantar a un cascarrabias de ochenta y cinco años cumplidos. Quizás esté viviendo mis últimas primaveras.

–Sr. Ulises... ¿Quiere que lo cambie de sitio?

La dulce voz de Adela, mi enfermera favorita, me saco de mis pensamientos.

—Muchas gracias Adela es usted muy amable. Permaneceré aún un rato más aquí. Ya sabe que disfruto de este momento. El calor del sol en mi cuerpo es muy gratificante, especialmente en mis piernas.

—Si claro. Como usted guste. ¿Le traigo su novela?

—Si, muchas gracias. Si no le importa, me hará un favor. La olvide al salir de la habitación.

—No se preocupe Sr. Ulises se la traeré en unos minutos.

—Tranquila Adela, le prometo que de aquí no me voy a mover.

Sonrió y sonreí. Era un buen momento para empezar a leer esa novela. Uno de mis nietos, mi favorito, me la regaló en mi último cumpleaños. De los cinco nietos que la vida me había regalado, Raúl era uno de mis preferidos junto a Irene. Ambos por sus respectivas edades ya empezaban a tener su propia autonomía. Irene entraba en sus treinta años y Raúl que le seguía estaba en los veintinueve. Recuerdo su cara y su mirada cuando me la entregó.

—Toma abuelo para que te entretengas.

Eso me dijo, guiñándome un ojo y despistándose de la mirada implacable de su padre. Mi hijo pequeño. Un gran dictador.

—Gracias Raulito.

—Abuelo no me llames así que ya me afeito.

—Es que...

Me quedé parado mirándolos a todos. Mi niña acababa de cumplir sus sesenta y un añitos y mi hijo pequeño cincuenta y nueve. Irene y Raúl tenían muy buena sintonía. Eran primos, aunque se llevaban como buenos hermanos. Casi siempre venían juntos a verme. Me visitaban cada semana por lo menos uno o dos días. Cuando no era un consejo, era cualquier otra excusa para verme. Elegí esa residencia para que pudiese estar cerca de todos.

—Abuelo esta te va a gustar... —dijo medio escondiéndose de las miradas de su padre.

—¿Por qué crees que me va a gustar? ¿Crees que a tu padre no le gustaría? ¿Crees que si a tu padre no le gusta a mí me va a gustar? y por último ¿Por qué rehúyes sus miradas?

—Abuelo él es un dictador pero tú eres implacable. No se te escapa una. Menuda batería de preguntas. ¿Me vas a someter a tercer grado?

—Tú dirás lo que quieras. Pero aún no me has respondido. Dime algo. De que va ¿Es policíaca? ¿De intriga? ¿Romántica?

—Pues no te lo voy a decir. Solo te digo una cosa. Es algo nuevo que me gustaría aprender y tú me puedes ayudar.

—¡Raúl! —le dije llamándole la atención —Eres un mal nieto, seguro que es otro libro de ingeniería para que te haga tus trabajos y así puedas ir de pendoneo por ahí. No te hago ningún trabajo más que yo estoy retirado hace años.

—Jejeje —su sonrisa todavía resuena en los ecos de mi memoria–, es un tema nuevo y no es trabajo. ¿Me ayudarás? —dijo poniendo cara de buen nene.

—¡Qué remedio! si me lo pides así es porque sabes que tu padre no está por la labor. Bien. No tomo compromiso de enseñarte porque aún no se lo que quieres aprender. Prometo leerlo. Después ya hablaremos de si te enseño o no.

—Vale abuelo... acepto el trato.

—Pero que trato ni que leches te estoy hablando de mi voluntad. —sonreí a carcajadas–, eres la monda. Ven aquí y dame un abrazo para sellar ese trato.

Me quedé dormitando al calor del sol que seguía calentándome al abrigo de aquella galería acristalada.

—Su novela Sr. Ulises.

—Muchas gracias Adela, me había quedado adormilado. No sé qué haría sin su ayuda.

—No me las de. Es un placer para mí. Por cierto ¿Ésta es la novela que le regaló su nieto?

—Si, ¿Por qué me lo pregunta?

—No sé cómo decírselo Sr. Ulises... No me gustaría tener que suministrarle bromuro en la sopa.

—¿Y eso?

—Su nieto le ha regalado una novela de mucho éxito...

—Y... ¿Por eso me tiene que poner bromuro en la sopa?

—Se está haciendo el distraído conmigo. ¿Verdad?

—Adela, llevo mucho tiempo apartado del mundo como para saber nada de la actualidad y más que me pienso apartar.

—Sr. Ulises es un best–seller. Es una novela tórrida y picantona.

Sonreía Adela tapándose la boca con una mano mientras se iba alejando de mí. Al mismo tiempo que releía el título de la novela. "La herencia de los sueños". Ya se me había olvidado el título desde la última vez que lo miré. Mi memoria fallaba más que una escopeta de feria. Ojeé un poco y me dije... Ulises adelante vamos a ver lo que Raúl quiere aprender. Después de darle un repaso al prólogo me dispuse a iniciar su lectura.

Capítulo 2

Un sopor me inundaba. Eran las tres de la madrugada. Me desperté sobresaltado de aquel sueño. ¿Había sido real o solo una ficción? Aún tardé unos minutos en recuperar el aliento y reconocer la realidad. Estaba alterado, inquieto, sudado y desconcertado. Estaba en ese tránsito que va desde el sueño profundo al despertar. Donde uno aún no se ha encontrado a sí mismo. Perduran en la memoria las imágenes del sueño que aún estaba vivo. En ese punto donde las siluetas se quedan grabadas en la retina del recuerdo.

Me levante de la cama a sentir un poco el frío de la noche y aliviar mi sed. En seguida me di cuenta del despropósito. Había tenido una polución nocturna. Algo que sucede a los hombres cuando van muy cargados. No fue lo que más me inquietó, fue el sueño que tuve. Vivo. Intenso. Fantástico. Impresionante.

La sensación era real como si hubiese sucedido en aquel mismo instante. Una sensación de ingravidez me colmaba. No sentía el peso de mi cuerpo, solo percibía el momento, agravado por las trampas de mi inconsciente. Ese que rige nuestras emociones y nuestras voluntades. El propietario de nuestros sueños y anhelos.

Bebí aquel vaso de agua con ansia para saciar mi sed con urgencia. Como el caminante en un desierto de arena sin fin. Tras el añadí otro más, estaba agotado y sediento. Alumbrado por las escenas que mi mente acababa de reproducir dentro de mi estado de inconsciencia nocturna.

Todavía perduraba su intensidad, la fiereza del momento, que aunque irreal, me había parecido de lo más real. Estaba perplejo. Me senté en el taburete de la cocina a meditar. ¿Qué había pasado? ¿Por qué? ¿Quién era aquella desconocida? ¿De dónde saco mi imaginación el látigo? ¿Por qué la azoté? Esto último trastocaba mi mente. Recordaba someramente que fue en ese momento cuando sentí la presión en mi miembro y ese calor previo que recorre toda la médula, acompañado de la tensión muscular que advierten de la inminente eyaculación.

Todavía invadido de sudoración y de camino nuevamente a la cama, me vi reflejado en el espejo del pasillo. Me acerqué a él a observarme. Estaba ante mí preguntándome por mi reciente despertar. Mire en lo más profundo de mis ojos para intentar descubrirme, conocerme, saber que me ocultaba a mí mismo. Durante cuánto tiempo iba a estar jugando al escondite. Aún tembloroso por la excitación me hacía mil preguntas sin respuestas.

El eco del sonido de aquel látigo silbando en el aire y del impacto que recibía la protagonista impersonal perduraba en mí. Sus nalgas al descubierto ofrecidas a los azotes. Su rostro mostraba complacencia al recibirlos. Sin una muestra de queja por ello. Líneas sonrosadas marcaban sus blancas posaderas en cada azote. Sujeta por sus muñecas en algún lugar elevado e imaginario. Uno tras otro fue recibiéndolos en silencio. Un leve jadeo a cada impacto. Su respiración entrecortada se aceleraba por instantes. Debía dormir. Al día siguiente tenía una reunión muy importante con el propietario de una empresa. Mi amigo moscovita, Dimitri, se había encaprichado por la compra de aquella compañía. Hacía meses que hacía gestiones con sus responsables para establecer un encuentro. Deseaba iniciar una ronda de conversaciones tendentes a satisfacer los deseos de mi cliente y amigo.

Él un adinerado ex–funcionario de la administración que se pasó a la empresa privada tan pronto se abrió la posibilidad legal en su país. Hizo caja en menos de dos años y ahí estaba él pasándome encargos.

Me acerque a la cama. Marta dormía plácidamente. Sin inmutarse de mi paseo nocturno hasta la cocina, ni tampoco del sobresalto que había tenido. Me metí en la cama con mucho sigilo para que no se advirtiese mi incursión nocturna. Aún no recuerdo porque lo hice. Quizás fue por mi sentimiento de culpa. Pero... ¿Qué culpa? solo había sido un sueño. ¿Por qué me comportaba así? ¿Por qué esa necesidad de ocultación?

Al amanecer me levante como todos los días. Mi aseo personal y vestirme con la ropa que había elegido el día anterior. No podía decepcionar a Dimitri, un enamorado del diseño español. Muy especialmente de la ropa de hombre. Le encantaba coger mis corbatas y manosear su tacto sedoso. Las acariciaba denotando una cierta ansiedad. Sus dedos nerviosos y excitados por el contacto con la seda. Decía que le estimulaba su sensibilidad táctil.

Llegamos ambos casi al mismo tiempo al lugar de encuentro. Una de las cafeterías modernas de la zona alta de la ciudad. Dimitri se había vuelto un señorito. No disponía más que de sus manos para cerrar el negocio y su abultada cartera. Hablaba un castellano exquisito, sin sesgos, ni ese rasgoso acento ruso.

—Franc, ¿lo tienes todo preparado para hoy? —me preguntó—.

—Pero Dimitri, ¿Qué quieres que tenga preparado? Si todavía no tenemos nada, solo estamos iniciando los contactos. Estamos en los preliminares. Lo único que tengo es la hora de la reunión de hoy y poco más.

—Tontadas —me dijo—este tema lo zanjamos esta misma mañana.

—¿Cómo puedes estar tan seguro? Habrá que negociar. Llegar a acuerdos. Pactar.

—Franc esto es muy fácil de entender, tú solo eres mi acompañante. Quiero que estés a mi lado. Ellos tienen unas llaves que tienen un precio. Yo pondré mi precio y esta misma mañana las llaves estarán en mi poder. Te aseguro que a mediodía, tú y yo estaremos sentados en el sofá que tiene el actual propietario en su despacho. Pondremos los pies en la mesa de centro. ¡Nuestra mesa desde ese momento!

—Dimitri, me tienes sorprendido. Recuerda que esto es España. Aquí las cosas no funcionan así. Hay unos protocolos y unos tiempos en la negociación.

—Tú no sabes lo que es sentirse poderoso. Franc para mí no hay puerta que se resista. Eso es poder. Hoy te vienes de compras con tu amigo Dimitri.

Sonó una carcajada profunda. Dimitri se destornillaba a reír. Una sonrisa poderosa y arrogante. Como Clark Gable le arrojaba a Escarlet O'hara en Tara. Me puso la mano en el hombro y con dulzura me dijo.

—Venga Franc, confía en mí. Tu solo me acompañas. Vamos ya, que son las diez de la mañana y dentro de dos horas tenemos una mesa reservada.

—¿Dónde? —le pregunté con cierta curiosidad.

—En el despacho del aún propietario de la empresa para poder poner nuestros pies encima de ella y fumarnos un buen puro habano.

—¿Cuando me has visto fumar puros?

—No te preocupes. Tú no te fumes el habano que ya me lo fumaré yo.

La empresa que mi amigo quería comprar no estaba lejos de aquella cafetería donde nos habíamos citado aquella mañana. Nos levantamos de la mesa y salimos del local poniendo rumbo hacía nuestro destino.

Divisamos la entrada cercana. Disponía de unas puertas de cristal oscuro que no se veía nada desde fuera. Tan pronto nos pusimos delante se abrieron de par en par. Un pasillo dibujado por una alfombra alargada en color granate. Una decoración minimalista fue todo lo que vislumbre a primera vista.

Habíamos caminado escasos metros, cuando una recepcionista se presentó ante nosotros.

—Buenos días señores... ¿En qué les puedo ayudar? ¿Vienen a ver a alguien? ¿Tienen cita?

—Señorita —respondió Dimitri— venimos a ver a su jefe. Al Sr. Durán, al propietario de todo esto.

—Disculpen ustedes, pero el Sr. Durán, no recibe visitas.

—Señorita, permítame que insista, nos está esperando. Tenemos cita con él. Tenga la bondad de decirle que le esperan Dimitri Mikhailov y Franc Sirera.

Tan pronto se fue la recepcionista a dar el mensaje de nuestra visita y hacer las pertinentes preguntas a sus superiores, veo a Dimitri que se me acerca a la oreja con mucha cautela y sigilo. Lo miro desconcertado por su forma de acercarse y me dice...

—Esta recepcionista en breve será de mi propiedad.

Lo mire indignado y le solté un pellizco en una de sus nalgas pasándole mi mano por debajo de su americana.

—¡Huis!, ¿Franc me has pellizcado?

—Si, Dimitri, sí. Contente un poco. Esas cosas ni en broma, ¿Vale? —

dije con semblante de indignación.

—Me parece que eres un puritano. Marta debe de ser muy feliz contigo. Un hombre casto y puro. Un caballero que protege a las damiselas de monstruos como yo.

En ese momento apareció nuevamente la recepcionista. Sentí como me ruborizaba de una forma alarmante. Miré a Dimitri a los ojos y al instante siguiente a ella. Fue peor el remedio que la enfermedad. Se me debió de notar mucho mi estado de enfado. Ella me preguntó.

—Señor, se encuentra usted bien, ¿Quiere un poco de agua?

En una fracción de segundo me sentí morir. Mi rostro estaba a punto de explotar por mi ebullición interna. Creo que se acumuló toda la sangre que tengo en mi cuerpo, en un solo lugar, mi cara.

—Si por favor. Un poco de agua me aliviará. No sé qué me está pasando...

—Venga conmigo por favor. Acompáñeme, lo acomodaré.

—Muchas gracias —llegué a pronunciar balbuceando.

—Señor no lo agradezca. Es mi trabajo atender a las visitas. Póngase cómodo. Siéntese aquí mismo.

Dimitri me miró perplejo. Su talante se había tornado dócil y dulce. Me tomó del brazo como un hijo coge a su padre. Esa sensibilidad suya me rompía los esquemas en contraposición con esa gallardía que mostraba en otras ocasiones.

La recepcionista se puso delante de nosotros y nos invitó a acompañarla. Me señaló un silloncito en una pequeña sala de espera que disponían al lado de la recepción. Una decoración agradable, sillones y una mesita adosada a una esquina. Las típicas revistas de peluquería. Una luz agradable y natural que entraba por un acristalamiento en el techo iluminaba el espacio. Entre los dos me acomodaron. Una vez sentado Dimitri y yo nos quedamos solos. Ella salió de la estancia.

—¿Has visto que atenta que es? —soslayo Dimitri.

—He dicho que se acabó. Si sigues me levanto y me voy.

—Esta vez lo estaba diciendo con la mejor intención.

—Mira, tus intenciones nunca se sabe cuáles son. Así que tengamos la fiesta en paz ya he tenido suficiente hoy.

—Estas muy susceptible Franc, de verdad que te aprecio mucho. No entiendo lo que te sucede esta mañana, nunca te había visto así.

La joven recepcionista apareció con una bandeja metálica. Por los laterales de la bandeja asomaba una servilleta de hilo escocés. La acercó a mí y me entrego el vaso de agua. Al primer contacto con mis labios me supo a gloria. Ella se quedó ante mí, con la bandeja entre sus dos manos, solícita y a la espera que apurase el vaso. Me tomé mi tiempo. La bravuconada de Dimitri con sus comentarios me había alterado.

El recuerdo del sueño de la pasada noche y ella ahí, en pie ante mí, con un gesto de asentimiento. Sus manos sujetando la bandeja y esa media mueca en la comisura de sus labios para resultar más agradable, turbaron mi pensamiento.

La culpa de todo fue de Dimitri, el destapó la caja de los truenos. Como elemento añadido esos trajes chaqueta que les hacen poner a estas chicas. El que llevaba era gris marengo, con una raya de color grana muy fina para darle al paño más prestancia. La falda ceñida en la cadera y ajustada. El corte a unos dedos por encima de la rodilla. La chaqueta entallada ajustaba perfectamente al contorno de su cuerpo. Al abrocharse le hacía resaltar sus curvas femeninas.

Aun no me había repuesto del todo cuando el Sr. Durán debió de dar las órdenes pertinentes para recibirnos.

—Señores, ¿Me acompañan? La secretaria del Sr. Durán les está esperando.

Salimos de la pequeña estancia que había servido para recuperar un poco el aliento. En todo momento fuimos guiados y acompañados. Desde la salita de recepción hasta llegar a la planta "noble" donde se encontraba la gerencia. Allí nos esperaba la secretaria del Sr. Durán y el mismísimo Sr. Durán en persona. Íbamos uno tras otro, camino del ascensor que nos conduciría a nuestra cita.

En el ascensor una mirada inquisidora y represora atisbé en el rostro de Dimitri. Sus ojos entornados me miraban con su mayor dureza. Enseguida descubrí sus motivos. Me había sorprendido mirándola por detrás. Fue algo inconsciente e instintivo. Ella iba delante de mí. Si, la miré y se lo miré. Mi inconsciencia recibió su merecida reprimenda y sin palabras.

Ascendimos hasta la tercera planta del edificio. La zona noble. Al abrirse las puertas me di cuenta de su grandeza. Había grandes ventanales que dotaban a toda la planta de una gran iluminación natural. En un primer lugar nada más salir del ascensor nos encontramos con un gran mostrador acristalado detrás del cual asomaba la que debía de ser la señorita Astrid. La secretaria del Sr. Durán. Hasta ahí nos acompañó la recepcionista y nos dejó en sus manos.

Con la señorita Astrid entramos en un fastuoso despacho. Al fondo del mismo había un hombre en pie. Intuí que sería el Sr. Durán. Observé el mobiliario todo en madera de chapa de cerezo. Nuestro anfitrión nos invitó a tomar asiento.

En ese momento Dimitri me hizo un gesto. Apuntaba con su mano derecha a un maravilloso sofá de piel que había en un lateral y una mesa de centro. Cuando giró su cabeza hacia mí me soltó esa sonrisa acartonada, socarrona, pendenciera...

—Ves, ya te dije que tenían una mesa muy bonita, —se acercó a mi oído y escuche un rotundo— pon el crono es marcha.

Salude al Sr. Durán y me quedé un rato inmóvil viendo como Dimitri actuaba. Entrelazaron sus manos en un efusivo saludo, como si de una amistad de toda la vida se tratara. Con la otra mano tomo su codo, haciéndole un masaje amistoso, mientras le decía...

—Sr. Durán usted tiene unas llaves que yo quiero comprar.

Me senté rápidamente antes que mis pensamientos me doblegarán de nuevo. Pero como se atrevía a soltárselo así, sin tan siquiera tomar asiento, en el primer saludo. ¡Menudo mentecato! pensé. En su Rusia natal se harán así las cosas pero aquí no.

No terminó ese pensamiento cuando de una vez tomaron asiento. El Sr. Durán puso un manojo de llaves sobre la mesa.

—Aquí están esas llaves, —dijo impertérrito— ponga usted el precio.

Dimitri arqueo las cejas. Como si estuviese tomando carrerilla y estiro el cuello al tiempo que tomaba aire.

–Sr. Durán, digamos que diez millones de euros, es mi precio para ese manojo de llaves y lo que ello representa.

¡Coño! ¡Cabrón! –pensé resistiéndome a abrir la boca para soltar semejantes improperios– Será puta. No me había dicho nada de sus intenciones de oferta.

> –Por favor, me está ofendiendo –dijo muy serio el Sr. Durán–. Mi empresa vale mucho más que eso. Reflexione si en verdad la desea comprar y no me haga perder el tiempo.

> –¿Está seguro de lo que me está diciendo Sr. Durán?

> –Por supuesto. Además le diré que según su valor contable en estos momentos esta empresa está valorada en veintisiete millones de euros. Si desea que hablemos en serio ese es el valor donde podemos iniciar las conversaciones y si no le parece bien, le ruego que... Incorporándose levemente y haciendo un gesto muy elocuente con su mano en señal de despedida y ofreciendo la puerta de servicio, en vez de la principal como camino de salida.

No tardó Dimitri en reaccionar, impertérrito, sin mover un ápice su semblante. Parecía más bien un jugador de póker. Toda la escena asemejaba a una partida de póker entre dos titanes. Yo en medio de aquella lucha de poderes e intenciones.

Dimitri, descorrió la cremallera de su cartera con suma tranquilidad y sosiego. Sin bajarle la mirada a su contrincante abrió las dos solapas en las que se dividía esa cartera de mano. Rebuscó con su mirada los documentos que llevaba y saco una carpeta. De la misma saco uno a uno documentos que fue entregándoselos al Sr. Durán.

> –Verá Sr. Durán, no creo que esté en disposición de regatearme el precio. Fíjese éste es el documento que usted firmó para pignorar el 80% de las acciones de su compañía. Y este otro la copia del préstamo que solicitó con esa garantía. A día de ayer el saldo pendiente era de unos veinte millones de euros. Lo puede comprobar usted mismo en

este otro documento.

Personalmente he cancelado y me he subrogado en la propiedad de la garantía depositada. Consciente de que estaba en una situación algo...
Escuche un sonido gutural y pequeño carraspeo que surgió de la garganta de Dimitri, quizás para darle mayor dramatismo al momento.

—Si, algo particular. En el argot bancario le llaman en situación de morosidad.

Contaba con un retraso de más de noventa días en el pago de sus cuotas. Creí que aquel hombre se derrumbaba allí mismo. Su gallardía se quedó congelada por momentos. El aspecto jovial que tenía a nuestro recibimiento de pronto envejeció veinte años.

—Los diez millones que le he ofrecido son por el veinte por ciento restante. Con el compromiso de que usted y sus allegados se tomen unas largas vacaciones para olvidarse para siempre de la actividad económica de esta empresa. Con el acuerdo expreso que no tengan tentaciones de iniciar una nueva empresa en competencia con esta. Aquí mi amigo le dirá el término jurídico.

Ambos me miraron como si tuviese en mis manos, a la espera de mi respuesta, aproveche para abandonar mi posición de oyente pasivo e incorporarme a aportar la aclaración que me reclamaban.

—Si claro estamos hablando de un pacto de no concurrencia. Es decir no puede volver a tener una empresa en el sector de actividad de la empresa que se realiza la compra–venta, ni directa, ni indirectamente.
—Gracias Franc, por tus aportaciones —me cortó de cuajo cuando yo me empezaba a sentir parte de ese acuerdo.
—Bien Sr. Durán una vez aclarados los términos de nuestro acuerdo, solo me queda recordarle que ostento la mayoría del capital, por lo que debe saber que puedo convocar una junta extraordinaria en cualquier momento con un único orden del día.
—He recibido su mensaje Sr. Mikhailov, veo que no tengo más remedio que aceptar su propuesta.
—He sido generoso en ella. No me gusta sentir que mi ambición no es capaz de reconocer la valentía de quienes han creado una empresa de las dimensiones de la suya. Ese es un valor que no me honra

menoscabar.

–Por mi parte ya puede redactar la documentación precisa para cerrar el acuerdo –dijo el Sr. Durán medio compungido–.

Dimitri con su mano derecha levantó el puño de su manga izquierda. Un rolex de oro reluciente asomó y haciendo un ademán de mirarse el reloj, dijo:

–Sr. Durán, en menos de media hora se personará aquí el Notario Sr. Figueras para la firma de la venta de sus acciones. Por favor avise en recepción de su visita.

–Ahora mismo.

Se levantó unos instantes de la mesa donde estábamos sentados acercándose a su mesa y pulsó el interfono para comunicar la inesperada visita del Sr. Figueras. De vuelta a la mesa se sentó nuevamente. Esta vez con su cara y su cuerpo más relajados. En cierta forma debió de tener la sensación de una victoria compartida.

–¿Desean que les invite a tomar un café? permítanme, para mí es un placer.

–Por supuesto Sr. Durán, para nosotros también.

Casi que no habíamos terminado de formular nuestro asentimiento cuando unos golpes de nudillos sonaron en la puerta del despacho. Nuevamente apareció por la puerta la recepcionista portando una bandeja muy amplia. La cafetera rezumaba el aroma del café recién hecho, una lechera y tres tazas. Se añadía a la lista, unas pastas que por su aspecto parecían recién hechas. Esta vez me retuve de mirarla, me temía una nueva reprimenda visual de Dimitri.

–Aprecio en usted sus valores –dijo el Sr. Durán con una expresión de sinceridad–. Debe de ser un placer poder trabajar con usted. Es algo que no voy a poder experimentar.

–Bueno Sr. Durán, igual podemos llegar a algún acuerdo especial. Me gustaría contar con su colaboración por lo menos unos meses antes de su jubilación definitiva.

–Permítame que haga los honores –dijo el Sr. Durán haciendo el gesto de levantarse de su silla– todavía están en mi casa.

–Faltaría más, adelante –dijo Dimitri.

En ese momento concluyo en levantarse de su silla. Tomó la cafetera en una mano dispuesta a servirlo y en la otra mano la jarra de la leche. Preguntó cómo deseábamos cada uno de nosotros el café de la forma más natural que le fue posible. Con una elegancia digna de un lord ingles fue sirviendo las tazas a la vez que nos explicó.

–Verán tenemos un protocolo para cuando tengo visitas en mi despacho. Si al cabo de unos minutos prudenciales la visita continúa, tienen instrucciones para que vengan a traer una bandeja con el café, leche y pastas. Es la forma que tenemos de decir a nuestros invitados que son bien recibidos en nuestra casa con cortesía.

–Me ha gustado. Ha sido todo un detalle. Quedan pocos anfitriones como usted Sr. Durán.

La visita del Sr. Notario fue un mero trámite. Fugaz como un cometa, unas fotocopias. ¿Los intervinientes? Firmen aquí. Yo el Notario doy fe de la personalidad de los firmantes y del acto que se protocoliza. Todo en un estricto rigor académico. Veinte minutos más tarde Dimitri se había convertido en el nuevo propietario de aquella empresa.

El Sr. Durán, con cierta resignación y un cheque en el bolsillo con el montante del acuerdo entregó el manojo de llaves a su nuevo propietario. Cogió su chaqueta y desapareció tras el notario por la puerta de aquel impresionante despacho.

Dimitri hizo un esbozo de bostezo. Estiró sus brazos como si se desperezará y se levantó. Hizo un gesto con su mano derecha para que le acompañase. Mientras la otra la posicionaba sobre mi hombro, para reforzar mi idea de movimiento.

Me acomodó en el sofá. Otro gesto silencioso de su mano me indicó que colocase mis pies encima de la mesa. Su sonrisa socarrona nuevamente volvió a aparecer en su rostro. Sus ojos reflejaban como estaba saboreando aquel éxito. La expresión de su estado de poder no se me borrará de mis retinas.

–Franc, a partir de hoy este va a ser tu nuevo despacho. Quiero que seas el Director General de mi nueva adquisición. Eres el timonel que necesito para esta nueva singladura. Podrás llevar todos tus asuntos profesionales desde aquí. En mi opinión ya puedes despedirte de tu despacho. Eres un buen abogado y mejor amigo. Te quiero conmigo en mi equipo. Quiero que seas mi mano derecha en España. Tenemos asegurada la venta de toda la producción de este astillero que acabo de comprar. Mi red de distribución en Rusia y Ucrania nos asegura cuadruplicar venta en menos de un año. Tu misión será acomodar la producción a la dinámica de la demanda.

—Pero...

Intenté decir algo pero las palabras no acudían. Mi pensamiento había quedado anulado ante la propuesta de mi amigo. Más que propuesta, la expresión de su voluntad. No me dejo espacio para objeción alguna. No me dio tiempo ni de soltar el aliento. Él ya había decidido mi destino. Con tono condescendiente comentó

—Ahora te vas para casa y lo comentas con Marta. Ya verás como a ella le parece buena idea. Franc hazme caso. Fíate de la opinión de una mujer. Máxime si es la tuya. Nunca te aconsejará algo que vaya en tu contra. Ellas saben tomar este tipo de decisiones. Además me ilusiona mucho estar juntos en esto.

Capítulo 3

Terminé de leer el capítulo y cerré algo enojado la novela. Este Raúl es un mentecato. ¿No querrá que le enseñe a comprar una empresa? Creo que este nieto mío pierde el entendimiento.

–Adela... –la llamé.

–Si señor Ulises... ¿Qué desea?

–Por mí ya me puede llevar a comer.

–Deme unos minutos... por favor.

–Faltaría más cuando usted pueda Adela.

–Ya están poniendo los cubiertos en las mesas. En seguida le llevo.

Solo tuve que esperar un instante. En seguida vino y mientras Adela iba empujando mi silla hacía el comedor me preguntó

–¿Qué le parece? ¿Le gusta la novela?

–Me parece una payasada. No sé a qué se refería Adela cuando dijo que era picantona.

–¿Por dónde va?

–Comprando una empresa.

–Señor Ulises...Eso solo es el principio. Ya vera, ya.

–Me parece a mí que entre mi nieto y usted me están tomando un poco el pelo y se están riendo a mis espaldas. Prometo venganza...

Levanté mi mano al viento y mostrando mi dedo índice como si de una espada se tratase mientras mi silla de ruedas iba avanzando terreno hacia el comedor.

—Como me hace reír Sr. Ulises. Usted siempre de tan buen humor.

El vaho aromatizado con el olor a comedor de residencia me petrificaba. Aún no me había acostumbrado a ello después de casi cinco años de residente. Me resultaba repulsivo. La misma repulsión que tenía por mis compañeros de mesa. La mesa de la Ilíada. Atendiendo a mi propio nombre les busqué unos nombres acordes. Más que nombres, motes. Aquiles, Agamenón y Helena. En realidad no se llamaban así. Nunca llegue a saber de sus bocas sus auténticos nombres. No logré arrancarles una sola palabra. Ni tan siquiera una sonrisa. Estáticos y sin emociones. Sus mentes habían abandonado sus cuerpos hacía tiempo. Vivían presos de las exigencias de sus cuerpos. Simples semovientes. Humanos carentes de voluntad propia.

Otro día más en la mesa de siempre. Esperando con pocas ganas a mis compañeros de mesa. Por suerte que no tenía obligación de esperarlos, solo faltaría. Sin apetito alguno empecé a engullir, porque no se puede decir de otra forma, la sopa de aquel día. ¿Sopa?... agua con cuatro fideos y flotando un tropezón de carne que aspiraba a ser albondiguilla. La llamé nuevamente.

—Adela... Adela...
—Si... Dígame Sr. Ulises.
—Mire Adela, fíjese usted. ¿Diría que esto es una sopa? y ya no quiero pensar en el segundo.
—No sea usted refinado Sr. Ulises.
—¡Adela!... —la recriminé solo llamándola por su nombre— dígale a la directora que quiero hablar con ella.
—No se preocupe. Ahora mismo se lo digo.

En menos de cinco minutos apareció la directora de la residencia. Eva para más señas.

—Sr. Ulises, me ha dicho Adela que quería hablar conmigo.
—Buenas tardes Eva. La he mandado llamar para quejarme, como no podía ser de otra forma por este comedor. Resulta miserable ver una sopa como la de hoy. Le ruego tome las medidas oportunas.

−¿Qué le pasa a la sopa?

Se sentó a mi lado y pidió que le sirviesen un plato de sopa para ella. Al parecer en su sopa había más de un tropezón, incluso más de diez. Me habían hecho trampas. Monté en cólera. Indignado. Molesto. Enrabiado. Quizás era el único en aquella residencia que no dependía de los recursos del estado. Me pagaba por mí mismo los costes de mi estancia. Quizás el único que tenía fuerza moral para protestar. Quizás el único que aún conservaba un ápice de dignidad. No quería sucumbir a mi vejez. Me negaba. Mientras estuviese vivo nadie me iba a tratar como un trasto viejo.

Ya me costaba lo mío asumir que me tenían de empujar en aquella silla de ruedas. Estaba dispuesto a todo antes de sucumbir a las artimañas de la dirección para ajustar los presupuestos. El interés de seguir arrojando beneficios a los propietarios de la residencia menoscabando el servicio a los residentes. Sus objetivos no eran los míos. En materia de objetivos estábamos en total contraposición. Acepte entrar allí voluntariamente y de la misma manera que acepte entrar estaba dispuesto a salir.

−Si Eva. Dígame...
−Yo no le veo ningún problema a esta sopa... ¿Dónde lo ve usted? está muy rica.
−Eva no nos andemos con rodeos. Usted sabe perfectamente que la sopa que le han puesto a usted no es la misma que me han puesto a mí. Mi sopa solo llevaba un tropezón de carne. No han tenido ni la precaución ni la prudencia de darme un trato diferente al resto de residentes para poder seguir con sus tretas reductoras de costes.
−Sr. Ulises creo que se equivoca en sus apreciaciones.
−Si estoy equivocado demuéstremelo en los próximos días, haga que mi opinión cambie y si no es así le ruego haga lo que esté en su mano para facilitarme salir de esta residencia para no volver nunca más.
−Y dónde va a estar mejor que aquí Sr. Ulises.
−Eva esa va a ser mi decisión no la suya. Aún conservo mi patrimonio y dispongo de recursos suficientes para mantener mi autonomía. Así que preocúpese de que mi queja se resuelva satisfactoriamente.

Sin terminarse la sopa se levantó y se fue por donde había venido. Su lenguaje no verbal me decía que aquello no iba a cambiar. Sus intenciones seguían siendo las que eran. Al fin y al cabo los residentes desaparecíamos de una forma u otra. Los propietarios de la residencia seguían allí. Esa falacia que estaban a nuestro servicio era una burda patraña. Los cartelitos que anunciaban la residencia como la que prestaba el mejor servicio, una mentira. Solo les interesaba tener residentes para obtener el marginal que cada uno les aportaba cada mes.

La vida me enseñó a reconocer que cuando un bien o un servicio se magnífica como el mejor en algo y se publicita con gran despliegue de recursos propagandísticos, acaba resultando que no es tal el beneficio que aporta. Existiendo otros bienes o servicios de las mismas características pero mucho mejores que no se anuncian.

Lo que me había asqueado durante toda mi vida profesional. La prostitución comercial en arras de los resultados y a costa de todo. Ahora me lo volvía a encontrar en la residencia donde yo mismo acepte estar.

Aún recuerdo aquel proyecto de ingeniería que rompí e hice trizas delante de mi cliente. Pretendía disminuir las calidades constructivas de aquellas naves industriales para obtener un mayor beneficio. No pensó en si los edificios industriales se podía ir abajo y matar a alguna persona. Eso no era importante.

Llegado a ese punto de perversión económica donde se confunden la ética y la razón. Donde se menosprecia a los llamados "usuarios" que no "clientes" en pos de los beneficios. Lo mejor es mostrar el descontento y protestar. Así lo aprendí en la vida y así lo hice.

 —Eva, —chillé su nombre en voz alta, al tiempo que daba un manotazo en la mesa y se giró— no me vuelva a dejar con la palabra en la boca. Le he expuesto una queja. Su actitud ante mi queja me obliga a presentarla por escrito. Esta misma tarde la tendrá en su despacho y no se le pase por la imaginación tirarla a la basura. Va a disponer de una semana para poner soluciones. En caso contrario haré seguir su curso a otros estamentos superiores de control que le sabrán explicar cómo deben hacer su tarea y como deben comportarse con los que ustedes llaman "usuarios". Sus residentes.

Adela se acercó a mí con mucho sigilo, tan pronto vio que Eva se había escabullido del comedor

   –Sr. Ulises... No se enfade que no va a sacar nada a su favor.

   –Adela no me diga usted que mi queja no es adecuada ni coherente. Se acercó a mi oreja para susurrarme al oído...

   –Sr.Ulises yo no puedo decir nada, trabajo aquí, pero usted tiene razón. Además usted es el único residente que puede protestar. Es el único que entro aquí voluntariamente y no depende de los informes de la residencia para que el estado le siga pagando.

   –Hágame un favor Adela, después de comer me lleva a la biblioteca. Creo recordar que es el único lugar donde se recibe la wifi. Y si es tan amable tráigame el portátil.

Prepararé mi escrito de protesta y se lo enviaré por e-mail.

Capítulo 4

Hacía demasiado tiempo que no sentía mis hormonas tan alteradas como aquella mañana. Creí que me iba a dar un ataque fulminante cuando lo vi entrar por la recepción. Sentí un gran estremecimiento al cruzarse su mirada con la mía. Esa fracción de segundo fue suficiente para hacerme sentir esa sensación que nace en la boca del estómago que te ahoga y te oprime.

Me faltaba la respiración pero me sobrepuse, estaba trabajando. Recordé que no había tenido esa vivencia desde que conocí a mi marido. Me preguntaba qué me había sucedido con ese desconocido con solo una mirada furtiva. Las rodillas y los tobillos amenazaron con desestabilizarme. Aún sentía erizado el vello en mi espalda. Recompuse mis emociones como pude, no había razón para estar así.

Vi el resplandor del rubor en su rostro. Aquel hombre que me había fascinado con una sola mirada, parecía que se iba a desplomar. Le pregunté por su estado y le invité a acomodarse en la salita que teníamos cerca de la recepción. Me siguió. Sentir su presencia tras de mí, me sobrecogí nuevamente. Creí sentir su mirada recorrer mi espalda y detenerse donde pierde su nombre. Mi imaginación estaba alterada sin ningún motivo. Se le veía todo un caballero, cortés y amable, con un toque de elegancia en todos sus movimientos.

Lo acomodamos entre su amigo y yo en el sillón. Mientras ellos dos se quedaban solos, me escabullí a preparar un vaso de agua bien fresca para aliviar su sofoco. Lo coloque encima de una bandejita con una servilletita de hilo. Era lo que teníamos en el protocolo de recepción. Cuando regresé a la salita, me posicioné delante de él para entregarle el vaso y me quedé allí. Estática e inmóvil. Esperé ver su reacción tras beber. Fue en ese momento que me aislé como si su amigo no estuviese y en la sala solo estuviésemos los dos.

Él sentado en el sillón mirándome. Sus manos reposaban en los brazos del sillón. Yo de pie ante él. Sujetando la bandeja a la espera del vaso vacío. En actitud de espera silenciosa. Sin hacer un solo movimiento. Tuve una sensación indescriptible. Se entremezclaban diversas emociones a las cuales no les podía poner nombre en aquel momento. Me mantuve unos instantes más hasta que mi compañera me avisó que el Sr. Durán estaba preparado para recibirles.

Salimos los tres juntos y me puse delante de la comitiva. De camino al ascensor, volví a sentir esa sensación de ser observada pero en esta ocasión, me había sosegado de la absurda idea de ser objeto de las miradas masculinas. Al fin y al cabo me sentía una mujer atractiva y no era de extrañar esa obsesión de los hombres por mirar a todas las mujeres cuando saben que no pueden ser vistos.

En más de una ocasión, utilizando los cristales de los escaparates a modo de espejo, a más de uno había sorprendido mirándome cuando creían que no los veía. Su instinto es superior a toda fuerza mental por controlar esa actitud. Tienen esa constante de comportamiento primitivo. Debe estar escrito en su ADN, mirar a traición y por la espalda a toda mujer que pase por su campo visual.

Los acompañé hasta Astrid, la secretaria del Sr. Durán. Ella era la encargada de dar acogida a las visitas del Sr. Durán y acompañarlos a su despacho. Me apresuré a bajar a la cocina para preparar el café de bienvenida. Una bandeja con una jarra de acero inoxidable con un café intenso del Brasil recién hecho, otra jarrita de leche y una pastas para acompañar, lo indispensable para tomar un respiro.

Había que volver y tenía que ir rápida. Disponía de otra oportunidad para verlo que no pensaba desaprovechar. Me preguntaba quién era ese hombre que me había hecho vibrar. Quizás no encontraré nunca respuesta a mi pregunta. Lo más probable es que todo quede en ese encuentro del destino. Tenía claro que no eran proveedores, ya que no estarían reunidos con el Sr. Durán, sino con el responsable de comprar. Tampoco eran clientes pues estarían con el director comercial. No eran de la empresa auditora ni de la consultora.

Me propuse estar atenta a ver si algún comentario en la sala, me pudiese conducir a tomar una opinión y conocer el objeto de esa visita. Llamé a la puerta con los nudillos, respetando el protocolo de cortesía y para hacerme presente. No esperé respuesta, entré. Allí estaban sentados los tres. Mi entrada generó silencio.

    –Buenos días de nuevo señores... Sr. Durán... les traigo sus cafés.
    –Gracias Mar, muchas gracias –dijo el Sr. Durán

Con el rabillo del ojo observaba con disimulo sus movimientos. En cuanto tuve la bandeja en disposición de que se pudiesen servir me di la vuelta. No pude escuchar nada. Seguían en silencio. Solo se escuchaba el sonido de las cucharillas al depositarlas en los platos.

Puse rumbo a la puerta de salida del despacho. No sin antes girar mi cabeza hacía la mesa, haciendo ver que verificaba que todo estuviese bien dispuesto. En realidad quería verlo de nuevo. Me hubiese gustado un cruce de miradas para volver a sentir la descarga de adrenalina pero estaban demasiado atentos unos de otros como para advertir de mi intento.

Esa tarde había quedado con Pilar. Teníamos esa costumbre desde que terminamos el instituto. Nos veíamos una vez por semana para no perder el contacto. Una forma de mantener las relaciones de la época estudiantil. Vivíamos el día a día de cada una de nosotras, nuestras evoluciones en la vida, nuestras penas y nuestras glorias.

Nos servía como terapia para desahogarnos. Siempre acabábamos por hablar de nuestros maridos. Ambas llevábamos unos cuantos años casadas. La monotonía se había instalado en nuestras vidas. La secuencia era trabajo casa y casa trabajo. Los sábados los insoportables partidos de fútbol, las subsiguientes cervezas y la ración de quince minutos de sexo semanal.

Pilar y yo, nos sentíamos vacías en nuestras vidas, sin que un ápice de que esa dicotomía trabajo–casa se pudiese romper. En especial la parte final, casa. Ahí es donde radicaban nuestras mayores carencias. No es que no amasemos a nuestros maridos. Ambas experimentábamos la terrible sensación de ser las piezas de un organigrama social preestablecido, con un guion bien definido que había que cumplir hasta las últimas consecuencias.

Soportar los gritos cada vez que el club de la ciudad metía un gol, era un sonido demasiado habitual. A mí no me importaba eso. Lo que si me importaba y mucho es la sensación de ostracismo que se había instalado en mí. Veía en Pilar que empezaba a abandonarse también. Cuando quedábamos ya no veía con sus labios pintados ni sus zapatos de tacón para presumir de su tipazo. Unas deportivas, unos tejanos y los labios sin pintar.

A mí me empezaba a suceder lo mismo. ¿Qué nos quedaba? ¿Escuchar a los que nos decían que nuestra vida estará vacía mientras no cumpliésemos con nuestra función de reproducción? ¿Hijos, descendencia? Yo me niego y creo que Pilar es de la misma opinión. Total, para qué. Ya estamos muchos en este mundo. Dos más o dos menos, no se van a notar.

Medio en broma, medio en serio, le comenté a Pilar lo sucedido durante la mañana. La meridiana sorpresa que me dieron mis hormonas. Todavía no salía de mi asombro por mi reacción, pero Pilar lo tenía claro.

—Chica, di que sí. Eso es lo que nos llevaremos por delante —asintió Pilar.
—Pero ¿Qué tonterías dices?
—Yo no digo ninguna tontería, escuchate a ti misma. ¿Te sorprendes? Eso es vidilla.
—Pero si no ha sido nada, solo son mis sensaciones.
—Mira nena, tu y yo sabemos lo que tenemos en casa. Cada vez me siento más perdida y no hablemos de ti.
—Oye Pilar, que yo estoy bien con Manolo.
—Bonita, las carencias emotivas hacen que en algún momento salten las alarmas y a ti te han saltado todas. Otra cosa es que no lo quieras ver o no lo reconozcas.

Pilar se puso muy seria entonces y aseveró.

—Ojalá me pasase a mí. No me lo iba a pensar dos veces. No habría dejado pasar la oportunidad, habría hecho algo.

—A ver lista, ¿Qué se puede hacer cuando estás trabajando y quien te puede interesar tiene una entrevista con el máximo jefe? ¿Crees de verdad que se puede hacer algo? Pilar a veces pareces una adolescente, tienes unas salidas que no son coherentes.

—Puede que tengas razón. No sé tú, a mí el cuerpo me está pidiendo un revolcón furtivo y no me importaría que fuese un desconocido. Me vendría de perlas. Yo ya estoy quemada. Siento que me falta el aire. Un aliciente en mi vida —dijo Pilar con rotundidad.

Un sentimiento de culpabilidad me sobrevino. Me sentía responsable de lo que no controlaba. Mis emociones. Mi conversación con Pilar en vez de tranquilizarme, todavía me alteró más. Me sentí cómplice de su rabia y de su deseo de estallar. Esa sensación me llevó al punto de derramar una furtiva lágrima que salió de lo más profundo de mi alma. ¿Qué ha sido de nuestras ilusiones? ¿Por qué siento que se desvanece todo?

De camino a casa di una sacudida a mi cabeza a modo de negación al aire. No podía comulgar con la idea de Pilar. Su deriva personal la llevaba a manifestaciones díscolas. Ni en broma iba a dar crédito a sus tontadas. Tampoco estaba dispuesta a pasar por inocente. Caminar y andar. Andar y caminar. Andando y caminando... ¿Encontraré la tortuosa ruta que conduzca a mi destino?

Mil pensamientos y otras tantas reacciones invadían mi mente. Haciendo encaje de bolillos con las sensaciones y las emociones. En mi Ipad sometime like you el nuevo tema de Adele. Levite durante los escasos cinco minutos que dura.

Me inundé con esa melodía. Escuchaba esa canción y me transportaba a un lugar incierto de mi imaginación. Escenario relajado y tranquilo en el que solo estaba yo. Me sentía plena conmigo misma. En la calle de la mano de mi soledad. Me habría quedado una eternidad. El guion de mi vida acabó por llevarme al pozo en el que me sentía inmersa.

No encontraba respuestas a mis emociones. ¿Qué hizo que cambiase mi escala de valores? Pobre Manolo... ¿Lo abandoné? ¿Me abandonó? ¿Nos abandonamos? Indagué en el fondo de mi ser. Paso de ser mi Manolo, a ser Manolo con el que comparto hogar pero no comparto vida.

Sin darme cuenta ni saber por qué, fue cambiando mi amor por aprecio y en el camino se quedó mi deseo. La monotonía del día a día me absorbió en su lento devenir. No advertí que poco a poco cerré la puerta de mis emociones y las cambié por nada. ¿Habitaba alguna esperanza?

Todo tiene un precio. La seguridad lleva a la monotonía. De ahí al tedio y el ostracismo solo hay un paso. ¿Debería considerar dejar la puerta entornada o abrirla de par en par? Rebusqué en mi bolso para sacar las llaves de casa. Metí la llave en el cerrojo y abrí la puerta que me conducía a mi reducto.

—Hola Manolo ¿Qué haces? ¿Qué tal fue tu día?
—Bien. Un día normal como todos. Ya sabes, hoy toca partido. He quedado con los amigos en casa. Espero que no te importe. —Hizo unos segundos de silencio para preguntarme— ¿Cómo esta Pilar?
—¿Cómo me va a importar? disfrútalo. Yo estaré en la habitación leyendo. Pilar bien, me ha dicho que te traslade sus saludos.

Capítulo 5

Un día agotador, demasiadas cosas nuevas y diferentes. Había roto todas mis rutinas a las que estaba acostumbrado. Mi tranquilidad y sosiego quedaban a salvo en esa reiteración de costumbres que se crean en las vidas rutinarias. Siempre lo mismo, en el mismo orden, las mismas secuencias.

Dimitri me destrozaba con sus cambios de ritmo, su energía y todo lo que a él le acompañaba. Habíamos quedado para el día siguiente. Debíamos ir a primera hora de la mañana para tomar las riendas de su nuevo negocio en el que me había involucrado involuntariamente. Me lo tome como un encargo profesional. Una forma de engañarme a mí mismo. Él me había metido de lleno.

No es lo mismo dar cuatro opiniones jurídicas a un cliente o una recomendación del que hacer o que no hacer, a ser uno mismo el que esté en la situación de la toma de decisiones con total autonomía. Había cruzado una frontera que nunca pensé cruzar y tenía que utilizar de los cinco sentidos para asegurarme un buen trabajo.

Me fui hacía mi domicilio con síntomas de agotamiento. Al llegar y abrir la puerta comprobé que había sido el último en llegar, pensé ¡Qué suerte que Marta haya llegado antes que yo a casa! Cuando pasé por el comedor estaba la mesa preparada y la cena puesta. Un pequeño detalle me sorprendió. Había unas velas redondas, grandes y de color rojo encendidas en el centro de la mesa.

Hola cariño ¿Ya estás en casa? Me ha llamado tu amigo Dimitri y me ha pedido que prepare una cena especial. Me ha dicho que solo yo puedo hacer que sea especial para ti.

Puso cara picarona. Sus ojos relucían como nunca y dijo:

—Jejeje ¿En qué sentido lo habrá dicho? y encima me ha dicho que me esmere con el postre. Que lo necesitas muy dulce.

Estalló en carcajadas contorneándose para afirmar con rotundidad.

—Si aquí en esta casa la única que hay dulce soy yo, jajajajaja no sé a qué postre se referirá éste amigo tuyo. Y para que veas que soy obediente con lo que me ha dicho Dimitri, fíjate que envoltorio le he puesto al postre.

Me la quedé mirando atontado, mientras ella se soltaba el lazo que anudaba en su cintura el pequeño batín de seda. Entreabrió el batín para exhibirse y lo cerró. Asomó un bonito conjunto de lencería en color negro. Marta se acercó a mi insinuante para ponerme la mano debajo del mentón y susurrarme.

—Anda bobo, cierra la boca, que te van a entrar moscas. Recuerda que el postre viene después de la cena, así qué... ¿Nos sentamos?

No necesité ningún mensaje más. Me senté inmediatamente con ganas de comer lo más rápidamente posible el primer plato y el segundo, lo interesante venía con el postre atendiendo al envoltorio.

—No corras, hombre. Tenemos toda la noche para nosotros. Me ha dicho Dimitri que no te espera por la nueva oficina hasta las diez de la mañana.

—¿Eso te ha dicho? ya me lo podría haber dicho a mí.

—No te enfades. Ha preferido decírmelo a mí, porque te ha visto muy abrumado.

—Marta, es que lo de hoy...

—Olvídalo ya. De hoy solo queda la noche y ésta es nuestra.

Había preparado una cena simple pero apetitosa. Una ensaladilla que solo ella sabía hacer tan rica con pasta fresca, olivas, tomate y mayonesa. Empezó a comer aquella ensalada. Me miro a los ojos y le insinué que se le había quedado algo de la salsa en los labios. Sacó la lengua y se relamió lentamente. Se quedó con la punta de su lengua en su labio superior, inmóvil, mirándome fijamente.

Ladeó su cara sin apartar sus ojos de los míos alzó su mano y con su dedo índice repasó todo el contorno de sus labios. Ese recorrido sinuoso de su dedo fue pasmoso, recreándose mientras me iba alterando por momentos.

De pronto se levantó de la silla, se acercó al sofá. Cogió uno de los cojines grandes y cuadrados y lo tiro al suelo. Lo hizo deslizar hasta mis pies empujándolo con el suyo. En un primer momento no entendí que idea le rondaba por la cabeza. Se adelantó hacia mí. Me miró con descaro.

Medio bailando y contorneándose se plantó delante de mí. Se volvió a soltar aquel lazo de su cintura y abrió el batín de par en par sujetándolo con las manos puestas en su cintura. Se había acercado a mí con parsimoniosa calma.

Una exhibición en la que solo cabía un solo espectador. Cuando estuvo al alcance de mi mano cayó de rodillas encima del cojín que previamente había colocado con precisión en el lugar que ella quería.

No dejó ni un instante de mirarme a los ojos. Altiva, provocativa y con un cierto grado de insolencia en su mirada. De pronto cerró sus ojos para inspirar profundamente, como si quisiese quedarse con todo mi aroma en su olfato. Sentí su corazón a mil. Las sienes le palpitaban. No podía resistir más la tentación y me puse en pie.

La mire mientras me desabrochaba el pantalón. No me dejo seguir. Apartó de un manotazo mis manos para apropiarse del momento. Ella continuó la maniobra sin mediar palabra. Nos quedamos los dos unos instantes sin movimiento alguno. Solo respirar profundamente. Entendí que había tomado la iniciativa y no iba a dejarme opinar. Me deje llevar por su lujuria. No tardó en hacer lo que se había propuesto.

Tomó mi miembro entre sus labios para imprimir una leve presión. Su puesta en escena me había excitado mucho, ese cojín en mis pies insinuaba su objetivo claramente aunque no pensé en ello hasta ese instante. Sentí como sus labios haciendo la presión de una ventosa sellaban su contacto con mi sexo. No tardó en recorrer toda la longitud de mi pene en total erección. De arriba hasta abajo. En reiterados viajes de ida y vuelta que no hacían más que cegarme de placer.

En una de esas incursiones y justo al llegar a mi glande abrí mis ojos. Se entretuvo unos instantes jugueteando con él circundando su contorno. Sus labios por fuera presionándolo. Su lengua por dentro lamiéndolo. Sentí su cambio de ritmo. Con una lentitud pasmosa fue engulléndome. El tacto húmedo de su boca resultaba muy placentero. Sus juegos no hacían más que tenerme en una alteración creciente. Noté algo nuevo en Marta. Algo que nunca había sucedido. Había alcanzado cotas que creí imposibles de alcanzar.

Me vi dentro de ella totalmente. Nunca antes había sucedido. Estiró su cuello y mi glande traspaso su garganta. Me encontré en lo más profundo de su boca. Yo no me movía atento a sus evoluciones. No me atrevía ni a tocarla. Solo quería disfrutar del postre después del primer plato. Sin mediar palabra, obviamente no podía.

Inició un movimiento de vaivén de tal forma que tan pronto aparecía mi pene como que volvía a desaparecer en su totalidad. Mantuvo un buen rato ese ritmo. Solo se paraba pequeños instantes para tomar aire y volver a acometer sus acciones. Perdí la cordura y la razón. Le puse mi mano en su cabeza para sujetarla. La hice parar. Salí de su boca. La miré. Sus ojos estaban cargados de vicio y pasión.

La percepción que tuve me indicaba que no quería ser ella. Su respiración entrecortada tomaba aliento con celeridad. Sin dejar de sujetarle por la trenza de su pelo me acerque nuevamente a sus labios entreabiertos. Dibujé un círculo alrededor de ellos con la punta de mi pene. Entré nuevamente en ella. Al sentir su humedad y ese calor tan agradable que solo una boca puede proporcionar empujé. No pude contener mi deseo irrefrenable.

Mi mente se quedó en blanco. Solo atendía a los principios más básicos y primarios. Me sentí una bestia salvaje. Algo en mi se revelé. Nunca antes Marta se había comportado así. Yo tampoco. Sin soltarle el pelo empecé en un primer intento a llevar yo el ritmo y retomé la senda de su garganta. No se quejó. No tuvo ni una sola arcada. En mi asombro no entendía nada de su nueva faceta desconocida para mí.

Mis movimientos empezaron a tomar un ritmo frenético, buscando el camino de no retorno. A cada envite Marta estaba más excitada. No comprendía nada pero tampoco había que entender. Seguí en ella, sujetándole su rubia melena. Aseguré su coleta en mi mano y la guié. Su cuerpo empezó a temblar. Su orgasmo era inminente. Tembló intensamente. Tan intensamente que no pude frenarme, en un último movimiento, me abalancé hacia su interior sin ningún miramiento. La sensación de traspasar de nuevo su garganta, ese roce tan frenético me llevó al éxtasis.

Descargué todo mi néctar en ella. Su cara reflejaba satisfacción. Me miró con ojos de complicidad y se apartó de mí. Se hizo un silencio pronunciado entre nosotros y nos sentamos en la mesa. Había que recuperar el aliento. El estruendo del tapón al salir de la botella de cava rompió ese silencio. Un brut nature muy frío estaba esperándonos. Nos servimos una copa para cada uno y brindamos.

—Por ti mi amor —dijo Marta complaciente.
—Por nosotros —dije todavía atónito.

Llegué al dormitorio arrastrando mi nombre y mi apellido. Cansado del día y agotado de la excitación de la noche. Miré la cama con cariño. La noche era cálida. Me despojé de la ropa que me quedaba. Caí rendido y sin remisión. El recuerdo reciente grabado en mis retinas. La excitación aún en los poros de mi piel. Rendí cuentas ante Morfeo en segundos y me quedé dormido.

La necesidad de una nueva incursión nocturna me asaltó en la madrugada. Sobresaltado, como ya empezaba a ser una rutina, me desperté. Esta vez sin polución nocturna pero en total estado de excitación. Una mezcla de pensamientos y emociones circundaban mi mente. El recuerdo del sueño de la noche anterior se alternaba con el postre especial de Marta. Los recuerdos me tenían sumido en una alteración de excepción. Mi cansancio quedaba relegado y sobrepasado por las vivencias que los últimos días me abordaban creándome otras perspectivas que nunca había vislumbrado.

Quizás me estaba descubriendo. ¿Había otro yo? ¿Quién era yo y quién no? ¿Por qué en dos días aparecía ante mí una versión nueva de la vida? Preguntas todas ellas sin respuestas tintineaban en mi mente mientras permanecía sumido en la reflexión. Un recorrido en imágenes me mantenía perplejo sentado en la mesa de la cocina. Como un montador de cine intercalaba imágenes y escenas.

No disponía de ningún guion así que mi mente probada en qué lugar colocar cada imagen. Se intercalaban y sobreponían escenas alternando una primera ordenación para proponerme otra. Cuando una secuencia parecía tener una estructura coherente se desmontaba al segundo siguiente presentándome un nuevo orden. Cada segundo que pasaba una nueva concepción de esa película que solo la imaginación es capaz de crear.

La revelación del sueño de esta noche venía a proponerme que existía una habitación secreta. Una nueva puerta aparecía en el pasillo de mi casa. Solo una llave era capaz de abrir su puerta y solo yo disponía de ella. Cuando traspasé el umbral de la puerta descubrí su especial decoración.

El mobiliario resultó extraño a mis ojos. No era convencional lo que allí había. En primer término aparecía un reclinatorio de iglesia. Por su aspecto parecía obra de un ebanista con conocimientos de marroquinería. El tapizado de su base dibujaba unos círculos para indicar en qué lugar se deben situar las rodillas para que no haya ninguna confusión.

En una de las paredes adyacentes a la entrada había dispuesto un potro ornamentado con el mismo estilo. En piel de primera calidad. Adosado y en un mural de la pared encontré un surtido de fustas, látigos y varas de todos los tamaños, colores y formas. En el fondo una cruz negra en forma de X resaltaba sobre la pared de color granate. Unas anillas en sus cuatro esquinas era el único atributo que poseía. Un gran confesionario rescatado de alguna iglesia aparecía también en esa extraña sala.

Puede que la llave a esa sala secreta solo este en mi imaginación. Algo en mi interior me está diciendo que gire la llave y abra la puerta. Puede que detrás de ella encuentre a mi "alter ego". Ese que permaneció durante muchos años oculto quiere salir a la luz. Brotar como hacen los esquejes en primavera. Romper el silencio en el que el orden social nos tiene sumidos.

Al día siguiente una de las primeras cosas que hice fue llamar por teléfono a Dimitri antes de incorporarme al que él había decidido iba a ser mi puesto de trabajo.

—Hola Dimitri buenos días. —dije con una seguridad casi imperativa.
—Hola ¿Qué tal? esperaba tu llamada.
—¿Ah? ¿Sí? y ¿Por qué la esperabas?

Esperé en silencio su respuesta. Me sentía indignado y confuso. Pero al mismo tiempo estaba feliz y satisfecho. Mil preguntas acudían a mi cabeza. ¿Por qué este tipo había inducido a Marta a servirse como postre? ¿Por qué él? ¿Quién le había explicado a ella esa felación en profundidad? ¿Había sido este cabrón? ¿Se la estaría tirando a mis espaldas y eso formaba parte de sus juegos? ¿Por qué me había ofrecido la dirección de su empresa? ¿Sería una forma de compensarme por mi cornamenta? Mi ira crecía por momentos.

—Ayer me tomé la libertad de llamar a Marta...
—Sí eso ya lo sé. Precisamente de eso es de lo que te quiero hablar. — Sentí como me ruborizaba por el efecto de mi ira.
—Yo solo la llamé para decirle que no volvías a casa en muy buen estado.
—¿Y el postre? ¿Qué le dijiste del postre?
—¿Postre? ¿A qué te refieres? ¿Te compró algo de postre o lo hizo ella misma? Esta última pregunta me enfureció por completo. Una de dos o este tío se hacía el tonto o era imbécil o se lo hacía. Le ataqué abiertamente.
—Pues sí lo hizo ella misma.
—Humm que rico ¿no? ¿Le puso chocolate? a mí me encanta el chocolate.

Me indignó. Abiertamente me toma el pelo. Pensé para mis adentros.

—Dimitri, ¿Te estás guaseando de mí?
—¿Yo? Que va. Te estoy siguiendo la conversación. No sé de qué va eso del postre y tengo curiosidad. No sé si me estás diciendo lo del postre como algo comestible o es una metáfora de algo que sucedió ayer noche.

Ya es definitivo este tío es tonto del culo y se tira a Marta. Vamos que no hace falta que me diga nada más. Mi mente andaba en ese pensamiento cuando Dimitri resolvió el enigma.

—Anda, vente para aquí que te estoy esperando ya. Quiero que esto lo hagamos entre los dos y luego cuando desayunemos ya me cuentas detenidamente eso del postre que no me entero de nada y ya me has intrigado.

Colgué y me quedé pensativo. Alguien que sabe lo que ha sucedido no responde de esa forma. Me daba la sensación que mis pensamientos habían sido muy crueles con Dimitri. Al final creo que andaba perdido con el postre. ¿Qué le explicaba ahora? ¿Intentaba sonsacarle para ver que había de cierto en mis sospechas?

Capítulo 6

Acabé con orgullo aquel escrito de protesta. Lo cargué con toda la energía verbal que me fue posible. Adela me hizo el favor de solicitar a la administrativa del despacho la dirección del correo electrónico de Eva en la residencia. La pobre me lo trajo a escondidas anotado en un papel.

> –Sr. Ulises yo no le he dado nada ¡eh! y la administrativa tampoco.
> –Adela –sonreí con un cierto cinismo–, usted no se tiene que preocupar y la administrativa tampoco de nada. La que se tiene que empezar a preocuparse es Eva y sus malas prácticas.

Dicho y hecho. El escrito en fichero adjunto al correo electrónico lo preparé y cliqué a enviar. Esta moza tenía que saber que aunque fuese la directora del centro no podía hacer lo que le viniese en gana. Que tenía que respetar unos mínimos y darse cuenta que una residencia no era un aparca abuelos hasta que se mueran y mucho menos escañar el servicio hasta el punto que se estaba llegando.

El sol de la tarde inundaba la galería acristalada de la residencia. Terminé dos nuevos capítulos de aquella novela que empezaba a tomar un cierto color. Me sacudí la cabeza para intentar apartar de mi mente esa escena tan intensa entre Franc y Marta. Empezaba a tener argumentos para darle la razón a Adela cuando dijo que esta novela era algo picantona. Puede que se quedase algo corta en su valoración.

—Adela, venga para aquí en cuanto pueda. Tengo que comentarle un par de cositas... jejeje

Adela se sonrió mientras terminaba de atender al Aquiles y al Agamenón. Me miraba de reojo. Debió de adivinar que ya había avanzado más en la lectura de la novela. Esta chica parecía tener poderes de adivinación.

—¿Por dónde va Sr. Ulises?

—He terminado el capítulo en el que Marta le dice lo del postre especial a su marido. Jejeje ¿Eso no es picanton? Creo que está en otra órbita. Más bien es una novela X.

—No es tanto Sr. Ulises. En sus tiempos quizás. Ahora esas cosas son del todo normales.

—Adela, eso es... —Me quedé mudo y en silencio.

—¿Qué le pasa Sr. Ulises?

—Nada Adela, nada.

Absorto en mis pensamientos. ¿Ahora es del todo normal? No me atreví a preguntar nada más. ¿Qué me he perdido yo? ¿Dónde he vivido? Seguí unas horas más en aquella galería disfrutando de mi soledad y de la lectura de aquella novela que me había empezado a atrapar. ¿Qué será lo que el bribón de mi nieto querrá aprender de aquí?

No lejos de allí dos de mis compañeros de mesa merodeaban. El Aquiles sentado en un silloncito de mimbre atestado de almohadones. Él aunque tenía movilidad en sus piernas su mente vacía de contenido y de emociones lo tenían postrado allá donde lo sentaban. El Agamenón ya era otra cosa. Su mente igual de vacía que la del Aquiles pero a este le ponían el interruptor y se pasaba el rato paseando de arriba a abajo, sin rumbo ni destino.

Cuando volví a ver a Adela la llamé de nuevo.

—Adela... por favor... cuando pueda... ¿Me llevará al gimnasio? Quiero hablar con la fisioterapeuta.

—Y eso Sr. Ulises ¿Que quiere hacer esta vez? ¿Acaso quiere ir a las olimpiadas ahora?

—No es eso Adela. Quiero abandonar esta silla de ruedas y creo que ha llegado el momento.

—¿Usted cree?

—Por supuesto. No hay nada en esta vida que no sea posible con voluntad y tesón.

—Como usted diga. Ahora mismo me paso por el gimnasio y hablo con la fisioterapeuta a ver cuándo le va bien y le puede atender.

—Muchas gracias Adela...Qué haría yo sin usted. Es la única de aquí que me habla, me atiende, me cuida y me hace los encargos.

—Es un placer para mí poder hacer todo eso.

Mientras iban saliendo de su boca las últimas palabras de esa frase se marchó en dirección desconocida para mí. Supuse que a continuar con la ruta de trabajo que tenía asignada. Leí un par de hojas más de la novela. Aún no había terminado la segunda página cuando vi a Adela delante mío con un cierto nerviosismo.

—Sr. Ulises...

—¿Qué sucede Adela? la siento alterada.

—Bueno tengo noticias... una buena y otra mala.

—Pues desembuche que no tengo tiempo para intrigas.

—¿Cual quiere primero la buena o la mala?

—Déjese de adivinanzas. Venga si es su deseo. Que sea la buena primero. Así si me muero de la alegría ya no me entero de la mala.

Reímos los dos por mi ocurrencia. Pero en cierta forma era verdad. A los ochenta y cinco años cumplidos lo que menos preocupa es cuando va a ser ese momento. ¡Qué más da! Solo se sabe que será pero ya no se vive con la espada de Damocles encima. Es algo ya asumido. Unos la esperan en su estado de inconsciencia latente y otros en plenas capacidades mentales.

—Como usted guste. Va la buena noticia. Inma la fisioterapeuta, me ha dicho que lo lleve esta misma tarde antes que acabe su turno. ¿Qué le parece? ¿Es una buena noticia?

—Pues claro que sí. Así vemos las posibilidades que hay para hacer lo que quiero hacer. Adela como no me he muerto de la alegría creo que no va a tener más remedio que explicarme la mala noticia.

—Sí. Ya veo. La mala noticia es que parece que Eva ha recibido su correo o la carta de despido. Una de dos. Lo dice la administrativa del despacho. Dice que fue abrir su ordenador y montar en cólera.

–Bueno eso no es una mala noticia. Mala noticia sería que no hubiese reaccionado. Sea como sea, le haya gustado o no. Vamos a ver hacía donde dirige sus acciones. Puede reconsiderar el asunto e iniciar una deriva a favor de mi propuesta o todo lo contrario. Veremos.

–Sr. Ulises es usted un optimista convencido. Todo le parece bien.

–Adela... soy así y ya no tengo mucho tiempo extra para cambiar ahora. Así que me quedo como estoy que me ha ido bien hasta aquí.

–Le dejo por ahora. Todavía me queda mucho por hacer esta tarde.

–No se preocupe Adela. Me sabré cuidar solo. Seguiré con esta novelita que tanto les gusta a usted y a mi nieto Raúl.

Ella marchó por el fondo de la galería mientras yo me quedaba en la compañía silenciosa de mis compañeros de mesa el Aquiles y el Agamenón.

La novela en mi regazo. Las páginas entre abiertas. Un nuevo capítulo asomaba invitándome a continuar con la lectura.

Capítulo 7

Dimitri me estaba esperando nervioso como nunca lo había visto antes. Parecía un niño esperando impaciente para abrir sus regalos de cumpleaños. Inquieto, moviéndose de un lado hacía otro, como si la espera hubiese sido larga cuando solo llevaba cinco minutos como mucho. Él llegó antes. Yo acostumbro a ser exquisitamente puntual. Si quedamos a una hora en concreto siempre llego con precisión. Hago lo que marcan los cánones sobre el tópico de la puntualidad inglesa.

—Por fin. ¿Ya estás aquí?

—He sido puntual como siempre. No te he hecho esperar.

—Tú no me has hecho esperar. Mi nueva empresa, Naval Dinamic Corporation, lleva esperándome toda la noche.

—Ya estamos. No te alteres. Hoy empezamos codo a codo —dije convencido.

—Lo siento Franc estoy muy ilusionado y te agradezco que hayas aceptado mi propuesta. Es lo que más me ilusiona. Estar juntos en esto me hace feliz. Tengo la impresión que esta aventura va a ser un éxito rotundo.

—Con el paso de las horas yo también le estoy cogiendo gustillo a tu propuesta. Pero... que te parece si dejamos de hablar en medio de la calle y nos ponemos en marcha. Aún no he disfrutado suficiente de poner los pies en aquella mesa de centro que me dijiste.

Ambos nos pusimos a reír por mi quiebro humorístico y con la sonrisa en la boca nos dirigimos a la entrada principal de Naval Dinamic Corporation. Al llegar a la puerta nos detuvimos y nos quedamos mirando el uno al otro. Nuestras miradas cómplices se quedaron unos instantes expectantes. Parecía que ninguno de los dos quería ser el primero en entrar. Nos situamos delante de aquella puerta automática que se abrió ante nosotros. Nos detuvimos unos segundos en el umbral de esa puerta que se nos resistía. Me puso su mano en el hombro para luego descender por el antebrazo hasta mi codo. Me sujetó fuerte.

–Franc te he dicho que esto lo vamos a hacer los dos juntos. Entremos los dos al mismo tiempo. Quiero que te sientas como en tu casa. Me gustaría que sintieses esto tan tuyo como mío.

Me quedé atónito. Descolocado nuevamente. Una nueva sonrisa interior me invadió y pronto afloró a mi rostro.

–De acuerdo –dije convencido– los dos al mismo tiempo.

Y como si se tratase de un desfile militar, adelantamos el pie derecho para entrar al unísono. Anduvimos por la alfombra hasta el punto de recepción donde ya nos estaban esperando las recepcionistas.

–Buenos días señores –dijeron las recepcionistas.

La empresa disponía de dos recepcionistas. Una para atender las visitas y otra para atender las llamadas telefónicas y reconducirlas a su destinatario.

–Las noticias vuelan –dijo la que atendía el teléfono–. Se adelantó a su compañera para presentarse– Soy Sara y como ven soy la que se encarga del teléfono.

Presentó su mano a modo de saludo y se la estrechamos. Haciendo un gesto con su otra mano y dirigiéndola a su compañera, dijo.

–Ella es Mar. Pero ya la conocen de ayer.

Mar se acercó para estrecharnos la mano. Sentí un escalofrío al notar el roce de su piel. Un reguero de electricidad recorrió nuevamente mi espalda. Mi estómago hizo un vuelco. En mi interior clamó una voz. Mi voz interna me decía... ¡Dios otra vez esa sensación! Al tiempo que nos presentábamos.

—Hola a las dos —dije— yo soy Franc. Y este señor es Dimitri, el nuevo propietario de esta empresa.

A lo que Dimitri repuso...

—Y Franc es el nuevo Director General de este astillero. Esperamos contar con su colaboración con el nuevo proyecto que vamos a realizar en esta empresa.

Nos encaminamos al despacho para poner en marcha los nuevos planes y la programación de producción, cuando Mar preguntó

—¿Quieren que les acompañe? ¿Desean que les lleve un café?

Nos miramos y esta vez tome la iniciativa.

—Gracias Mar pero ya conocemos el camino. Supongo que Astrid ya habrá llegado. Con respecto al café no es desdeñable a esta hora. Por favor si es tan amable súbanos un par de cafés y algo para aliviar el vacío del estómago.
—¡Oh! Será un placer. Si lo desean con las pastas les puedo poner una terrina de mantequilla y un poco de mermelada. Tenemos de naranja y de fresa. Como gusten.
—Me parece buena idea —dije— gracias Mar, muchas gracias.

Ya en el ascensor una nueva mirada inquisidora de Dimitri. Su comentario no tardó en llegar esta vez con voz suave y sensual.

—Franc... Yo no pienso decir nada de lo que acabo de ver.

Se me encendieron las mejillas de forma instantánea. Me consta que no se le escapó el detalle.

—Parece que esa recepcionista te ha causado buena impresión ¿Verdad?

Que quería que le respondiese si ni yo mismo sabía que estaba sucediendo.

—Si Dimitri. Parece una persona muy eficiente en su trabajo. Dije para salirme como pude del atolladero.

—¿Sí?, claro, claro —asintió sin mucho convencimiento—. Precisamente por su eficiencia ahora estas como estás.

—Dimitri —dije serenándome y poniéndome lo más serio que pude—. Es evidente que tu encargo también contempla conocer la eficiencia y eficacia de todo el equipo. Debemos hacer nuestro equipo y tengo que estar alerta y vigilante para conocer de primera mano las personas que pueden encajar con los perfiles que precisamos.

—Si, si, lo que tú digas Franc —dijo manteniendo la poca o nula convicción que había mostrado antes.

El ascensor de detuvo en la planta noble y salimos en dirección a lo que Dimitri había decidido que tenía que ser mi despacho a partir de aquel día.

—Buenos días Astrid.
—Buenos días señores.

En verdad que el cambio no estaba nada mal. Pasar de tener un despachito de unos treinta metros cuadrados a disponer de un macro despacho de ciento cincuenta metros cuadrados, con aseo propio, biblioteca, sala de juntas y una zona de descanso con un juego de sofás y esa mesa que tanta incidencia había hecho Dimitri. Al parecer heredo despacho y secretaria. Astrid fue la eficiente secretaria del Sr. Durán. Entendimos de su importancia estratégica en ausencia del Sr. Durán. Ella tenía que conocer todos los entresijos de la empresa.

Tan pronto entramos por la puerta del despacho, como un niño pequeño entre al trote en dirección a los sofás y con gesto displicente me saque los zapatos y coloque mis pies con sumo placer encima de aquella mesita.

—Ves Dimitri, que pronto aprendo lo que me enseñas y como me acostumbro a lo bueno.

—Y más que te tienes que acostumbrar. Te he asignado un salario a tus necesidades que cubre sobradamente lo que hasta ahora percibías en tu despacho. En principio serán unos doscientos mil euros al año.

¡Dios! ¿Que acabo de escuchar? ¿He oído bien? ¿Ha dicho doscientos mil euros? Doscientos mil. Mi mente repetía con asombro. Esa cantidad no la he percibido en mi vida.

Y luego los incentivos...–dijo

Mientras yo me quedaba atónito de su asignación él seguía con su discurso.

—... Además en materia de incentivos, te asigno un veinte por ciento del beneficio que genere el incremento de producción que seas capaz realizar para cubrir las demandas que vamos a tener.

Definitivamente a este amigo mío se le ha ido la pinza. Yo le creía más cuerdo. Donde va con ese sueldazo. Me habría conformado con menos de la mitad y sin rechistar. Pero él seguía con su retahíla.

—Franc mis personas de confianza están muy bien pagada. Los quiero conmigo. No me apetece nada que en mitad de un proyecto llegue alguien a usurparme piezas claves de mi equipo.

—Yo no haría eso y tú lo sabes –apunté como aclaración de mis intenciones.

—Estoy convencido de ello, pero si además tu asignación es inigualable nos ahorramos el lógico deseo de la competencia de mermar la capacidad de mi gente intentando fichar a personas claves de mi organigrama. Es una forma sutil de advertir a las otras empresas que mi equipo es mío y no hago traspasos.

Me incorporé del sofá para sentarme junto a Dimitri en la mesa de reuniones. Su cartera de mano se volvía a abrir. En esta ocasión para mostrarme y entregarme los planes de empresa para los próximos dos años. Un detalle exhaustivo de las producciones a partir de unos pedidos que él ya llevaba en la cartera. Me preguntaba, ¿Cómo era posible? Un día tenía en esa cartera el plan de adquisición de la empresa y al día siguiente ya tenía pedidos debajo del brazo. ¿Quizás por llevar los pedidos debajo del brazo se aventuró con la compra?

—Mira Franc, ya tenemos tres pedidos importantes de tres amigos míos. Enriquecidos en cuatro días durante el desmantelamiento de la antigua estructura económica. Tenemos carta blanca para la fabricación de tres yates de lujo. Tendremos que organizar una reunión con los ingenieros de la empresa primero para conocerlos personalmente y encargarles los trabajos de diseño. Con esto tenemos garantizada la producción de los próximos dos años y todavía podremos añadir lo que se nos vaya presentando y todo lo que ahora mismo esté en curso.

—¿Qué te parece si organizamos una reunión de presentación? —propuse a modo de sugerencia.

—Yo tenía pensado otra cosa. Una fiesta para todos los empleados de primer nivel, ingenieros, programadores y mandos intermedios. Así dispondremos de más tiempo para conocerlos. Es mucho más que una reunión de presentación.

En ese momento unos nudillos golpearon la puerta del despacho e inmediatamente accedió Mar con la bandeja de los cafés y las pastas. Yo que estaba de espaldas a la puerta no la vi hasta que estuvo a mi lado. Siempre impecable con su uniforme. Depositó la bandeja que portaba encima de la mesa y se quedó unos instantes inmóvil. La miré por al rabillo del ojo. No habría soportado otro comentario de Dimitri.

—Si no desean nada más me retiraré —dijo Mar con una corrección exquisita.

—De momento no. Muchas gracias Mar —le dije mientras la miraba a sus ojos complacientes.

En aquel momento sentí el estruendo de sus emociones. Su cuerpo vibró. Imperceptibles temblores asaltaban sus tobillos y con ellos todo su cuerpo. Giró sobre sí misma para salir del despacho. Pero yo me quede con esa sensación. Disimulé como pude para que Dimitri no se apercibiera. Fue inevitable. ¿Pero cuantos ojos tiene este hombre?

—Vaya Franc, esta Mar está muy impresionada. ¿Te has fijado?

—Hazte la cuenta —intenté despistar su atención— deben de estar todos muy nerviosos. Los cambios ya sabes que acarrean intranquilidades que debemos disipar lo antes posible.

—Yo no lo decía en ese sentido pero tienes razón. Tenemos que ganar la confianza de estas personas y una de las formas es evitar las incertidumbres que puedan generar un cambio en la dirección de la empresa.

Dimitri cogió su teléfono móvil y llamó.

—¿Si? Buenos días. Soy el Sr. Dimitri. Necesito un salón para esta noche. Tengo una fiesta privada. Preciso de servicio de camareros para bebidas. También quiero que nos preparen canapés y un picapica para aproximadamente cuarenta personas.

Al colgar su teléfono se dirigió a mí para indicarme...

–Franc, no hay problema tenemos un salón en mi hotel. Ya lo he reservado. Organiza a las personas del equipo que tienen que asistir.
–Ok mi general a sus órdenes –poniendo mi mano en el lateral de mi frente y haciendo un gesto militar.
–Mira que eres canalla –espetó Dimitri.
–Si señor. Gracias señor. A sus órdenes señor. ¡Ar! –continué con la broma en formato militar.

Nos tomamos aquel sabroso café y los dulces que nos había traído Mar para desayunar. Mientras él me iba enseñando los planes que tenía descritos al detalle. Me empecé a familiarizar con esos conceptos técnicos que los economistas emplean para describir lo más simple. Inputs = entradas. Outputs = salidas. Cash flow = flujos de tesorería. Debe de haber una correlación de las profesiones y las lenguas.

Así los economistas emplean anglicismos para describirlo todo y los abogados empleamos latinismos del antiguo latín. Se me antoja una fanfarronada para los profanos, aunque en cierta medida sí que es cierto que esas lenguas disponen de una cierta exactitud en el concepto que describen determinadas expresiones y su universalidad. Quizás sea una de las causas por las que se acuda a ello para extremar las aclaraciones. Lo cierto es que nunca se me pasó por la mente este detalle.

Dimitri se levantó de la mesa de reuniones tan pronto apuró las últimas gotas de su café. Me puso una mano en el hombro amigablemente y lo masajeó mientras me decía...

–Franc te dejo al mando. Con todo lo que hemos hablado hoy y lo que ya sabias ya estás en disposición de ello. Yo me voy. Quiero visitar el astillero.
–Vaya. Eso me gustaría conocerlo.
–Pues ven conmigo. Haré que llamen al responsable del astillero para que nos estén esperando.

Tenía cierto interés en ir. Quería ver su entorno. Espacios. Como está dispuesto todo. En qué medida se puede optimizar. Si hay que construir barcos cuanto mejor este distribuido el espacio más seguro es poder abarcar más. Comprendía que no se puede dirigir un astillero desde la oficina. Conocer el campo de batalla formaba parte de una estrategia lógica.

Al cabo de diez minutos nos pusimos en marcha. Bajamos por el ascensor. Dió instrucciones a Sara para que avisase al astillero de nuestra llegada. En ese momento Mar nos preguntó por cómo íbamos a hacer el desplazamiento y nos explicó que había un vehículo de la empresa a nuestra disposición.

–Gracias Mar. Avise que vamos a disponer de él.

Mientras Dimitri daba instrucciones me puse a pensar en cómo organizar aquel evento que se había sacado de la manga mi amigo. Disponía de un día escaso para conocer y organizar a las personas y no sabía por dónde empezar.

–Por cierto Sara, –sacándose nuevamente de esa cartera mágica unos folios manuscritos–, avise a todas estas personas de la empresa. Son todos los cargos relevantes y los jefes de equipos que esta noche he organizado un evento en mi hotel. Están invitados y ustedes dos también así nos harán los honores de las presentaciones –dijo Dimitri.

Los ojos se me pusieron como platos. Con que rapidez aquel hombre había resuelto mis problemas. Y yo dándole vueltas y en un tic tac, resuelto todo. Empezaba a darme cuenta que había mucho que aprender. Sobre todo en cuanto a rapidez en la toma de decisiones. Asumir el mando no solo es ocupar un espacio en un despacho bonito. Aprenderé me dije a mi mismo.

El recorrido hasta el astillero era poco menos de veinte minutos desde el edificio de las oficinas. Salimos por un portalón atravesando la fachada de aquel imponente edificio postmodernista. Elaborada en obra vista al estilo de la época del modernismo pero un poco tardío. Al salir de la recepción el coche de la empresa nos estaba esperando en la puerta. El chófer iba incluido.

–Buenos días Señores –saludó el chófer muy cortés y sonriente–. Permítanme que me presente, aquí todo el mundo me conoce como

Charly.

—Muy bien Charly. Nosotros somos El Sr. Dimitri y el Sr. Franc— dijo Dimitri al tiempo que le preguntaba— ¿Ya le han dicho dónde nos tiene que llevar?

—Por supuesto. Ya me indicó Mar. Van al astillero. Les llevo en un instante.

—No hace falta que corra ya llegaremos —le dije yo.

—No se preocupen. Soy un chófer prudente. Era una forma de hablar.

El jefe de taller nos estaba esperando avisado por Sara. La primera impresión fue que el protocolo allí también funcionaba. Nos condujo inmediatamente a la planta de producción. Fue impresionante ver aquellos espacios perfectamente delimitados. Por para cada embarcación en construcción sus bancos de trabajo, materiales y elementos que se tenían que incorporar, ordenados por zonas. Resultaba muy estimulante conocer de primera mano el orden y la organización que allí reinaba. Unos trabajadores preparaban en las zonas destinadas a ello, todos los materiales que se iban a necesitar para el trabajo del día siguiente.

Luego la ubicación de las embarcaciones por tipos. En primera línea de producción estaban los veleros de eslora media, entre 9 y 12 metros. En el fondo de la nave se construían los barcos de mayor calado y eslora. Nos mostraron la construcción de dos barcos gemelos de 25 metros de eslora. Uno de ellos estaba más avanzado que el otro y ya se advertía su futuro. Sus elegantes líneas avanzaban lo que iba a ser una embarcación de lujo. Atestada de mil detalles que iban a ofrecer a sus propietarios un gran prestigio.

Capítulo 8

Caía la noche en la ciudad. Me apresuré a cambiarme de ropa. Solo disponía de media hora para llegar al hotel de Dimitri donde había organizado la fiesta. Me despedí de Marta y salí a toda prisa. No quería ser el primero en llegar pero tampoco quería ser el último por razones obvias. A todas luces no es de recibo que el nuevo Director General llegue tarde a la primera reunión. Una presentación en toda regla un tanto informal. El evento iba a significar una fiesta de puesta de largo en mi nueva actividad.

Dejé mi Audi 4 en el aparcamiento del hotel y me fui directo a la recepción. Allí me indicaron el camino para llegar al salón que mi amigo había encargado. Por los pasillos adyacentes me encontré pequeños grupos de tres o cuatro personas desconocidas para mí todavía. Me encaminé a la puerta del salón. Una puerta de doble hoja abría el paso a una gran sala abarrotada de camareros. Aún no había entrado nadie más que ellos o eso me pareció. No sé de donde salieron pero aparecieron de repente. El anfitrión acompañado de Sara y Mar. Me acerqué a ellos dirigiéndome a Dimitri.

–Creí que no llegaba a tiempo –le susurre al oído a modo de excusa. En cierta forma ya empezaba a ser una constante su anticipación.
–No padezcas Franc, ya estás aquí. Eso es lo que importa. ¿Empezamos?
–Cuando quieras.

Inmediatamente me puse a su lado. Casualmente entre él y Mar. Fue algo espontáneo pero empecé a sentir como mi vello se erizaba. La mano de mi amigo sobre mi hombro me hizo volver a mi estado natural. Los grupos que me había encontrado por los pasillos empezaron a entrar al tiempo que nos eran presentados por nuestras improvisadas azafatas.

—Señores, señoras, no se queden en el pasillo. Por favor pasen a la sala —anunció Dimitri con su habitual elocuencia.

En cuanto hubieron entrado todos los invitados se cerraron las puertas. Una música de fondo comenzó a sonar al tiempo que descendía la intensidad de luz. Un foco iluminó una pantalla gigante y un power point se proyectó sobre ella.

—Oh no —exclamé en voz alta con sonora decepción.

Suerte que la música apagó mi lamento. Las presentaciones en power point se me hacían insoportables. En los innumerables cursos y seminarios que por mi profesión tuve que asistir vi muchos. No hacían más que tener al auditorio entretenido leyendo en la pantalla lo que el ponente iba explicando al tiempo que añadía su particular opinión.

Dimitri me sorprendió nuevamente. Su presentación se inició mostrando el nuevo logo de la empresa. Algún cambio en el organigrama de la estructura de cargos y la sorpresa que no esperaba. Planos detallados y fotos desde todas las perspectivas de las maquetas de los nuevos modelos de alto standing que íbamos a construir. Invitó a los ingenieros a trabajar en el desarrollo de esos diseños. Embarcaciones con dos plataformas, una sobre la otra. Dotadas de dos motores de gran potencia. Un habitáculo distinguido con un amplio sofá y todos los elementos decorativos del momento. El casco huía del típico color blanco o azul. Un gris marengo iluminaba la obra vista desde la línea de flotación hasta la cubierta principal. Trazos en color amarillo y rojo alegraban la austeridad del gris. La madera de teka debía cubrir toda la bañera y las dos plataformas.

Estábamos todos de pie sin posibilidad de poderse sentar más que en aquellos taburetes de bar que acompañaban a unas mesas redondas y altas. Estaba apoyado con mi brazo en una de ellas. Pertrechada con un surtido de canapés, albóndigas de bacalao y unas croquetas exquisitas. Siguiendo atentamente el devenir del power point que se había puesto interesante.

—Hola jefe —tras de mi sonó una voz familiar y me giré.

—Hola Mar. Tengo que felicitarte a ti y a Sara por lo bien que habéis hecho las presentaciones.

—¡Oh! muchas gracias. La haré partícipe de su felicitación cuando la vea.

—Y bien... —dije sin mucho convencimiento.

Un temblor se apoderó de mis rodillas y mis piernas. Mis manos no respondían a mis órdenes. Un asalto de adrenalina me sobrevino. La presencia de Mar turbaba mi mente y nublaba mi vista. Como factor añadido el pensar que allí estaba en calidad del nuevo director general de la compañía. No me ayudaba en nada. Me giré y le miré a los ojos.

—Mar me vas a disculpar pero tengo la inminente necesidad de salir a tomar un poco el aire. ¿Te importaría acompañarme?

Se ruborizó. En aquel momento no comprendí el alcance de su rubor. Tomé la iniciativa me giré y emprendí la marcha entreabrí la puerta y tomé camino por el pasillo por el que había entrado al salón pero en sentido contrario. Buscando el aire fresco de la calle. Mar a una distancia prudencial salió tras de mí. Cuando llegamos a la terraza me giré y le dije...

—Mar te agradezco que me hayas querido acompañar.

—No me tiene que agradecer nada yo también necesitaba tomar un poco el aire.

—También te agradezco que haya tomado la distancia que ha tomado. Mi amigo es muy incisivo en sus comentarios.

—No se preocupe. Sé ser discreta. Forma parte de mi trabajo la discreción.

—¿Fumas?

—No. Pero en estos momentos no me iría mal un cigarrito.

Saque de mi bolsillo un paquete de rubio americano. Le ofrecí uno y lo tomo entre sus dedos. Sentí el tacto de su mano con la mía al acercarle el encendedor. Un roce sutil que enervó mis ánimos. Mientras se lo estaba encendiendo la miré nuevamente a los ojos. Una mirada intensa se apoderó de mí. Su rubor y el mío se confundieron en la noche.

—Además de acompañarme a tomar el fresco... ¿Te gustaría acompañarme mañana a tomar un café?

—Si. Por supuesto

—Pero...

—Si.

—Quiero decir fuera de la empresa.

—Si.

—Bueno es un café entre...

Me interrumpió

—Le he dicho que sí. Un café entre dos personas que no se conocen y quieren conocerse —dijo con seguridad.

—Te agradezco la aclaración Mar. ¿Qué te parece si mañana concretamos dónde vamos?

—Preferiría no mezclar las cosas.

—Cierto —dije esta vez con mucha convicción y aplomo— ¿Conoces la cafetería "El Paraíso"?

—Si, claro.

—¿Nos vemos allí sobre las 6? —dije intentando tomar la iniciativa.

—Me parece perfecto.

—Ya hemos terminado el cigarrillo. Creo que deberíamos volver para que nadie perciba nuestra ausencia.

—Si, volvamos. Vaya usted primero.

Me encamine de nuevo a la sala tembloroso aún. Sin mirar atrás. La discreción era en estos momentos la prioridad. Las casualidades. Dimitri en la puerta de entrada al salón. De espaldas. Pero en la puerta. Me acerqué intentando simular tranquilidad.

—¿Dónde te habías metido? Llevo rato buscándote.

¡Glups! —De nuevo me asalto en el pensamiento una frase. Pillado de nuevo.

—He ido al aseo. Vine muy deprisa desde casa. Ya no podía más. Lo siento. No sabía que me buscabas.

Acercó su nariz a mi chaqueta. Su cara. Su mirada inquisitiva. Su sonrisa socarrona...

—Al aseo... jejeje... tú te has ido a fumar. Hueles a tabaco.

—Bueno... Aproveché el momento. Fui al aseo y salí fuera a fumarme un cigarrillo.

Me estaba poniendo muy nervioso. Este Dimitri... ¿Tenía sensores de movimiento o qué? Todo a su alrededor en una distancia de cien metros ¿debía estar en su radar?

—Solo te buscaba para beber juntos una copa de cava. Quiero brindar contigo nuestro futuro juntos.

Joderrrr. Era solo eso. Joderrrr podía habérmelo dicho antes sin tantos misterios. Relajé mi rostro y rápidamente esbocé una sonrisa cómplice.

—Venga —dije muy animoso— vamos. ¿Dónde está esa copa?

En el instante que nos encaminábamos hacía una bandeja que portaba un camarero vi por el rabillo del ojo como entraba Mar en el salón. Cogimos una copa cada uno. Las pusimos una frente a otra y escuche un...

—¿Qué?...

Joder tres letras y ya me ha puesto otra vez en modo "alerta que te vigilan". No es la palabra en sí. Es como lo pronuncia. El énfasis que le da.

Y añadió

—¿Nos la bebemos de un trago?

Será... Me mordí la lengua y el pensamiento.

—Dimitri esto se toma saboreando los sorbos —dije—. Brindo por nosotros.

—¡Chin! ¡Chin! —dijo el al tiempo que se juntaban ambas copas.

—Delicioso... que paladar... que sabor... que buqué...

—¿Dónde? dijo él

—Como que donde... ¿dónde va a ser? en la copa, en el cava.

Esa sonrisa socarrona otra vez asomó en sus labios

—Pero... jajaja, pero... jajaja. ¿Aquí como metes un buque?

Vamos que no me podía creer que fuese capaz de sacarle punta a un acento para transformar "buqué" en "buque"

Nos batimos en carcajada abierta. Sin remisión este cabrón tenía chispa. Para ser ruso le sacaba tajada a todo. Me relajó mucho ese brote de humor. Se acercó de nuevo a mi oreja y me susurró al oído...

—No quiero ver más esa actitud sumisa en ti. Ni ante mí, ni ante nadie. Tú eres otra cosa y yo lo sé. Despierta busca en tu interior y lo oirás rugir. Hace muchos años que nos conocemos. Nunca me atreví a decírtelo hoy no me podido resistir más. Percibo que tienes una lucha interna. Cuando te he visto actuar como abogado lo he comprobado. Eres implacable, adusto, listo, sagaz, con cintura para salvar los obstáculos, dominante. Llevas dos días desconocido para mí.

Baje la cabeza asintiendo. Asumiendo mi verdad.

—No. Así no. Levanta la cabeza. Mírame con esos ojos de odio que tú sabes poner. Recuerdo tus casos y como eras demoledor con el contrario. ¿Te crees que por no mostrarlo vas a dejar de sentirlo? Negarlo es negarte a ti mismo. Engáñate.

Respiré profundamente. Llene mis pulmones de aire y lo solté todo de golpe. Levanté la cabeza. Levante el mentón y lo miré con odio y rencor. Le odié por haberme descubierto antes que yo. Tenía razón. Como siempre.

En aquel momento me sentí invadido por mi otro yo. Ese desconocido que estaba a punto de conocer. El que rasgaba mis vestiduras por salir a la luz. El mismo que aporreaba en la puerta de mi soledad en las horas nocturnas. Mi lado oscuro fruto de la herencia de mis sueños.

Capítulo 9

Llegué a mi nuevo despacho a primera hora de la mañana. Me había propuesto para ese nuevo día ver amanecer desde el ventanal que asoma al Este. Como aún no había llegado nadie me preparé una taza de café y me senté plácidamente en el sofá. Haciendo caso a las recomendaciones de Dimitri me descalcé y puse mis pies en aquella mesa. Un día nuevo, un hombre nuevo. El que señaló mi amigo. El que pugna desde hace días por surgir a la vida.

Me dispuse a abrir el ordenador para conocer el sistema operativo con el que trabajaban allí y todas sus aplicaciones informáticas. La sorpresa no se hizo esperar. Un maravilloso Linux apareció en el monitor. Una curiosa nota había colgada de la pantalla escrita a bolígrafo. Sus rasgos redondeados en la letra mostraban ternura y los trazos suaves e inclinados denotaban dulzura. Resultaba muy obvio que lo había escrito una mujer.

mar_37@gmail.com

No esperé a terminar mi café. Abrí mi cuenta de Hotmail y me dispuse a enviar un primer correo. Suponía a quien pertenecía esa cuenta de Gmail. Aunque era preceptivo preguntar. Nunca se sabe. Dicen que las escopetas las carga el diablo.

DE: sirfranc@hotmail.com

A: mar_37@gmail.com
Asunto: desconocida
He encontrado casualmente esta cuenta de correo anotada en un
papel en mi pantalla de ordenador... ¿Eres quién pienso que
eres?

Y pinché el botón de enviar.

Me dispuse a iniciar el conocimiento de todas aquellas aplicaciones informáticas. Anduve un par de horas abriendo y cerrando ventanas cuando me sorprendió un sobre por abrir en mi buzón de correo.

De: mar_37@gmail.com
A: sirfranc@hotmail.com Asunto: soy conocida
Soy quien piensa que soy. Creo que tiene un compromiso
conmigo a las seis de la tarde de hoy. ¿Le parece una buena pista
para saber quién soy?

Un impulso me sobrevino mientras una sonrisa afloraba en mis labios. Mi otro yo se estaba manifestando. Sentí como fluía la sangre por mis venas a borbotones. Una explosión de adrenalina estalló. Las piernas y las manos iniciaron un camino de temblores. Un terremoto de emociones me invadió haciéndome perder el control. ¡Control!.

El recuerdo de lo que Dimitri me había dicho alcanzó mi sentido del equilibrio. Tomé aire con suma intensidad hasta llenar por completo mis pulmones. Levanté el mentón airadamente. Altivo e insultante miré a la pantalla de mi ordenador. Dejé ir el aire poco a poco en pequeños soplos. Recuperé el control sobre mis manos. Las piernas y las rodillas tardaron algo más en reaccionar. Mi otro yo despertaba de su letargo, olía los aires de libertad cercanos.

En un instante desapareció la sonrisa para tomar fuerza. Apreté los labios uno contra otro mientras mi mandíbula se contraía. Una buena apretada de dientes acompaño a mis labios. Debía aprender a controlar si pretendía ser el propietario de la herencia de mis sueños. Retomé el teclado para responder al correo.

DE: sirfranc@hotmail.com
A: mar37_@gmail.com

Asunto: de conocido a conocida.

Por cuestiones de seguridad queda clausurado este sistema de comunicación. En fichero adjunto te remito un código de nueve dígitos que una vez registrado adecuadamente en tu móvil podrás iniciar un WhatsApp

Y cliqué "enviar"

No tardé en recibir un WhatsApp en mi móvil con una petición de aceptación.

—Hola. 10:02
—Buenos días. 10:03
—Esto es más seguro. 10:04
—Si usted lo dice. 10:05
—Solo tienes que ir con cuidado que no se entere tu jefe que envías WhatsApp en horas de trabajo. 10:06
—Peor para él. Se quedará sin café. 10:07
—Touche mademoiselle! 10:08
—Quien busca, encuentra. Quién siembra tormentas recoge tempestades. 10:09

Me recompuse como pude. Mi otro yo me decía que detectaba un cierto grado de rebeldía en esas respuestas. Sentí como mis incisivos tomaban forma alargada. Recordé la sonrisa socarrona de Dimitri y afloró en mi rostro otra similar. Una sonrisa socarrona, pendenciera, de perdona vidas. Esa algarada debía de moderarla.

—No se rebele antes de tiempo no sea que la tenga que castigar. 10:10
—Y ya ha pensado como me castigaría. 10:11

¡Humm!, esto promete. Me dije a mi mismo sin retirar la sonrisa de mis labios.

—Sigue provocando mi ira y en vez de azúcar te echaré sal al café. 10:18
—Vaya castigo... y para pensarlo ha tardado 7 minutos? 10:19
—Definitivamente te pondré sal y pimienta. 10:21
—Si piensa que eso es un castigo... Yo esperaba algo más sublime. 10:24
—Señorita es usted una atrevida. 10:26
—¿Ahora me trata de usted? 10:28
—Me reitero con la sal y la pimienta. 10:30

—¿Tiene algo más que decirme? 10:35
—Si. Que admiro la puntualidad. 10:38
—Espero que la suya esta tarde también lo sea. 10:40
—Ok. Ciao. 10:41

Continué con las tareas en las que me había enfrascado hasta llegado el mediodía no sin dejar de pensar en el WhatsApp. Mar resultaba inesperada, con agallas, desconcertante. Mi desconocido habitante me decía que ella podría ser perfectamente la protagonista de mi sueño. Algo tenía que hacer conmigo mismo. ¿Debía de dar rienda suelta a mi otro yo? No podía negarlo por más tiempo. Mi realidad era una. Inexorablemente mi alter ego estaba latente. En espera para salir. Mantenerlo oculto era ya una insensatez. Ya solo me quedaba aceptarme y asumir mi nueva realidad.

Un calor intenso recorrió todo mi cuerpo. Tomé nuevamente aire. Llené mis pulmones todo lo que pude para luego soltarlo poco a poco. Levanté el mentón airado y exultante. Mi cuerpo se tensionó. Sin moverme de mi escritorio sentí la fuerza y el impulso. Con firmeza tomé mi móvil y le retiré la funda de protección.

Una imagen en blanco y negro me asaltó súbitamente. Una nueva película asomaba a mi imaginación. Una mujer con la melena larga y rizada. Por sus rizos corría el agua a raudales. Cerraba la ducha y dejaba caer su cabeza hacia delante para escurrir su cabello. Se incorporó y dio un cabezazo hacía atrás para sacudir su intensa melena negra contra su espalda. Ese sonido acabó sacando de mis entrañas un estremecimiento intenso que recorrió desde mi estómago hasta mi entrepierna. Palpité y palpitó. Mi sexo inició un camino en solitario y sin control.

Cerré los ojos para intentar borrar esa película de mi mente. Hice lo contrario a lo que debía. Su cara se quedó mirando al cielo mientras dejaba gotear su pelo por la espalda. El brinco que dio al recibir el impacto del primer azote en ese cuerpo mojado me hizo abrir mis parpados de par en par. Sobresaltado y excitado por mi visión. Una descarga de adrenalina recorrió todo mi cuerpo. Mi vista se empezó a nublar por su efecto.

El móvil, que aún conservaba en mi mano izquierda, experimentó un apretón y una sacudida. Las emociones contenidas acumulan energías que de una forma u otra tienen que salir, estallar. Me levanté de la silla con el telefonito sujeto aún en la mano. Levante la otra hacía el frente extendiendo totalmente mi brazo. Mi dedo índice acusador extendido. Simuló señalar a personajes imaginarios frente a mí. En ese momento se encendió mi ánimo y mi espíritu. Ya solo me faltaba escuchar tras de mi la voz insolente del entrenador agresivo diciéndome... A por ellos Franc. A por ella será en todo caso, me dije a mi mismo. Una prolongada afirmación salió de mí. Un siiiiii largo e indefinido.

—Se inicia la cuenta atrás. 6 horas. 12:01

Esperé un buen rato sin recibir respuesta.

—No acostumbro a ponerme nerviosa antes de tomar un café si es lo que pretende. 12:18
—Lo excitante del café es que actúa después de tomarlo. Si te veo muy excitada te atare a la mesa. 12:20
—¿Ah sí? 12:23
—Veremos. Hasta luego. 12:24

Mar me seguía sorprendiendo. Se mostraba insolente, arrogante, chula, con desparpajo. No tuve esa impresión la primera vez que la vi. Más bien parecía una chica modosita, recatada, atenta, dócil, servil. Medite unos instantes sobre esa posibilidad. ¿Quizás estaba desarrollando su metamorfosis? ¿Estaría viviendo su revolución interior? ¿Se encontraría ante la presencia de su alter ego también? Nunca se es consciente de lo que sucede en el interior de uno mismo. Llega un día. Ese día que está marcado en nuestro calendario. Desconocemos cuando será. No lo sabemos pero todo salta por los aires.

Lo único que hay de cierto es que quedan menos de cinco horas y tenía que planificar una estrategia con la que tomar ventaja.

—Quedan 5 horas. Aviso a navegantes. 13:00
—No se preocupe por mi puntualidad tengo una alarma acústica para no llegar tarde 13:03

El reloj marcaba las 17,40h. Quería llegar con tiempo suficiente para trabajar bien el escenario. Sentirme cómodo. Sosegarme y calmar mis nervios. Debía mostrarme como un personaje que controlaba su entorno y su persona con independencia que por dentro se me comiesen los diablos.

Calculé que con veinte minutos tenía tiempo suficiente para llegar y hacer un reconocimiento rápido del lugar. Había ido en alguna ocasión pero no lo recordaba bien.

Salí de mi despacho y tomé el ascensor. En él tensé mis músculos. Apreté mis abdominales para que cogiesen tensión. Estiré mi espalda y saqué pecho. Reflejándome en el espejo ensayé un gesto grandilocuente. Si tenía que permitir salir mi otro yo que fuese por la puerta grande. El sonido acústico del ascensor me avisó que había llegado a la planta baja. Salí de él con mi maletín de mano. Altivo y con paso firme pasé por delante de la recepción. Vi a Mar y nuestras miradas cómplices se cruzaron. Se sonrojó y sus ojos enfocaron al suelo. Me sentí vencedor del primer asalto. Supuse que fue la sorpresa.

—Bufff estoy muy cansada. Sara cúbreme. Me voy un poco antes a ver si me recupero. Tengo que pasar por la farmacia.

Ya no escuché mucho más. El sonido de la conversación se iba alejando de mí en tanto me iba acercando a la puerta de salida y de ahí directo a mi plaza reservada en el parking de la empresa. Arranqué el coche dirección a "El Paraíso". Recordaba que había un garaje justo en frente de la cafetería y hacía allí me dirigí.

Llegué el primero pero a poca distancia de Mar. Atisbé una mesa algo apartada del resto y me posicioné frente a ella. Me quedé de pie detrás de una de las sillas. La que había decidido que se sentase. Me vi reflejado en el espejo que forraba la columna que había en frente. Levanté el mentón y aspiré aire con fuerza justo en el momento que la vi entrar. Hice un gesto como mirándome el reloj con cierta teatralidad y un toque de insolencia. Eran las 18 horas en punto. Con mi mano derecha junté mi dedo índice con el pulgar. Hice un Ok y se lo mostré en señal de aprobación.

Se fue acercando. Mi mente recreó a cámara lenta su deambular hacia mí. Con suma elegancia fue colocando un pie delante del otro. La falda del vestido que llevaba iba marcando el contorno de sus muslos. Me dije con rotundidad que habría que darle un premio al que invento los zapatos de tacón y otro premio a la mujer que los lleve con elegancia.

Separé la silla de la mesa sin apartar mis ojos de los suyos. Acabó bajando los suyos hacía el suelo. Una nueva victoria que me apuntaba en el marcador. Dejó caer el bolso. De su hombro a su mano y de ahí a las mías. Tomé su chaqueta desde la solapa para ayudarla a desembarazarse de ella mientras aspiraba su aroma. Venía con todas sus armas de guerra cargadas. Se sentó justo donde yo había previsto. Me mantuve inmóvil a su espalda. Un nuevo cruce de miradas a través del espejo. Me giré para llamar la atención del camarero. Aprovechando que volvió a bajar su mirada me agaché. Me acerqué todo lo que pude a su oreja e inicié el camino para desarmar sus defensas. Sin tocarla, sin rozarla siquiera. La acaricié con un susurro que brotó de mi boca.

—Jovencita...

Le di unos segundos para que se apercibiese del impacto sonoro.

—Estás fascinantemente encantadora. Gracias por no llegar tarde.
—Era mi obligación.–dijo con un hilillo de voz apenas imperceptible.

¿Dónde se había quedado su arrogancia? Y... ¿Qué le pasó a su insolencia?

Aproveché para tomar asiento justo frente a ella. Me tomé mi tiempo. Hay circunstancias que requieren de lentitud para ganar tiempo. Me senté justo cuando vi por el rabillo del ojo que se acercaba el camarero a tomar nota.

—¿Qué desean tomar?
—La señorita tomará un cortado con la leche natural. Yo tomaré un café con hielo. Por favor el hielo tráigamelo en un vaso aparte.

Tomó nota y se fue. Mar me miraba con cara de sorpresa. Yo sabía el por qué.

—No me ha preguntado.
—Ya lo sé. He decidido por ti —le dije—. Mientras le clavaba mi mirada, asomó de nuevo un rubor en sus mejillas.
—Ordena a tus rodillas que dejen de temblar. Me estoy poniendo nervioso.

Se recompuso como pudo y le fue posible.

—¿Cómo es posible que se hayas dado cuenta de eso? —dijo Mar

—Percibo por mis cinco sentidos. Te siento. Te percibo.

—No serás uno de esos que siempre lo tienen todo controlado. Un controlador.

—Podría ser... y... ¿Si fuese ese el caso? Me miro a los ojos. Bajo la mirada mientras jugueteaba con sus dedos.

—Me gustaría conocerlo mejor y probar —dijo con la voz trémula y sonrojándose por las palabras que había pronunciado.

—Bien —dije con convencimiento—. La verdad es que no me esperaba esa respuesta. Y añadí... te pasaré un test y un contrato.

—¿Un test? ¿Un contrato?

—El test es preceptivo para conocer tus límites. Lo que estás dispuesta a probar. Lo que no estás dispuesta a probar bajo ningún concepto. Y lo que puede que estés dispuesta en determinadas circunstancias. El contrato es para recoger los términos de nuestro acuerdo. Tu proceso de aprendizaje y en qué momento y cómo puedes dar el paso para acceder al último escalón. Y desde luego para que en ningún momento pueda haber confusión con el otro contrato. El de la relación laboral.

—Me parece razonable.

—Ahora te podrá parecer o no parecer. Ten presente que todavía no has dado el paso. No has tomado ningún compromiso. Cuando llegue ese momento tu voluntad quedará a mi disposición. Deberás mostrar obediencia a todo y cuando sea mi deseo siempre que no sobrepase los límites infranqueables que tú hayas establecido.

Atónito por todo lo que estaba diciendo. Se me iba ocurriendo en el momento. Salía de mí. Yo no era consciente de ello. Me iba haciendo a la idea mientras me escuchaba.

—De acuerdo en todo.

—Bien

Dentro de mí un pequeño diablillo rojo con su rabillo coleando al aire daba saltos de alegría. Yo no salía de mi asombro, más que por ella, por mí mismo. Mi otro yo asomaba la patita y ya me empezaba a caer simpático. Nos vamos a llevar bien, él y yo, me dije con convencimiento. Entretanto llegó el camarero con nuestro encargo.

—Su cortado señorita, su café con hielo señor.

—Muchas gracias —le dije

El camarero tan rápido como vino se fue dejándonos en la soledad del momento. En nuestra intimidad. Los cómplices estaban en sus puestos de salida. Había que tomar iniciativas. Yo no sabía por dónde seguir en ese momento pero estaba seguro que mi "alter ego" lo debía saber perfectamente. Me quedé como un espectador a ver cómo se las apañaba. Le di paso y rienda suelta para que tomase el mando del momento, de mis acciones y mis palabras y de ella.

Un impulso llevó mi mano a tomar un cubito de hielo. Mis dedos lo tomaron entre si y empecé a juguetear con él. Girándolo y dándole vueltas. La mire nuevamente a los ojos. Lo acerqué y rocé levemente sus labios. Dibujé su contorno. Sus labios sonrosados tomaban cada vez más consistencia y su palidez desaparecía por momentos para adquirir una coloración con mayor intensidad.

Tenía mi dedo índice y el pulgar ocupados sujetando el hielo. Mi dedo corazón se estiró y tocó levemente su mentón. Su boca se entreabrió dejando al descubierto una preciosa dentadura de un intenso blanco. Le pedí que sacase un poco su lengua y lo hizo. La dejó en el lugar justo. Hizo asomar la punta y la dejó inmóvil rozándose su labio superior. La visión que tuve de ella era la de una niña traviesa.

Le acerqué el hielo a su lengua y la humedecí con el agua que ya empezaba a deshacerse. Me entretuve un rato jugueteando con el cubito de hielo y su boca hasta que se lo introduje todo. Su cara fue de sorpresa. No se lo esperaba. La tuve unos segundos así y le acerque mi vaso con el café para que lo depositase allí. Mi café iba a tener un sabor especial.

Mientras degustábamos nuestra consumición le propuse un juego. El juego consistía en dejar caer mi mano sobre la mesa. Si ella la tomaba y la estrechaba sería la despedida de dos buenos amigos. Si por contra la tomaba y la acercaba a sus labios para besarla, supondría que aceptaba su condición de alumna. Dispuesta a tomar su camino de iniciación al BDSM.

Vi un brillo especial en sus ojos pero su cara de sorpresa me hizo dudar. Supuse que el juego que le acababa de proponer la había sorprendido. Una mueca salió de sus labios. Se rozó la comisura de sus labios con la punta de la lengua y una sonrisa perversa afloró.

Dejé caer mi mano sobre la mesa...

Capítulo 10

Ver como ponía su mano encima de la mesa me encendió por dentro. Vi como dejaba de apoyar en ella su cabeza y la puso en la mesa con suma lentitud. La dejó caer frente a mi con la palma hacía abajo. Sentí un súbito acaloramiento que recorrió todo mi cuerpo. Desde la nuca hasta donde la espalda pierde su nombre. Noté como mi humedad crecía por momentos.

Empezaba a entender las palabras que me dijo mi amiga Pilar y que yo no quise ni escuchar absorta en mis propias convicciones absurdas. Me sentí viva por dentro. Me corroía por saltar sobre esa mano y hacerla mía. Mis miedos me atenazaban. De pronto perdí el brío y el arrojo que tuve con los WhatsApp. Lo que había empezado como un juego se presentaba ante mí como una realidad.

–Tengo miedo –le dije.

Me miró a los ojos y me hizo acercar mi mano con un gesto. La cogió entre las suyas y la acarició. El roce de su piel contra la mía me hizo sentir momentáneamente una inmensa paz interior. Una mezcla de emociones estallaban en mí. Me sentía descontrolada totalmente. Mi razón no atendía a mis emociones, ni mis emociones atendían a mi razón.

Por un lado sentía esa humedad creciente y el descontrol total de mis nervios y por otro ese miedo tan fuerte que me congelaba y me paralizaba.

¿Qué me estaba pasando? ¿Por qué había llegado hasta allí para ahora sentir esas contradicciones?

Me deshice de una de sus manos. Agarré la otra, la que había colocado boca abajo sobre la mesa, sin atender a mi razón. Lo miré a los ojos. Nos miramos los dos. Sentí y sintió. Temblé. Bajé mi mirada a su mano. La tomé entre las mías y la acerqué a mis labios. Volví a clavar mis ojos en los suyos. Los cerré lentamente y la besé.

El aroma de su mano me hizo sentir una explosión que recorrió desde la boca de mi estómago hasta mi bajo vientre. Me sentí embargada por el momento que estaba viviendo. ¿Fue su fragancia? o ¿Fue el beso? No sé. Ya no quería opinar. Ya no quería pensar. Solo deseaba dejarme llevar. La voz de mis emociones decía con toda su fuerza ¡llévame profesor!, llévame tan lejos como seas capaz de llevarme. Hazme sentir lo que nunca he sentido. Muéstrame lo que aún tengo por descubrir. Lléname de ti.

Se levantó. Se acercó a mi oído y un leve susurro penetró en mi tímpano produciendo una nueva descarga de adrenalina:

—Sígueme...

Las endorfinas fluían por todo mi cuerpo. Un chute intenso de mis hormonas estaban a su libre albedrío recorriéndome y cometiendo todas las tropelías que les eran posibles cometer. Una nube en mi cerebro me cegaba. La intensidad de esa eclosión me tenía inmóvil y paralizada nuevamente. Como pude me recompuse. Tenía que levantarme. Mis piernas no respondían. Mi cuerpo rendido en aquella silla no hacía muestras de obedecerme. Tomé una bocanada de aire y llene mis pulmones. Les dije a mis rodillas que se comportasen. Mis fuerzas flaqueaban. Él se dio cuenta y volvió sobre sus pasos. Se puso tras de mí. Su voz sonó de nuevo tranquila, acompasada, profunda, intensa, varonil. Cargada de poder y a la vez de sensibilidad. Una extraña mezcla de cualidades dispares.

—¿Te ayudo?
—Si, gracias —respondí

Me sentí tonta, pero lo necesitaba. Necesitaba que me ayudase. Necesitaba esa tensión. Necesitaba su serenidad. Necesitaba. Lo necesitaba. ¡Dios! Sentí sus dedos en mi espalda. Colocó las yemas de sus dedos en ella. El calor que desprendían junto a unos movimientos lentos que la zigzaguearon me relajó. Imperceptibles recorrieron un camino sinuoso desde mi nuca hasta media espalda. Separó su mano de mi espalda abandonando ese chantaje digital al que me había sometido. Me rodeó con sus brazos. Me sujetó y me ayudo a levantar. Su fuerza alrededor de mi cintura me elevó. Su abrazo me hizo entrar en un estadio de paz y sosiego. Ese abrazo que me pareció eterno se acabó con un beso en mi frente. Lo miré a los ojos y vi su luz. Le acerqué mis labios lo más que pude sin mediar palabra. Reclamándole, suplicándole, rogándole. Se apartó de mí suavemente y puso distancia.

–Aquí no –dijo con contundencia– Sígueme

Otra vez descompuesta. Otra vez desarmada. Nunca pensé que nadie me pudiese llevar a ese punto de desesperación silenciosa. Sentía como mi deseo desbocado se desbordaba a borbotones por todo mí ser. El palpitar de mis sienes amenazaba con un estallido. Volví a llenarme de aire y con la aspiración entró su aroma. Me llené de aire y me llené de él. Se giró e inicio su camino hacia la puerta de salida. Por su espalda asomó su mano reclamando la mía. Di un pequeño salto para agarrarme a esa mano. Me sujeté con fuerza y le seguí.

Él trazó el rumbo que debían seguir mi cuerpo y mis emociones. Él era mi GPS sin más electrónica que el caminar sobre sus pasos. Mi deseo de ser guiada por él se estaba haciendo realidad. Fue una travesura o una necesidad de vida. Algo en mi me decía que me equivocaba. Algo en mi me decía que adelante. Acepté mi condición. La que él deseaba, la que yo anhelaba. Me precipité hacía él cegada. Ya no me importaba nada más que satisfacerlo y satisfacerme por hacerlo. ¿Qué me iba a usar y utilizar? Bien. Vale. ¡Y qué! Yo también a él. Intenté aliviarme y me dije... vamos a divertirnos.

Salí de la cafetería tras él. Esta vez sin cogerme de su mano que seguía adosada a su espalda. Cruzamos la calle y se precipitó a la entrada del parking. Yo detrás de él. Pulsó el botón de llamada del ascensor. La espera me pareció eterna. Se abrió la puerta del ascensor. Yo tras él.

Dentro del camarín y justo cuando se cerró la puerta se abalanzó contra mí. Me aprisionó contra la pared. Sentí el calor de sus labios sobre los míos. Me besó. Los besó. Los mordió y los chupó todo en uno, todo al mismo tiempo. Oh! no por favor ?exclamé para mis adentros– aquí no. No pude contener mi sacudida. Todo mi cuerpo sucumbió al placer de aquel furtivo orgasmo. Inesperado y extraordinario. Tembló todo mi ser y un alarido salió de mi boca. Me sentí caer al suelo abatida.

La sorpresa del frenesí me sobresaltó y me deje caer sin más. De suerte que me sujetó por la cintura. No llegué al suelo. Me envolvió de nuevo con ese brazo poderoso y me sostuvo casi a pulso. Mis piernas por un momento se doblaron. El rubor me recorrió y sentí el calor en mis mejillas. Un calor extremo, insoportable. De vergüenza. Pensar que alguien me hubiera podido escuchar o que alguien me hubiese podido ver.

Tomé aire y resoplé. Su sonrisa de oreja a oreja estaba frente a mí esperando que saliese de mis pensamientos. Sopló en mi cara para aliviar mi calor. Acercó de nuevo sus labios a los míos. Me besó con ternura. Besó mis labios y besó mi frente.

Salimos del camarín en dirección a su coche que estaba situado en la última planta. El ¡Xiu! ¡Xiu! del mando a distancia sonó haciendo parpadear los intermitentes. Me abrió una de las puertas y me invitó a entrar con un gesto silencioso pero indicativo. ¿Cómo? ¿Detrás? Era la puerta trasera del copiloto. Entre sin mediar palabra y me senté. Cerró la puerta y esperé.

Por un instante me quedé sola con mis pensamientos y con mis deseos. No podía contener a ninguno de los dos. Estaba alterada y desconcertada. Por él. Por mí. Por los dos. La situación, el momento. La cafetería, el ascensor, el coche, el parking. Sentía mi cabeza que estaba a punto de estallar.

Cuando pude volver en mí intenté hacer consciencia y recomponer la situación. Miré a un lado y otro, buscándolo. ¿Dónde se había metido que no venía ya? Divisé que estaba parado delante de la puerta del conductor sujetándola pero sin abrir. ¿Qué hacía allí? Parecía que me miraba pero no podía verme. Los cristales traseros tintados impedían que nadie pudiese pensar que había alguien allí sentado. De mi garganta salió un susurro apenas imperceptible. ¿Por qué me haces esto? ¿Por qué me haces sufrir esta agónica espera?

La luz general del parking se apagó. Todo quedó al amparo del alumbrado de emergencia y de seguridad. Un hilillo de luz se percibía desde el interior del vehículo. El suficiente. Me quedaron claras sus intenciones. Estaba expectante esperando ese acontecimiento. Quedar a oscuras. La otra puerta de atrás del coche se abrió. Entro y se sentó al tiempo que volvía la luz al parking.

—Estupendo –dijo

—¿El qué? –pregunté.

—Volveremos a estar a oscuras en cinco minutos. Tenemos la ventaja que ante cualquier movimiento fuera del coche se encenderán las luces de nuevo.

Me hizo incorporarme. Me dio instrucciones para tomar una posición especial. De pronto me vi con mi rodilla izquierda doblada y apoyada en el asiento. La otra pierna estirada haciendo pie en el suelo del coche. Mi espalda contra la puerta. Deseaba pensar que la habríamos cerrado bien. Su mano izquierda paso por detrás de mi nuca y me estiró hacía él. Mi cabeza cayó en su brazo izquierdo, que la sujeto. Mis labios quedaron frente a los suyos. Totalmente a su disposición. Los entreabrí para humedecerlos con mi lengua. Esa imagen fue el interruptor que arrancó su motor de dieciocho válvulas. No tuvo más que tomar lo que tenía frente a él. Lo que le estaba ofreciendo. Y lo tomó. Sus labios me volvieron a encender. Una batalla de labios y lengua. Me saboreó y lo saboreé. La luz de aquel Parking se volvió a desvanecer y nos quedamos de nuevo en la intimidad de las luces de emergencia.

Siguieron sus besos y arrumacos. Me sentía arropada entre sus brazos. Su mano derecha alcanzó mi rodilla para iniciar una incursión pierna arriba. Deseaba que llegase de una vez por todas. Cada centímetro que recorría se paraba. Jugaba haciendo pequeños círculos con sus dedos. Estaba ya muy cerca de donde yo lo esperaba. Una incursión de uno de sus dedos me alcanzó. Rogué que me atravesase con ese dedo pero impasible se entretuvo un buen rato paseándolo por la puerta de entrada. Me taladró. Ese dedo travieso se internó en mí y tras ese otro más como medida de apoyo logístico.

¡Madre Mía! exclamé para mis adentros. Eso no eran dedos. Eran armas letales que su propietario sabía manejar muy bien. ¡Dios! ¡Por favor! ¿Dónde se han metido? ¿Dónde me estaba tocando? Uno de sus dedos estaba en un punto desconocido para mí. Nunca nadie, ni yo misma había encontrado ese lugar. Sentí que mi clítoris iba a reventar. Sin verlo sabía que estaba en su máximo esplendor. Hinchado y duro. Con ganas de explotar al primer roce. Su voz apareció en el silencio para susurrarme al oído duras palabras que me hicieron caer en el abismo del placer.

—Te comportas como una zorra. Me gusta. Quiero que seas mi zorra, mi golfa y mi puta. Ahora te voy a guiar a tu camino de no retorno y no me voy a conformar con uno solo. No pares hasta que yo te lo pida. ¿De acuerdo?

Un imperceptible "si" salió de entre mis labios. No lo escuchó o no lo quiso escuchar.

—¿Cómo dices? No he escuchado nada.
—Si, Si, Si Mi Señor —dije entre jadeos incontrolables.

Me seguía preguntando los porqués. ¿Por qué esos insultos en ese momento me causaban esas nuevas sensaciones? Me abandoné a sus requerimientos. Su zorra, su golfa, su puta. Su eco retumbaba en mi mente. Nunca nadie antes me había llamado así. Tan excitada creí morir de locura transitoria. Mi corazón se batía cada vez con más fuerza. Nunca antes me habían puesto esas palabras tan fuera de mí. Sus dedos siguieron hurgando en mi interior. Acariciando y friccionando. Entrando y saliendo.

—Zorra búscalo para mí y entrégamelo cuando yo te lo pida.

Su voz y su orden me pusieron a mil. Sentía su poder creciendo y dominándome. La fuerza de su deseo y del mío. Continuó en su incursión táctil. Esos dedos parecían haber cursado un Máster en digitopuntura vaginal. Un ocasional roce de la yema de su dedo justo encima de mi clítoris fue el detonante. Un golpe seco desde fuera contra mis labios exteriores y el sentir de nuevo su penetración digital me puso en el camino. Unos cuantos movimientos enérgicos de sus dedos, friccionándolos contra mi clítoris me situaron definitivamente en el punto de donde no me gustaría salir nunca.

—Uffff... Es suyo Mi Señor... hummm.
—No te pares porque seguimos.
—¡Oh! Si Mi Señor... ¿Quiere que su zorrita le entregue otro?
—Por supuesto. Todos los que yo te pida...
—Así será. Su deseo es el mío.

El segundo vino casi sin avisar. Sentía mi cuerpo y mi mente en total armonía con él. Un temblor de cabeza a pies me inundo de nuevo. Mientras estaba disfrutando de la descarga tensional de un segundo orgasmo, sentí como por mis piernas descendía el flujo que mi sexo segregaba. Situó dos de sus dedos de esa experta mano en mis ingles. Uno en cada una de ella. Presionó primero contra mí manteniéndose unos segundos así. Manteniendo esa presión. Me vi inmersa en su mirada. Absorbida por sus ojos. Clavó sus ojos contra los míos, mientras sus dedos estrechaban el cerco y haciendo el efecto pinza sujetaron entre ellos mi vagina. Giró su mano y sus dedos le siguieron. El efecto de aquel giro pareció un gran pellizco. Me lo retorció y un nuevo alarido salió de mi garganta. Una nueva entrega para Mi Señor.

Me agarró del pelo y estiro de él. Me apartó de su brazo izquierdo. Como me puso ese momento. La forma de sujetarme. De forzarme. El sonido del descorrer de su cremallera. Me vi inmersa en una excursión para descubrir un nuevo horizonte. Su polla. La vi y me cegó el deseo.

¿Acaso no iba a soltarme del pelo? ¡Yo quiero! ¡Yo quiero! decía para mis adentros. Dejó de estirarme del pelo para colocar su mano en mi nuca y acompañar mi cabeza hacía él. ¡Por fin! ¡Ya era mío! Mi otra yo se lo estaba pasando en grande y yo más.

Saboreé su glande. Intuí que estaba rebosante de su color sonrosado. Su piel tensa dibujaba su perfil. Esbocé su tamaño gracias al hilillo de luz que se colaba. Lo lamí y la lamí. Chupé y absorbí sin parar aquel regalo que tenía ante mí. Lo disfrute tanto como él me permitió. Después de juguetear con su falo. Paré unos instantes para mirarle a los ojos. Percibí su placer en su respiración. Intensa y entrecortada. Él no sabía cómo lo deseaba. Un pequeño toque de su mano en mi nuca me hizo reflexionar. ¿Llevaba mucho rato mirándole?

Me abalancé sobre ella. Sin pensarlo dos veces. Abrí mi boca todo lo que pude y estire el cuello. Lo quería todo. La quería toda. Deseaba sentirla dentro de mí. Su preciada polla taladrándome la garganta. En un primer intento acometí mis acciones con cierta lentitud. Deseaba sentirla alojada en mí. Dentro de mí. Pero quería disfrutarlo poco a poco si él me dejaba, claro. Me excitaba la idea de tenerlo así. Sentir su polla dentro de mi boca era disfrutar de un regalo. Es algo íntimo de él. Deseaba que me usase así. Que me llene. Que me inunde. Que me haga sentir su excitación mientras la tengo dentro de mi boca. El deseo en estado puro. Su deseo y el mío juntos. El suyo por su placer y el mío por satisfacerlo. Fui evolucionando con su miembro en mi boca. Tan pronto la tenía toda fuera como tomaba impulso y me la comía entera hasta lo más profundo que me era posible engullir. Lo sentía tan dentro. La sensación que le producía cada vez que le hacía sentir como me invadía. Sus gestos, su respiración, sus temblores. Un fugaz estremecimiento le sobrevino. Creí que ya era mío.

Ese azote de su mano en mis nalgas despertó dentro de aquel coche la lujuria a su máximo nivel. Acertó a propinarme el primero cuando tenía su glande entre mis labios. El efecto del calor que sentí en mis nalgas fue acometerla entera de nuevo. Inicié un ritmo frenético con esa divina polla. A cada azote más la engullía y más gorda y dura se le ponía. Anduve un buen rato descubriendo el efecto que nos estaban produciendo esos azotes. La recorrí toda. La reconocí al completo. Un trabajo de campo que me hubiese permitido una reconstrucción perfecta en 3D y a ciegas. La sinuosidad de su miembro. Sus venas. Sus recovecos.

Me agarró con rabia del pelo. Un nuevo azote con más brío y fuerza que los anteriores, llegó a mis nalgas. La situación me ponía muy caliente. Me impresionó tanto la forma que me mojé. Esta vez fue él. Sujetándome del pelo me taladró. Me llevó hacía el sin contemplaciones. Cruzó mi garganta y me invadió por dentro. Sentí su poder y como me traspasaba de nuevo. ¿Me sujetó para que no me escapase? No pensaba hacerlo quería mi regalo.

Tembló. Se estremecía por cada pequeño movimiento de mi lengua sobre su pene. El palpitar de su miembro anunciaba su inminente descontrol. Le quería llevar hasta el éxtasis. Ahora. Ya era mío. Ya solo esperaba recibirlo. Impaciente por saborearlo. Inquieta por sentirlo. Inició sus movimientos compulsivos sintiéndolo tan dentro de mí como me era posible. Lo deseaba así. Dentro. En mí. Cada vez me costaba más respirar. Tomaba aliento cada vez que él salía de mí. Mi respiración entrecortada me aceleraba, más si todavía era posible.

¡Por dios! exclamé para mis adentros. Estaba muy excitada lo deseaba ya. Me fui calentando. Sentía como me mojaba cada vez que entraba en mi boca o me sujetaba por el pelo tirando de él. Ese poder que ejercía en mi me ponía muy caliente y más me mojaba. Sentí cuando se iba a correr y procure aguantarlo hasta que yo estuviera lista. No pude hacerlo me obligo a tragármela entera. Noté que aún me faltaba.

¡Qué sensación! Un chorro caliente en mi garganta me inundó por completo. Un escalofrío recorrió todo mi cuerpo desde mi boca hasta mi sexo. Estaba más pendiente de él que de mí. Noté sus temblores y los míos. Cuando él acabó me di cuenta que me había corrido sin pensarlo. Fue como pulsar el interruptor de la luz. Sentir su néctar y acabar yo también. Me quedé sorprendida. Me corrí de una forma rara ya que mi deseo seguía ahí. Mi coño se corrió y esta última vez ni me había tocado.

Nunca me habían penetrado mi garganta ni me habían encontrado mis puntos de placer. Nunca había permitido a nadie correrse en mi boca no pensé que pudiese ser tan placentero. Nunca le encontré placer a lamer una polla hasta hoy. Nunca me habían agarrado del pelo para follarme la boca ni mucho menos que me azotasen mientras lo hacía. Nunca he tenido tantos orgasmos seguidos ni enlazar uno con el siguiente. Nunca han conseguido que me moje haciendo una mamada. Nunca me he sentido como una perra.

Abrió la puerta y salió del asiento trasero. Con sus movimientos se abrió nuevamente la luz de aquel parking. Se colocó en el asiento del conductor. Arrancó el vehículo e inició la maniobra para salir de allí. Me dejó sentada atrás. Se abrió la barrera y salimos de allí en dirección desconocida. En el reloj que había en el salpicadero marcaba las siete y media de la tarde. Anochecía. Las sombras del anochecer caían sobre nosotros. Agazapada en aquel asiento trasero. Aún sin palabras nuestras miradas cómplices se cruzaban a través del espejo retrovisor.

–¿Dónde te dejo? ¿Te acerco a tu casa? –dijo rompiendo el silencio.
–Si por favor. Pero...
–No te preocupes nos quedaremos a unas manzanas de distancia.
–Si muchas gracias.
–No me tienes que dar las gracias por todo. Lo que si necesito es que me digas hacía donde tenemos que ir. La verdad es que... No sé... ¿Dónde tengo que llevarte?
–¡Oh! Si ¿Conoces la calle Bondwell?
–Si. Por supuesto que la conozco.
–Pues podríamos ir en esa dirección. Te diré dónde podemos parar.
–De acuerdo. ¿Estás bien?

—Me siento rara.

—¿Por qué?

—Bueno tu mismo. Acabo de estar en el asiento de atrás del coche de mi jefe y precisamente no hemos estado leyendo el periódico. Me pregunto: ¿Dónde eres tú? ¿Dónde eres usted? ¿Hasta dónde alcanza el acuerdo de mi formación? ¿Dónde ponemos los límites de nuestra relación? ¿Dónde ponemos los límites a todo esto?

—Tienes razón. En la empresa seré Usted y nadie debería sospechar nada. Fuera en nuestros encuentros seré tú y usted dependiendo del momento. Tú sabrás perfectamente cuando es uno y cuando el otro. Y en cuanto a los límites de esto... los iremos descubriendo juntos. ¿Qué te parece?

—De momento bien. ¿Podremos usar alguna forma de comunicación en el trabajo?

—Lo más discreto y seguro ya lo hemos usado. Así que seguiremos con ello.

—Me parece lo más acertado. Por cierto, en el próximo cruce me puedes dejar.

—Bien, aprovecharemos el semáforo en rojo.

—Gracias por el viaje. Hasta mañana Franc.

—Hasta mañana Mar.

Bajé del coche y seguí andando el trecho de camino que quedaba hasta llegar a casa. Me sentía inmensamente feliz. No recordaba haberme sentido así desde hacía mucho tiempo. Lo vivido esa tarde había sido muy intenso. Aún sentía el temblor de mis piernas y el calor en mis nalgas. La intensa humedad que de mi sexo iba fluyendo sin descanso iba descendiendo por mis piernas sin poder hacer nada por evitarlo. Deseaba llegar lo más rápido posible a casa para poder ducharme.

Capítulo 11

Los últimos capítulos que acababa de leer ya tenían más enjundia. Un chasquido salió de mi boca. Un lamento quejumbroso e imperceptible. Vaya con Raúl y Adela. Qué cosas se escriben y se leen. Intentaba revivir en mi imaginación las escenas que se describían. Absorto en el relato. En la intensidad de los momentos. Desde el encuentro en la cafetería hasta ese instante en el que él pone la mano sobre la mesa. Las vivencias de ella y como lo percibe. Toman ese ascensor que les lleva inexorablemente a su destino. Esos ascensores que tan pronto te llevan al cielo como descienden a los infiernos. Un destino que se inicia en ese parking subterráneo, donde se palpa en al aire el sudor del frenesí.

Eran las cinco de la tarde cuando cerré aquella novela que estaba atrayendo mi atención como ninguna otra de las que había leído. Me quedé embobado mirando mi reflejo en el cristal de la galería. Tuve la sensación del tiempo perdido. Los recuerdos del pasado me invadían. Nunca había vivido ni por asomo una experiencia de ese calibre. En mi opinión resultaba inverosímil pero todo y con ello... ¿A quién no le gustaría ser uno de los protagonistas de esa novela?

Adela me intenta explicar algo en un susurro casi imperceptible por miedo a ser escuchada. Con la voz bajita va entonando su mensaje. Pasa apresuradamente por mi lado y se va. Medio escondiendo sus palabras y sus gestos me dice,

—La administrativa del despacho dice que Eva está a cara de perro.

Sonreí y pensé en silencio lo que me acababa de susurrar Adela. El correo electrónico que envié a Eva parece que ha surtido su efecto. Hay revuelo en palacio. La princesa se siente acosada en su propio territorio. Un intruso ha osado explicarle las cosas claras de lo que puede o no puede hacer.

Toda su estrategia de recortes del gasto para obtener más beneficios se le va al traste de un plumazo. Me gusta. A ver si de una vez por todas se nos respeta. No somos material de desecho. Que hayan personas como El Aquiles o El Agamenón, meros semovientes, no excluye que otros como yo pongamos el grito en el cielo ante semejante atropello. Mantener la mente activa es un privilegio del que pocos disponen. Los que estamos activos no podemos permitir que estas prácticas y actitudes sigan progresando sin recibir una protesta contundente.

—Sr. Ulises, prepárese que nos vamos.
—¿Dónde nos vamos?
—¿Ya no se acuerda? Le pedí hora con Inma. Nos está esperando.
—¿Inma? ¿Quién es Inma? —en ese momento me había quedado en blanco.
—Caray Sr. Ulises, es la fisioterapeuta
—Tiene razón Adela, se me había ido de la cabeza. ¡Vamos!

Recorrimos el camino de regreso por la galería acristalada. Pasamos por la puerta del comedor. En ese trayecto aún se notaba ese olor característico de comedor de residencia. Seguimos hacía la consulta de Inma que está justo al lado del gimnasio.

—Hola Inma —dijo Adela—. Aquí te traigo al Sr. Ulises que pidió visita contigo.

Adela se giró hacía mí y me dijo

—Aquí le dejo en buenas manos.

Le hizo un guiño a Inma antes de irse.

—¡Ah! Inma por cierto...—dijo Adela mientras se iba marchando— el Sr. Ulises es mío. No se te ocurra quitármelo. ¡Eh!

Tuve que ponerme a la velocidad del rayo la mano delante de la boca. Corría peligro mi dentadura de saltar por los aires. Ahora se me estaba rifando estas pipiolitas. Me giré hacía las dos. Las miré aguantándome las carcajadas que me venían a la boca. Me envalentoné. Dejé de reír y les dije.

—No discutan por mi...Yo me quedo con las dos.

Nuevas carcajadas y en esta ocasión los tres. Inma era una joven maravillosa que no debía tener más de treinta y cinco años. Esbelta y con fuerza. Habituada a trastear con otros cuerpos a sus lomos.

—Bueno Sr. Ulises ya tenemos claro los tres las cosas. Ahora cuénteme que le ha motivado a venir a verme.
—Inma me he cansado de ir en silla de ruedas. Quiero volver a caminar.
—¿Sabe usted lo que dice? yo no sé si voy a poder... No sé si usted podrá...
—Inma yo tampoco lo sé pero tengo clara una cosa. Tenemos que empezar. Sino se empieza mal se podrá avanzar. Así que... cuando usted diga.
—Yo solo les digo que durante la hora que creo que va a estar a partir de ahora por aquí. Va a ser mío y solo mío. Hará todo y cuanto yo le diga. De la forma que yo le diga y sin rechistar y esto que le he dicho ya se lo puede ir a contar a Adela. Porque no pienso ceder.

Me reí. Me reí mucho. Hacía tiempo que no me sentía tan bien como en aquellos momento. Solo acudía a mi mente una idea. Levantarme de aquella silla de ruedas, darle una patada y salir andando de allí.

—De acuerdo. Dejaré que haga conmigo lo que le plazca. —dije en tono burlón— pero ayúdeme a caminar otra vez por favor.
—¡Ah! y una cosa más. Si lo conseguimos el primer baile será para mí. Así le daré en los morros a la Adela.

Volvimos a reír. Esta chica no sé si me haría caminar pero por reír no me iba a quedar corto. Quizás formaba parte de la terapia. El optimismo. El positivismo. Situar la mente en ese estadio de bienestar interno. Cambiar actitudes y focalizar el objetivo. Caminar.

—Inma ya que estoy ¿Podemos empezar hoy?

—No estoy preparada. Aunque bien pensado podemos empezar por ejercicios para recuperar el tono muscular. Antes de aventurarse a caminar deberemos fortalecer la musculatura. Usaremos indistintamente varias técnicas incluidos los masajes. Así que ya puede estar contento porque le voy a toquetear las piernas. De arriba a abajo. No crea que se va a librar. Además no dejaré ni un solo centímetro sin tocar.

Nuevas carcajadas espontáneas aparecieron en nuestros rostros. Pero de qué forma más graciosa esta Inma me había hecho no solo reír sino añadir más ganas de las que tenía de volver a ponerme en pie.

—Inma sé que lo hace con la mejor intención y se lo agradezco mucho.

Puse cara de chico malo y la hice acercarse a mí tomándola por la muñeca. Cuando la tuve bien cerca le dije susurrándole al oído.

—Lo de tocarme las piernas está muy bien pero... No se lo diga a Adela que es muy celosa.

Un nuevo arrebato de sonrisas inundó el momento con mi ocurrencia.

—Vale. De acuerdo. Será nuestro secreto.

Mientras y sin hacerme salir de mi silla hizo que mis pies reposasen en el suelo levantando los reposapiés de la silla. Me encargó dos ejercicios. Uno mover la silla marcha atrás moviendo los pies. Y otro empujar con los pies hacía abajo como si me fuese a levantar pero sin tomar el impulso para hacerlo. Así me tuvo casi una hora.

—Sr. Ulises por hoy ya hemos terminado. Si quiere puede repetir estos dos ejercicios cuando le plazca sin necesidad de venir aquí. Si hace esto fuera aprovecharemos el momento que venga para hacer otras cosas. ¿De acuerdo?

—Desde luego que sí. No se preocupe Inma iré avanzando estos ejercicios.

—No se engañe. Necesitamos mucho trabajo. Hay mucho que recuperar.

Me puso una pesa de dos kilos en las manos. Y me dijo que si fortalecíamos las piernas también teníamos que fortalecer los brazos. Así que me puse a ello mientras venía Adela a recogerme.

En el camino de regreso empecé a sentir que mi cuerpo se quejaba por lo que acababa de hacer. Así que le dije que se fuese acostumbrando porque eso iba a ser lo que iba a suceder todos los días.

    –Adela por favor. Pasemos por la farmacia. Quiero adelantarme y que me pongan para esta noche además de la medicación normal un ibuprofeno para la ya garantizada inflamación muscular y un gelocatil de un gramo para asegurar que no tenga dolores.
    –De acuerdo Sr. Ulises. Vamos para allá.

La tarde ya estaba avanzada cayendo el sol por occidente. Le pedí a Adela que me llevase a mi reducto en la galería acristalada. Una vez allí, miré hacía los jardines y les dije,

    –Muy pronto me vais a ver pasear muy cerca y sin silla de ruedas.

En lo más profundo de mí ser sabía que iba a ser duro. No iba a sucumbir ante la tentación de no hacer nada. Ya llevaba demasiado tiempo postrado. Mi temperamento natural volvía a sus cauces de donde nunca tuvo que salirse. Me abandoné demasiado. Había llegado el momento de resurgir.

Capítulo 12

La acerqué donde me había dicho. Se bajó del coche y se marchó. La huella de su aroma perduraba en mi piel. La miré por detrás. Era elegante y preciosa. Los zapatos de tacón la hacían más esbelta y reconducían su figura femenina al extremo de la elegancia. Me quedé un rato observando cómo se iba alejando a cada paso.

Disfrutándola en la distancia y oliéndola en la cercanía. Mis manos olían a ella. Mi sexo se sentía complacido. Mis manos seguían calientes por los azotes que le había propinado en sus nalgas. Mi "alter ego" me susurraba al oído una pregunta ¿Te crees que por no decirlo vas a dejar de sentirlo? Este es el mundo de tus sueños. Tu herencia. La herencia de tus sueños hecha realidad.

Me sacudí la cabeza. Abrí la ventanilla para tomar un poco el aire y para refrescar mis ideas. Un soplo de aire fresco me inundó. La cara y la mente. Ya casi era imperceptible su fisonomía allá a lo lejos. Arranqué el motor e inicié mi marcha hacía casa. No estaba muy lejos. Tenía ganas de llegar. Aún me temblaba el cuerpo por la experiencia con mi alumna y el cuerpo me pedía a gritos una buena ducha de agua caliente.

Marta aún no había llegado así que me escabullí hacía el baño. Abrí el grifo del agua caliente y deje correr un poco el agua mientras me acababa de desnudar en la habitación. Guardé mi ropa. Me coloqué las zapatillas y me fui camino de esa merecida caricia caliente. Abrí la puerta y el vaho vino hacía mí. Me metí y cerré la puerta tras de mí. El agua caía a raudales.

Abandonado a su calor me quedé un buen rato disfrutando del momento. El sonido de las gotas precipitándose resultaba relajante y a la vez estimulante. Cerré por unos instantes el grifo para poder enjabonarme. Todo mi cuerpo rezumaba pompas de jabón. Volví a abrir el grifo para la operación de aclarado y repetí el permanecer al amparo del calor. Mi mente recordaba todo lo que había sucedido en aquel asiento trasero de mi coche. Ya nunca lo iba a mirar de la misma forma. Abandonado a mis pensamientos y con el calor del agua mi miembro inicio una erección sin control.

Me sentía pleno y satisfecho. Sin ningún sentimiento de culpabilidad ni tan siquiera por aquella erección espontánea. Mi naturaleza era sabia pero no la había escuchado hasta que empezaron a aparecer esos sueños. Los sueños fueron el aviso. Mis batallas internas empezaban a resolverse a favor de mi otro yo sin poder hacer más que dejarme llevar por mis deseos ocultos. Mi lado oscuro ganaba terreno y tomaba posiciones dando codazos para hacerse visible.

Lo que iba a suceder en el futuro ya era inevitable. No culpé a Dimitri de todo lo que me estaba sucediendo. Él solo era mi amigo. Un espectador externo que me conocía y me observaba. Él sabía más de mí que yo mismo. Mis sueños eran míos y debía fidelidad a ellos. Había decidido no ocultarme nunca más de mí mismo.

¡Toc! ¡Toc! unos nudillos picaron al cristal de la mampara de la ducha y me sacaron de mis pensamientos. La voz de Marta sonaba al otro lado.

    —Hola cariño ya veo que estás en casa.
    —Si Marta, hace un rato que llegué. No te esperaba todavía.
    —Salí un poco antes del trabajo hoy. —sonó una sonrisita al otro lado del cristal— Ji ji ji ¿El Señor querrá un servicio de secado?
    —Hummm ¡Cómo no!
    —Pues ve terminando y saliendo que voy a por las toallas y el albornoz.

Cerré el grifo de la ducha al tiempo que Marta abría las puertas y me colocaba una toalla de baño encima.

—¡Qué rápida que eres!

—¡Cállate y déjame hacer! Tengo mucho trabajo. Todo este cuerpazo para secar.

Empezó a secarme con mucho esmero y mimo. Llevaba unos días desconocida para mí. Yo también estaba desconocido para mí pero me aguantaba. Sentí el roce de aquella toalla sedosa por mi espalda y un abrazo cálido. Sus labios clavados en mi nuca iniciaron un recorrido cuello abajo.

—Date la vuelta que por delante también te tengo que secar.

Me di la vuelta. Como no. El mismo esmero. La misma dedicación. El mismo resultado. El tacto de la toalla y la seda de sus labios. Me besó, al tiempo que me miraba y me secaba de cintura para abajo. De mis labios a mi mentón. De mi mentón a mi cuello. El lento descender de sus ardientes labios me encendió por dentro. Tiró la toalla al suelo con rabia mientras con suma delicadeza me colocaba el albornoz. Primero me puso los brazos mientras se entretenía en besar mis hombros. Cuando lo tuvo bien colocado en los hombros pasó sus manos para ajustarlo al resto de mi cuerpo al tiempo que me acariciaba. Cogió el cinturón. Creí que lo iba a anudar a mi cintura. Pero no fue así.

—Te quiero mío otra vez. Quiero disfrutarte como el último día.

Mi reacción fue inmediata. Entre la ducha caliente y sus caricias mi miembro ya estaba otra vez en estado de emergencias y primeros auxilios. Tal como estaba estiró del cinturón para ella y se dejó caer entre los faldones del albornoz. Poco tuvo que buscar. Reluciente, esplendida y con la piel tersa. Ahí estaba esperándola. En total erección fue presa de sus fauces. La engulló sin pensárselo dos veces. Me sentí nuevamente inmerso en las profundidades cálidas de su boca. Sus ojos me mostraban sus deseos. Seguía atónito sus evoluciones. Llevaba dos días que me tenía descolocado. Hoy no era menos.

Puse una mano en su cabeza para acariciarla y agarrarle su melena. La sujeté fuertemente para no dejarle libertad de movimientos. Volví a tomar el mando y cuando creí oportuno, la empuje hacía el plato de ducha estirándola de su pelo. La puse de espaldas a la pared, frente a mí y franqueé la salida. No podía escapar. Su respirar entrecortado me estaba poniendo a mil. Sus ojos cargados de deseo me miraban. Ambas combinaciones enervaron mi ánimo. La mantuve sujeta con una mano mientras con la otra pellizcaba sus pezones. Los hundía y los estiraba. Ahora uno y luego el otro. Estaban duros y pletóricos pidiendo ser castigados por mis dedos. Pellizcar y retorcer. Cada vez con más intensidad. Su cuerpo volvió a vibrar. Pequeñas cargas de electricidad recorrían toda su musculatura. Estiré de su pelo de nuevo para que levantase la cabeza al tiempo que conseguía que un lamento le hiciese abrir la boca. Aproveché el momento. Apunté, enfilé y sin contemplaciones la entré. Una pequeña prueba de resistencia y le avisé.

—El próximo envite voy hasta el fondo.

Se acercó a mis muslos sujetándose con sus manos en mis nalgas. Sentí sus pezones totalmente erectos rozarse con mis piernas y dejarlos enganchados a ellas. Nunca había sentido el calor de sus pechos tan lejos de mis manos o mi boca. Andábamos con nuevas sensaciones los dos.

—Marta me tienes loco. Voy a por ti.

Fui invadiéndola lentamente en mi nueva incursión bucal. Sin detenerme, Sentí como milímetro a milímetro iba entrando sin ningún impedimento. Ella me esperaba. Vi el deseo en ella, deseaba tenerme dentro y hasta ahí llegué. Ya no podía perforarla más. El dulce y húmedo tacto de su garganta en mi glande me hacía estallar en cada incursión. Me deje llevar a las profundidades del abismo. Solté lastre y me elevé arrastrado por mis impulsos primarios. Fuera y dentro.

—Marta, ¿estás dispuesta a todo?
—Si. Solo deseo obedecer a tus deseos.

Mi mente sin pronunciar palabra dijo un: Joderrr eso no. Bueno si, pero ahora no. O sí. No sé. Y sin remisión en la que parecía iba a ser mi última incursión deje suelta mi cadera y entre hasta el final de ese cálido túnel sin fin en el que se había convertido su boca y su cuello. Salí de ella y vi como el impacto de mi néctar en esa ocasión se estrellaba entre su mentón y su cuello para ir resbalando y goteando hacía su pecho donde se iba acumulando en borbotones de blanco nuclear. Lo frotó y lo esparció todo en ella como si fuese una crema hidratante.

Abrí de nuevo el grifo de la ducha para mojarla. Marta permaneció arrodillada y sentada sobre sus talones mientras el agua caliente caía sobre su cuerpo medio desnudo. Se le fue borrando todo el rastro de mi descarga. Se levantó y se quitó como pudo el resto de las prendas de vestir que aún le quedaban. Mojada le costó un poco retirarlo todo. Le ayude en lo que pude y salí de la ducha para dejarle más espacio.

Mientras me secaba la vi desde fuera. Una vez cerró el agua se quedó de espaldas a mí y se agacho para escurrir bien su larga melena. Sus glúteos que veía a través de la mampara se presentaban ante mi mirada maravillosos. Una idea me sobrecogió. No me atreví a dejar suelta mi imaginación. En los últimos días me tenía desbordado con sueños y realidades que se escapaban a mi razón. ¿Deseo y razón son enemigos? Se puso derecha enérgicamente, estirando todo su torso. Su melena mojada impacto en su espalda ofreciéndome un sonido excitante. Fue goteando agua por su espalda y en su trayecto hacía el plato de ducha inexorablemente fue pasando por sus blancas y tersas nalgas. Le pasé la toalla que me había pedido. Se hizo un turbante con ella y salió de la ducha mientras mantenía sus brazos en el aire sujetándose la cabeza. Sus pezones se habían puesto duros. Los lamí y sujeté con la presión de mis labios. Estaban deliciosamente apetecibles. ¿En qué momento me olvide de ellos? Esos sueños me tenían desbordado. Las nuevas realidades también.

> —¿Cenamos? —preguntó Marta mientras terminaba de secarse y como si allí no hubiese pasado nada.
> —Yo que ya he acabado te tomo la delantera y voy preparando algo.
> —Franc, ya deje algo en la encimera de la cocina medio preparado. ¿Te importa terminarlo?
> —No te preocupes cariño. Déjalo de mi cuenta. En cuanto hayas acabado de arreglarte tendrás tu cena en la mesa.
> —Hummm, que gusto. Así sí que vale la pena todo.

Me fui a la cocina para cumplir con el compromiso que acababa de tomar. Sin saber qué era lo que había dejado medio preparado y con la intención de terminarlo y ponerlo en la mesa al tiempo que ella terminaba.

> —Ven aquí que te voy a comer a besos. —dijo Marta mientras degustaba una aceituna que acababa de coger de la ensalada.

Sonreí al escucharla. Creía que me acababa de comer...

Capítulo 13

A la mañana siguiente me desperté sin necesidad de que mi despertador refunfuñase esa melodía cansina con la que hasta la fecha me despertaba. No recordaba haber tenido ningún sueño especial esa noche. Aunque estaba alterado. Mi despertar prematuro me indicaba que algo no andaba bien. Mi estado anímico respiraba una cierta euforia. De ahí mi despertar. Todo y con eso me levanté y directo a la ducha.

Cuando estaba en la cocina preparándome un café con leche para no salir con el estómago vacío un WhatsApp sonó en mi móvil.

—Aun me tiemblan las piernas Señor. ¿Es normal? 07:06

—La tarde de ayer perdurará en nuestra memoria por tiempo. 07:07

—Fue intenso. Salvaje. Brutal. Nunca antes viví algo igual. 07:08

—Tengo que confesar que yo tampoco. 07:09

—¿Tengo nota ya de mi sesión formativa? 07:10

—Independientemente que la practica mejora la técnica de ejecución, la nota es excelente. A lo largo de hoy te diré cuándo será la próxima sesión. 07:11

—De acuerdo profesor. 07:12

—Tengo que salir del baño. Yo trabajo no se tu. 07:13

—Yo también trabajo. ¿Le recuerdo dónde? 07:14

—Ok. Allí nos vemos. Bye. 07:15

—Bye. 07:15

Retomé el rumbo de mis nuevas rutinas. Terminé mi café con leche y bajé a por el coche. Arranqué y salí de mi garaje en dirección a la nueva oficina. Ese día tenía que concretar el traslado de toda la organización que tenía montada en mi despacho profesional para instalarme definitivamente donde Dimitri me había colocado.

Detuve el coche con el freno de mano en la rampa de salida del garaje. Esperé a que la puerta automática se cerrase mientras miraba hacia atrás. Las imágenes de la tarde anterior regresaban frescas a mi mente. Puede que incluso se pudiesen repetir, pero nada comparado con la primera vez. La primera vez de algo siempre es irrepetible.

El aroma del momento refrescaba mi memoria y me transportaba a imaginar un nuevo encuentro. Nuevos escenarios venían a mi imaginación. Entrelazando pensamientos y situaciones caí en la cuenta de algo. Hasta ese momento no había acudido a mi imaginación. Ni se me paso antes por la mente. Baje el freno de mano para seguir el camino y tome la calle dirección a la oficina.

Abrí de nuevo el ordenador mientras me preparaba una taza de café. Aquella mañana iba a ser muy especial. Esperaba el contingente con todas las cajas de documentación de mi antiguo despacho. Había encargado a una empresa especializada en traslados que se preocupasen de ello. No tenía mucho tiempo disponible en mi vida para poderlo hacer por mí mismo. Esa opción me pareció de lo más adecuada.

El mobiliario no lo trasladaba. Se quedaba todo allí. Tenía que buscar la organización para todas esas cajas. Astrid iba a ser una buena solución. Ella conocía mejor que yo todos los rincones de aquella empresa. Además llegado el momento que necesitase algo, ella es la que debería saber dónde estaba. Que se familiarizase con esa faceta profesional mía no le iba a ir nada mal. Al tiempo que aprovechaba a conocer los expedientes.

A las diez de la mañana llegó el contingente. Una furgoneta cargada hasta los topes con todo el material. Astrid que era una buena secretaria y una persona muy diligente se encargó de coordinar a todos. Los del transporte y algún administrativo que se había agenciado para ayudarla con las cajas. Me preguntó si era más importante darle un orden cronológico o mejor un orden alfabético a todo aquel montón de cajas apiladas. Yo lo tenía todo por orden alfabético clasificado cronológicamente. Así que tenía una o dos cajas por año y dentro de cada caja en orden alfabético.

Al mediodía todo el contingente del traslado estaba descargado y apilado por los pasillos. Una caja sobre otra en un desfile a lo largo del pasillo.

—¿Dónde comes? 12:45
—Me he traído la comida pensaba comer aquí. 12:47
—¿Tienes comida para dos? 12:48
—Si. Lo podemos compartir. 12:49
—Ok. Espérame fuera en la calle. Tengo una sorpresa para hoy. 12:50
—¿Ahora? salimos en 10 minutos... 12:50
—Si. Ahora. 12:51
—Sí Señor. 12:51
—Mal, muy mal. Debes decir "Si Mi Señor" 12:52
—Si Mi Señor 12:52

En aquel instante algo me nubló la vista. Debió de ser la ingente descarga de adrenalina que me turbó nada más leerlo. Papa google como siempre iba a resolverme mi problema. Busqué un lugar donde recalar durante el descanso de la comida. Disponíamos desde la 13h hasta las 15h. Un par de horas.

La puntualidad de todos al salir me brindó la discreción que necesitaba. A las 13,05h ya no quedaba nadie en el edificio salvo los del servicio de seguridad. Bajé a recoger el coche al garaje. Al pasar por recepción vi a Mar. Nos cruzamos las miradas al tiempo que hacía el gesto de mirar mi reloj para apremiarla.

Arranqué el motor y subí por la rampa de salida. Al final de la rampa estaba ella, Mar. Deliciosa y apetecible con el uniforme de recepcionista. Se subió al coche y salimos rumbo a lo desconocido. Una dirección apuntada en un papel era la única seña.

—¿Dónde vamos con tanta prisa? —preguntó Mar.
—Hoy nos la hemos jugado a que nos vea alguien de la empresa. Otro día seré más previsor. Hoy vamos a un lugar diferente y exclusivo. No

lo conozco. Lo he visto por Internet.

–Si ese es su deseo...

Tomé aire para relajarme un poco.

–Si ese es mi deseo. Disponer de mi alumna para una segunda clase.

–Estaré encantada de recibir esa nueva clase Mi Señor.

El GPS me marcaba que estábamos a 200 metros del lugar. Su voz femenina no abandonaba su discurso.

–A 50 metros gire a su derecha...

–En el próximo cruce tome la tercera salida...

–Ha llegado a su destino.

Llegamos y había que buscar un parking. Al lugar se accedía por un parking subterráneo. Las señas que tome estaban claras pero una llamada de teléfono fue más aclaradora.

–¿Si? Hola buenas tardes. Venía yo a...

–Es su primera vez, ¿Verdad?

–Si, es mi primera vez.

–No se preocupe. Entre en el parking. Aparque y díganos su número de plaza. Les iremos a buscar...

–Vale, de acuerdo.

Colgué y seguí sus instrucciones. Entré, bajé la rampa y busqué un hueco. Estaba fácil. Encaré y entré. Volví a llamar.

–Hola, ya he llegado estoy en la plaza 109.

–Ahora vamos por usted.

Colgué y mientras salíamos del coche un personaje se acercó a nosotros. La sorpresa fue mayúscula. Iba perfectamente ataviado. Vestido en cuero negro y una máscara tipo antifaz que le tapaba hasta la nariz.

–Hola señores... Hoy es su primer día. Les explicaré el protocolo para otras ocasiones. Síganme por favor.

Nos miramos. Yo puse cara como de controlar la situación y seguí al personaje. Mar estaba simple y llanamente amedrentada. El aparcamiento subterráneo daba una cierta intimidad y la tome de la mano. Estaba temblando. Con un leve tirón de su mano la hice venir hacia mí.

—Cuando vengan en otra ocasión se tienen que situar delante de esta puerta. Llamar al timbre y desde dentro se les abrirá. Entrarán en esta sala. Es un espacio reservado para que nuestros visitantes se pongan su máscara sino la traen ya puesta desde el coche. Aquí tienen algunas que se les presta y que al salir tendrán que dejar en el mismo lugar de donde la cogieron. Solo con esa máscara puesta van a poder acceder al resto de instalaciones. En las zonas comunes están obligados a llevarlas. No se las pueden sacar bajo ningún pretexto. Quién se saca su máscara en esas zonas es automáticamente expulsado. En las zonas privadas pueden sacárselas si ese es su deseo.

Asentimos los dos en silencio. Nos pusimos nuestras respectivas máscaras. Las que habíamos elegido al azar y siguiendo a nuestro cicerón accedimos al interior del local. En el dintel de la puerta un rótulo luminoso anunciaba el nombre del lugar "El Templo de los Devotos del Potro". Ambiguo y original el nombrecito de marras.

Nada más entrar una larga barra de bar. Una pareja bebiendo algo. A la derecha de la barra una gran sala con el suelo lleno de baldosas cuadradas y grandes asemejando un gran tablero de ajedrez. Unas blancas y otras negras. De los arcos que rodeaban esa sala colgaban grandes cortinajes pesados en color granate y cordones dorados. En el centro de esa sala que a todas luces era comunitaria había una gran rueda de castigo o tortura.

Por lo que había leído en el google la rueda de tortura o cruz de Wartemberg era un elemento que se usaba en el BDSM en los juegos de dominación y/o sadomasoquismo. Provenía de las antiguas mazmorras de la Edad Media. Estaba formada por una rueda de madera sobre un eje móvil, generalmente colocada en posición vertical. A la parte pasiva en el juego se la sujeta a la rueda por los tobillos, muñecas, antebrazos, piernas y cintura, y se gira la rueda hasta invertir la postura, a fin de magnificar la sensación de indefensión. Nunca pensé que vería un elemento de esos en vivo y en directo. Creí que estaba ahí solo por decoración pero nuestro guía nos lo aclaró.

–Aquí se hacen fiestas privadas y se usan estos elementos para uso y disfrute de los asistentes que siempre son socios del templo. Los socios tienen derecho a venir acompañados y por parejas por otros socios o no socios. Su invitado o invitada dependiendo si es socio o socia, es su responsabilidad.

Nos quedó claro que estaba allí para exhibición pública. Que colocaban a alguien en su interior, para atarlo a la rueda y voltearlo. También había un potro de tortura y para sorpresa nuestra un confesionario. Impresionaba la imagen. Me dirigí a nuestro anfitrión que aún no se había despedido de nosotros para preguntarle.

–Disculpe... Teníamos un espacio privado reservado.

–Si desde luego... Ahora mismo les acompaño.

Nos hizo cruzar la sala del ajedrez. Nos situamos frente a uno de los arcos. Levantó uno de esos cortinajes bajo el cual había una puerta. Me entregó la llave de la puerta y me dijo

–Sean bienvenidos a este templo. Aquí tiene las llaves de esta su mazmorra. Disfrútenla y al salir no se olviden de dejar sus máscaras colgadas en la entrada.

Se fue y nos dejó solos. Cedí el paso a Mar que entro y yo detrás de ella. Me gire para cerrar la puerta y tras escuchar el sonido del cerrojo se hizo el silencio. Comprendí el secreto de la puerta. Una vez cerrada lo que sucediese dentro solo incumbía a los que estaban allí. Esa que clamaba en mis sueños que se abriese y que la traspasase. Ya estaba ahí. Ya la había traspasado y la había cerrado al traspasarla. Mar ante mí brindándome la vista de su espalda. Su cuerpo estirado y en posición de firme militar. Con su uniforme de recepcionista. La espoleta estalló al ver como ella llevaba sus manos a la espalda y las entrelazaba.

Capítulo 14

Escuché como se cerraba la puerta y él detrás de mí. Entendí que no debía girarme y puse mis manos entrelazadas a mi espalda. Ya no podía decírselo de otra forma. Deseaba entregarme a él como fuese. Sentía mis piernas temblar. Mis rodillas y mis tobillos amenazaban con lanzarme al suelo sin remisión. Mi sexo no dejaba de humedecer mis bragas. Nunca antes me había sentido así. Muerta de miedo y tan excitada.

La estancia donde estábamos era francamente extraña. En el centro de la sala una columna salomónica de madera torneada y retorcida que casi llegaba hasta el techo. De ella pendían unas cadenas. Pensar en verme allí atada me alteró. Algo sucedió dentro de mi vagina que no fui capaz de comprender. Esa columna allí. La miré de arriba a abajo. Un calor intenso me inundó. La piel se me erizó por completo. Ese calor empezó a subir por mi columna vertebral.

Sentí que no controlaba nada. Me vi perdida en ese universo de pasión. Solo sentía el deseo en estado puro por cada poro de mi piel. Sin pensar en nada más. Solo que esa sensación no terminase nunca. Me olvide del mundo. Una mezcla de miedo y deseo me invadió. Solo deseaba quedarme en ese estado y no abandonarlo nunca. Ese calor llegó a mi cabeza y allí estalló. Casi perdí el sentido y se me nubló la vista. La carga de adrenalina fue brutal y salvaje.

Franc se colocó delante de mí. Se sacó su máscara y me sacó la mía. Levanté mis ojos para mirar los suyos. Los míos ya estaban encendidos por la pasión. Los suyos ardían por su excitación. Llevaba en su mano un reclinatorio de iglesia que puso ante mí. Su profunda voz estalló en aquel silencio.

—Este reclinatorio me va a servir mucho para tu formación.

Con un gesto me indicó lo que debía hacer. Lo que esperaba de mí. Me arrodillé y mientras lo hacía me sentí inundada por mi humedad. No podía ser. Ese estado de descontrol era superior a mí.

—Recuerda que al inicio de cada sesión extenderé mi mano para que tú la tomes y la beses en señal de aceptación de tu condición. En la misma posición que estás ahora mismo. Quiero que sea así siempre. No me gustan los malos entendidos. ¿De acuerdo?
—Si Mi Señor. Murmuré con la voz trémula.

La extendió y yo sin pensarlo dos veces la tomé entre las mías y la besé. La besé con locura. La besé con pasión. Estaba cegada por el momento. Mis emociones me habían inundado por completo. Desanudó su corbata con cierta lentitud. Recreé esa imagen a cámara lenta. Mi pensamiento ralentizaba todo. Quizás para recordarlo más tarde. Quizás para disfrutarlo más. Quizás para revivirlo en otro instante en mi memoria.

Su corbata fue a parar a mis muñecas. Me ató lentamente al reclinatorio. Me miraba mientras lo estaba haciendo. Lo miraba mientras lo hacía. Asentía con mis ojos y aceptaba mi condición. En sus ojos el deseo a flor de piel. De un bolsillo de su americana sacó un pequeño objeto, algo que no reconocí a primera vista. Se agacho un poco para situar su boca cerca de mi oído y me susurro...

—Te lo he comprado en una tienda de animales. Les dije que necesitaba un collar para mi perrita.

Escuchar su voz tan cerca. Ese sonido cálido que me podía acompañar hasta al mismísimo infierno. Cerré los ojos para escuchar su eco. Los cerré ya no quería ver, solo quería sentir. Y sentí. Sus manos alrededor de mi cuello. Ajustando el collar. Mi collar desde ese momento. El collar de mi orgullo. Abrí nuevamente los ojos y de su bolsillo salió un antifaz de satén negro. Me lo puso y me quedé a ciegas.

Empezó a caminar alrededor de mí. Escuchaba sus pasos y su respiración. Cada segundo que pasaba era más brutal que el anterior. Sus dedos vinieron a situarse en mi espalda y me hicieron gemir. Sus cinco yemas sobre mi espalda presionando y a la vez moviéndose en pequeños círculos. Nunca pensé en tener una experiencia similar.

Me sentía a mil y como aquel que dice ni me había tocado. Solo sus dedos en la espalda. El lugar, el momento, la situación, la condición. Dicho de otra forma, con el mí. Mi lugar, mi momento, mi situación, mi condición. Mi deseo oculto y mi pasión afloraban sin pedirme permiso.

Mi subconsciente tenía otros planes para mí de los que mi razón no tenía conocimiento. Advertí que buscaba con sus dedos la anilla de mi collar. Sujetó algo que en pocos minutos iba a saber de qué se trataba.

–Voy a deshacer la corbata y me vas a seguir.
–Si mi Señor.

La deshizo y se la quedó. Un pequeño tirón hizo patente lo que había puesto en mi collar. Era una cadena. La cadena que iba a usar para guiarme en aquella estancia de la que yo no veía nada.

–Levántate y sígueme. Sé obediente.
–Si mi Amo. Lo que usted me ordene.

Lo percibí perdido por la pasión. Respiré su excitación y su descontrol por mis palabras. Y añadí con cierta mala leche pero con el alma trémula.

–Soy su sierva Señor. Estoy a su servicio para lo que guste. Solo tiene que pedir lo que desea.

Estalló. Estiró con rabia de la correa que había enganchado de mi collar y se me llevó. De mi torpe caminar pronto me frenó. Abrió mi americana. La pasó por mis hombros sin sacarla. La dejó ahí para bloquear mis brazos. No llegue a gemir. Un lamento de satisfacción salió de mis labios.

Desabotonó con energía mi blanca blusa hasta la cintura y sin soltar mi sujetador saco mis pechos por encima de él. Su lengua cayó sobre mis pezones. Adivine que sonrojados. Ardientes y endurecidos. Sentía su presión. Su lengua vino a aliviarme un poco. Note que se apartaba a escasos centímetros de distancia de mí.

Sus dedos cayeron sobre mis dos pezones como el águila sobre el conejo. Sus garras me arrebataron. La presión de sus dedos haciendo pinza. Apretando y soltando. Girando, retorciendo y volviendo a presionar. Otra vez fuera de mí. Sus dientes me pusieron a mil. Sus mordiscos. Sus bocados y el alivio de sus labios. Una combinación explosiva que me adentraba en un paraíso de sensaciones sin límites.

—Ahora te voy a instalar en un potro de tortura. Déjate guiar.

—Si mi Señor. Guíeme. Lléveme a mi destino —supliqué.

Nuevamente de rodillas en algún lugar algo elevado del suelo. Noté que había un espacio para cada rodilla. Echó mi cuerpo hacía delante y sentí mi vientre apoyado. Mi cabeza también ladeada y apoyada. Volvió a atarme por las muñecas pero esta vez a mi espalda. No hacía falta mi americana ya hacía su trabajo. Me sentí totalmente entregada a él y a su voluntad. Muy cómoda en el aparato de tortura. Esperándolo. Sintiendo su poder sobre mí. Totalmente mojada por la excitación.

Subió mi falda hasta situarla casi en mis caderas. Supuse que mis nalgas estaban a la vista. Con una mano me sujetó por mi espalda del nudo que tenía tejido en mis muñecas. Un primer azote de su mano plana cayó sobre uno de mis glúteos. El impacto me sorprendió y me encendió aún más si todavía era posible. Otro azote sobre el otro para compensar hizo que se me erizase de nuevo la piel. Sus dedos tocaron mi coño por encima de mis bragas. Su voz me alcanzó de lleno.

—Así me gusta. Que mi zorrita este bien mojada para mí.

De un tirón apartó mi braga hacía un lado. Sus dedos entraron dentro de mí. No sé. Uno, dos o tres. Que más me daba ya. Los friccionó contra mi coño de una forma brutal y despiadada. Entraba y salía. Los retorcía dentro de mí y volvía a salir. Ya no podía aguantar más. Estaba invadida por el frenesí. Su voz. Otra vez su voz me invadió.

—Dámelo. Dame lo que me pertenece. Dame lo que es mío. Entrégamelo.

–Uffff es suyo mi Señor, suyo y solo suyo.

Me sentí morir de placer al pronunciar esas palabras. Nunca antes había dicho eso a nadie. Mi placer era mío y solo mío. Y ahora se lo entregaba a él. Mis orgasmos eran de su propiedad. Suyos. Esa era mi voluntad y la suya. Aún no me había recuperado cuando lo escuche de nuevo.

–No te he dicho que te pares. Sigue. Quiero otro. Otro más para tu Señor.

¿Otro? pensé. Saboreé esa orden. Recordé lo que sucedió en el parking. Me estaba enseñando a enlazar uno con otro. Estaba empezando a perder también el conocimiento en ese sentido. Me había olvidado de sumar. Para que contar si me iba a descontar. En poco tiempo había pasado de ser una monorgásmica a ser una multiorgásmica en ese estado de placer sin fin. Lo sentí llegar. Una nueva explosión me hizo temblar desde los pelos de mi cabeza hasta las uñas de mis pies. Mientras sus dedos no paraban de azuzar mi invadido coño. Mi respiración entrecortada me indicaba que estaba en puertas de otra descarga de placer.

–Es suyo mi Señor. Suyo. Suyo y solo suyo.
–Así me gusta zorrita.

Esas palabras. Esos insultos. En otro contexto no se lo había permitido a nadie. Ahora me excitaba y alteraba todo mi ser. Soltó su mano de mis muñecas y se apartó. Yo seguía con la visión anulada por el antifaz. Escuche el descorrer de su cremallera metálica. Supliqué en silencio sentirlo dentro. Me veía en mi imaginación de rodillas pidiéndole e implorándole. Rogándole que me perforase. Aún no lo había hecho. Lo deseaba con toda mi alma.

El roce de su cadera acarició mis nalgas. Estaba cerca el momento. Me lo estaba haciendo sufrir. Estaba hasta las cejas por la presión de mis hormonas. Mi razón la había perdido hacía un buen rato. Mi ser solo atendía a mis instintos. De mi boca salió un exabrupto.

–Fóllame cabrón. Fóllame de una puta vez.

Como entró. En tropel. Sin pensárselo dos veces. Lo encendí. Llegó hasta el fondo. Me sentía receptiva. Estaba totalmente lubricada. Mis paredes se abrieron a su paso. Lo sentí mío en ese momento. Sentí toda su polla dentro de mi coño. Invadida, poseída, follada por mi Señor. Su primera vez dentro de mí. Mis temblores empezaron de nuevo con él dentro. No pude resistirme por más tiempo a ese placer. Me vi vencida, entregada a mi placer y al suyo. Un calor me invadió.

—Es suyo mi Señor.

Temblé y se lo di. Dos segundos. Solo dos segundos más tarde lo sentí temblar. Un sonido gutural salió de su garganta. Un grito de placer y su voz.

—Zorra esto es para ti. Tómalo. Agggggg.

Sentí el calor de su néctar. El impacto de su eyaculación me llenó por completo. Sin salirse de mi coño desbordado con su leche. Los dos relinchábamos de placer. Nuestras respiraciones entrecortadas se solapaban. Salió de mí mientras recuperábamos el aliento.

Me soltó y me hizo levantarme. Como pude me incorporé. Tiró nuevamente de mi correa y me hizo seguirlo. Me sacó el antifaz. La luz y las imágenes volvieron. No, no podía ser. Eso ya no lo podía aguantar. Mis piernas temblaban. Mis tobillos y mis rodillas a su aire. Me acercó a la columna salomónica. Me vi frente a esa columna tal y como mi imaginación me había alumbrado al entrar.

Acompañó mis muñecas e hizo que me abrazase a ella. Me encadenó. Se apartó y paseó por delante de mis ojos con una fusta en sus manos. Lo vi. Entendí lo que iba a suceder. La sensación que tuve al entrar en aquella mazmorra de alquiler la iba a vivir en verdad. Alucinaba yo misma. El sudor inundaba mi cuerpo aún medio vestido. Desbordada de nuevo. Cegada por un nuevo asalto de la adrenalina que recorría todo mi cuerpo a su libre albedrío.

Un azote con aquella fusta me dejó paralizada. Creí enloquecer por esa mezcla de dolor y placer que nunca antes había experimentado. Dos, tres, cuatro, cinco y... ¡Qué más da! Dámelos todos. Los necesito. Los quiero. Desde hoy son mi vida.

—¡Por favor! —salió de mi boca pero no de mi pensamiento.
—¿Por favor? —preguntó él.

Un nuevo azote con más energía cayó sobre mis nalgas. Cuando creí que ya no podía más, sus dedos nuevamente invadieron mi coño totalmente mojado. Los retorció dentro mientras me seguía azotando con la fusta. Sentí su poder y como estaba manejando mis emociones. Como manejaba mi cuerpo. Como ultrajaba mi alma.

—Cabrón me vas a matar.

—Mar dámelo otra vez. ¡Dame otro! Hazme sentir quien soy.

—Si mi Señor —dije balbuceando.

El calor de mis nalgas se mezcló con el calor que invadía mi vagina. Ambos calores viajaron por mi espina dorsal hasta eclosionar. Creí morir de placer. Nunca pensé que fuese posible disfrutar tanto. Correrse tantas veces y sentir como había sentido. Miró su reloj.

—Hostia se nos ha ido el tiempo. Tenemos 5 minutos para salir de aquí.

Nos arreglamos como pudimos para salir corriendo de allí. No podíamos llegar tarde los dos y de la misma dirección. Nos paramos en la puerta antes de salir para ponernos las máscaras. Me acerque a él. Ambos con las máscaras puestas. Mis labios rozaron los suyos. Le pedí permiso y me abalance a besarle.

—Te amo —salió de mi boca sin pensarlo. No hable yo. Habló mi alma.

Entreví sus ojos que asomaban por la máscara. Su mirada aún cargada por la excitación me decía que no quería salir de allí. Yo tampoco. Nunca antes había vivido esos episodios sórdidos. Situaciones límite. Nunca creí que existiese algo así ni que pudiera existir. Siempre pensé que eran fantasías inalcanzables.

—Hoy me has hecho feliz —dijo Franc.

—Tu también. No quiero que esto se acabe.

—Yo tampoco.

Salimos apresuradamente de la mazmorra. Tras abrir la puerta y apartar el cortinaje atravesamos la gran sala del tablero de ajedrez. Pasamos de largo la barra y nos fuimos directos a la puerta de salida. Nos sacamos las máscaras para dejarlas allí colgadas cuando un nuevo arrebato se apoderó de nuestras voluntades. Me tiré a su cuello esta vez sin pedirle permiso. Le robé ese abrazo y esos besos. No opuso resistencia, más bien se dejó.

—Ladrona de besos. Eso no lo hace una sumisa.

—Eso lo hago yo porqué me place, porqué lo deseo y porqué eres Mi Dueño y Señor.

—¡hummm! Que yo sepa aún estás en el estatus de alumna.

—Ya cambiará ese estatus. No me vas a tener toda la vida ahí.

Traspasamos la última puerta y nos dirigimos hacia el coche. Había que salir deprisa. El tiempo apremiaba. Acababa de vivir las horas más intensas de mi vida. Mi cuerpo aún temblaba y mi alma saltaba de alegría. Si esto era lo que sucedía en nuestro segundo encuentro. ¡Qué nos deparaba el futuro!

Capítulo 15

Con tanta caja y tanto fichero me empecé a agobiar. Todo por medio. Me resultaba inquietante ver todas esas cajas sin estar seguro que lo habían traído todo. Salí del despacho y tome el ascensor. Pase por recepción y salude a modo de despedida. Baje al garaje cogí mi coche y salí a toda prisa. Había algo que rondaba mi cabeza y no podía resistirme por más tiempo el comprobarlo. Tomé dirección a mi antiguo despacho.

Lo habían vaciado todo. La empresa de mudanzas había hecho su trabajo muy bien. Todo lo que quedaba era el mobiliario vacío ensombrecido por la huella de las sombras de los libros que allí estuvieron. La recepción una estancia de forma cuadrada de unos diez metros cuadrados.

Disponía de un suelo de parquet que le daba cierta elegancia. Un paragüero de metal redondo y unas estanterías negras en un lado. Era todo lo que quedaba. Un aseo la cabina de ducha con agua caliente. Una pequeña cocina donde me preparaba a veces algo de comer. Mi despacho y una pequeña habitación donde tenía la fotocopiadora y el archivo junto a una mesa de reuniones. Pequeño si, pero me hacía el servicio.

Se veía todo mucho más despejado. La habitación que usaba de archivo quedaba muy espaciosa. Solo quedaba la mesa de reuniones y sus seis sillas. Un ventanal por donde entraba la luz y las típicas cortinas de oficina de aluminio gris. Todos los archivos y la fotocopiadora los habían trasladado.

Por lo que respecta al que fue mi despacho durante años, quedó mi mesa, la silla giratoria y reclinable y los dos sillones para las visitas.

La idea que me había asaltado al salir del garaje de mi casa parecía viable. Los nuevos recursos económicos que me proporcionaba mi recién estrenado contrato me daban la posibilidad. Bien mirado no era mala idea. Un lugar donde todo el mundo estaba acostumbrado a verme entrar y salir. Solo yo conocía de mi nuevo destino laboral. Y caso de llamar la atención en algún momento sería del todo razonable que hubiese ampliado el despacho.

¡Genial!. Del colgador de llaves de la puerta cogí una copia de las llaves de las dos puertas. La del despacho y la del portal y me las metí al bolsillo. Para no encargárselo a la portera. Una mujer que hablaba por los codos y que sabía la vida profesional y privada de todos los inquilinos. Me saqué la chaqueta y la corbata. Me remangué las mangas de la camisa y me dispuse a adecentar aquel despacho, para que, a no mucho tardar se pudiese convertir en algo muy especial.

Estuve hasta el mediodía sacando el polvo, barriendo y fregando. No solo quedó reluciente sino que su aroma perfumado a recién limpio lo inundaba todo. Abrí todas las ventanas para que se ventilase bien y pudiese secarse todo y baje a la ferretería de la esquina. Varías ideas de bricolaje casero venía a mi imaginario. Desmontar la estantería de baldas negras de la entrada para darle otro uso era una de las ideas.

El listado de la ferretería fue el siguiente: una barra redonda y metálica con sus soportes para amarrarla del techo. Cáncamos, tornillería y tacos de plástico. Un par de candelabros de pie en hierro colado de color negro con siete brazos cada uno de ellos y un bueno lote de velas aromáticas.

El tema herramientas lo tenía resuelto porque disponía de una pequeña caja con lo indispensable para tareas de poca monta. Destornilladores, martillo, sierra de mano así como un taladro eléctrico. Pagué mi compra y salí deprisa de vuelta al viejo despacho. Tenía mucha inquietud por terminar mis trabajos de bricolaje.

Una vez completada la compra del material de ferretería me di una vuelta por una tienda especializada. Una sex-shop. Divisé una extensa exposición de todo lo que deseaba. Empecé a completar la lista de la compra que mentalmente había confeccionado. Lo conseguí casi todo menos la vara de avellano. Al parecer ese elemento era algo que uno mismo se fabrica.

Tan pronto subí empecé por la estantería de la entrada. Deshice todas las baldas de madera negra de su estructura metálica. Las presente sobre el parquet de la entrada creando una forma peculiar. Un aspa negra yacía en el suelo formando una bonita Cruz de San Andrés. Tome medidas para ajustar en ángulo los extremos.

Me llevó un buen rato hacer esos recortes con la sierra de mano, más estéticos que otra cosa. Terminada la obra de ingeniería fui asegurando una a una las baldas a la pared respetando la forma con la que las tenía en el suelo. Una preciosa cruz en forma de aspa negra resaltaba sobre la pared pintada en color granate. Quedó rematada con cuatro grandes cáncamos. Uno en cada esquina.

Empezaba a tener sueños con los ojos abiertos. Sueños que me mantenían en permanente estado de alteración. La visión de una mujer atada de sus muñecas y sus tobillos a esa cruz perturbaba mi natural calma. Pensar que podría estar con sus ojos vendados y en total exposición a mí. Dispuesta a todo lo que en aquel momento me pudiese pasar por la imaginación. Volvió la protagonista desconocida. La visitante de mis sueños. La que día a día en sus incursiones nocturnas despertó poco a poco mi otro yo.

Para sujetar la barra metálica que había comprado, instale unos tiradores desde el techo. Un par de agujeros que marqué previamente sirvieron para poderla asentar. Primero los tiradores y luego la barra. Quedó justo delante de la puerta de lo que fue mi lugar de trabajo durante tiempo. A metro y medio de distancia.

Respetando la verticalidad situé a ambos lados de la barra los dos candelabros de pie. Los completé colocando las velas aromáticas. Una en cada uno de sus brazos. Coloque seis alcayatas en la pared adyacente para poder colgar los elementos imprescindibles en una mazmorra. La fusta larga y la fusta corta. Un látigo y la pala. Dejé un hueco vacío para la vara de avellano. Más pronto que más tarde tendría una. Uno de los armarios que tenía en el despacho lo prepare para servir como almacén general de todo el material.

Ya solo me quedaba completar cuatro detalles. Se me antojo que un par de mantas extendidas harían agradable el pisar descalzo. Añadiría también una colección de cojines. La antigua recepción iba a ser aquella habitación secreta que apareció en mis sueños. Había abierto la puerta de ese mundo desconocido. Las llaves ya no estaban en mi imaginación, estaban en mi bolsillo.

La puerta de cristal se abrió ante mí de nuevo. Esta vez ya no estaba Dimitri a mi lado. Entre y me detuve al llegar a recepción. La sonrisa de Sara asomó desde su centralita.

    —Sara tenga este sobre con estas llaves. Son de mi antiguo despacho. Quiero que se las entregue a Mar cuando este por aquí. En el sobre he puesto la dirección. Quiero que las tenga ella para que vaya a recoger el correo. No quiero que se acumule.
    —No se preocupe Franc tan pronto como venga le daré su encargo.
    —Muchas gracias Sara. Sabía que podía contar con usted.

Me fui en dirección al ascensor. Tenía mucha intriga de como se había organizado Astrid con todo aquel material que le habían traído los de la mudanza.

    —Hola Franc —dijo Astrid—. Ya lo tengo todo organizado. No era tan fiero el lobo como lo pintaban. Ya venía muy bien solo tenía que distribuirlo y crear una base de datos, caja por caja, para saber dónde acudir en caso de necesitar algo.

Estupendo, pensé para mis adentros. Yo no lo habría resuelto en tan poco tiempo. Ya me empezaba a gustar esto de ser el Director General y tener secretaria. Empezaba a recibir los beneficios de ser el directivo de una organización.

    —Astrid he dejado una copia de las llaves de mi antiguo despacho en recepción. Convendría que un par o tres veces por semana se encargase de que fuese Mar a recoger el correo.
    —De acuerdo. Tomada nota. ¿La dirección?
    —No se preocupe Astrid. La dejé anotada junto con las llaves. Para no interrumpir mucho la organización interna creo que sería mejor que Mar fuese a última hora de la tarde. En todo caso dígale que salga

antes. Empezaremos hoy.

Dejé a Astrid con los asuntos que tenía pendientes de resolver y entré en mi despacho. Cerré la puerta y móvil en mano me dispuse a enviar unos mensajes de whatsApp. Ya solo me quedaba dar instrucciones al chófer para que estuviese al tanto de acompañarla.

Capítulo 16

Aquella tarde me hizo ir a recoger el correo por primera vez. En su WhatsApp me dijo que el mismo había montado una mazmorra en su antiguo despacho. Nuestra mazmorra. Me dijo que le esperase dentro, que él llegaría más tarde. Me hizo esperarle de una forma especial. Desnuda en el pequeño recibidor. Arrodillada en un cojín, con los ojos vendados, una fusta sujetándola entre mis dientes y mis manos en la nuca entrelazadas.

Estuve más de diez minutos en esa posición. Esa espera me tenso. Sentía mi humedad creciente resbalando por mis piernas. No lo podía evitar. Estaba tan excitada que mi deseo era incontenible. Creciendo exponencialmente. La fusta me impedía cerrar bien la boca y babeaba. Toda la viscosidad de mi babeo resbalaba por la comisura de mis labios y de ahí a mis pechos. El recorrer lento por mis pechos de ese líquido me erizó y cuando llegó a mis aureolas sentí como adquirían dureza mis pezones.

Alucinaba de cómo podía estar en ese estado de excitación sola. Sin estar todavía presente él. Mi mente no divisaba lo que iba a acontecer ese día. Él me dijo que iba a sentir su poder en mí. La sola idea ya me estremecía. Pensaba que si ahora estaba así que podría suceder cuando él llegase. ¿Sería capaz de soportar más tensión?

Esa espera tensa. La forma en que me había dicho que lo esperase. El no saber cuándo iba a aparecer. Yo solo esperar y esperar. Lamentar no tenerlo ya aquí. Sentir su ausencia y a la vez su presencia por esperarlo. Sentirme suya y entregada en mi soledad. Él ausente, pero presente en mi mente. Su calor estaba conmigo. Su voz, sus manos, su cuerpo entero.

Pero ¿y yo?... yo esperándolo ansiosa, impaciente, inquieta. ¿Qué me hacía ese hombre? ¿Por qué me hacía sentir así? Estaba dentro de mí sin estar. Lo comprendí. Este cabrón no solo se follaba mi cuerpo. Se había follado mi alma y esta tiene más memoria que mi cuerpo. Lo recuerda todo. Lo siente. Lo percibe. Lo vive y lo revive. Sin estar lo tengo en mí y cuando está me derrito y me fundo solo con oírle decirme un ¡Hola!

Escuché el sonido de unas llaves al otro lado de la puerta de entrada. Mi adrenalina estaba a mil. Jugó con las llaves deliberadamente para tardar un poco más en entrar. Cuando acertó a elegir la llave adecuada y descorrió el cerrojo creí volverme loca.

Escuché cerrarse la puerta y sus pasos alrededor mío. Se situó tras de mí y carraspeo. Su voz ronca, de ultratumba, resonó en mis tímpanos.

¡Dios es él! –pensé mientras un nuevo estremecimiento me vencía.

–Veo que eres una buena perrita –susurró cerca de mi oído.

Tomo la fusta de mi boca con una orden

–Suelta la fusta.

Y la solté inmediatamente. Mis temblores iban a más y él se dio cuenta de mi estado. Como no se iba a dar cuenta "mi controlador". Sentí como su mano se situaba delante de mis labios, siguiendo el protocolo que él había establecido. La besé. ¡Cómo no la iba a besar!

Una nueva orden tajante salió de sus labios.

–Pon tus dos manos en el suelo, apóyalas, te quiero como la perrita que eres. A cuatro patas.

Obedecí, temblorosa, en un estado extremo de debilidad por tanta tensión. Mi mente, invadida de adrenalina ya no pensaba, solo estaba para obedecer. Obedecerle a él. Mi Señor. Mi Dueño. Mi Dios. Mi Amo. Mi mundo. Mi obsesión.

Sentí el calor del primer azote en mis nalgas desnudas. Mis pezones se erizaron de nuevo. Mis pechos se endurecieron. Todo mi cuerpo se puso duro. Mi entrepierna iba por libre.

—Separa bien las piernas zorra —de nuevo su voz altiva mandando.

Un segundo azote impacto en mí. Un tercero. Un cuarto, un quinto. Ya estaba desbocado y yo desbocada con él. Recibiendo su placer. Mi placer.

—Dobla tus brazos
—¿Cómo? —dije. No entendí
—Te he dicho que dobles tus brazos...

Ya no esperó, sentí un golpe con la fusta, como se les da a las yeguas para que doblen sus cuartos. Me doble mientras me sujetaba del pelo y arrastraba mi cabeza hasta el suelo. Una mejilla ardiendo la otra contra el frío suelo. Ni lo pensé, pero lo sentí. Se puso tras de mí. No sé. No veía, Solo sentía, Y como sentía.

Con la cabeza en el suelo sentí toda mi espalda arqueada. Mis nalgas en alto. Las supuse exultantes y provocadoras. Pero me di cuenta que tenía otros planes para mí. Un golpe seco con la fusta abrió de par en par mis labios vaginales. Otro azote más que sentí que alcanzaba mi clítoris. Dios que combinación dolor y placer al mismo tiempo. Un brote de calor me invadió.

Ya no sabía. Ya no pensaba. Solo me sentía entregada a él. Reventando de placer. Reventando de dolor. Escuché como tiraba con rabia la fusta contra el suelo. Un cachete de su mano en mis nalgas me hizo olvidar el sonido que acababa de percibir. Otro cachete y un azote que casi me tira hacia un lado. ¿No pensaba parar? ¿Me iba a volver loca?

—Por favor —asomó en mis labios sin querer... o queriendo para provocarle su ira.
—¿Cómo has dicho estúpida?

Me escupió en la espalda. Lo escuché y sentí el impacto de su saliva. Nunca antes nadie me había escupido así. Sentí su rabia, su ira, su poder en mí. Desconcertada totalmente. Hiciese lo que hiciese me parecía bien. Me gustaba. Me alteraba. Me mataba con sus sorpresas.

La sorpresa vino cuando sentí sus dedos hurgar en mi coño. Mi mente me decía que resistiese. Mi cuerpo me decía que se rendía. Esos dedos suyos. ¿De dónde los habrá sacado? ¿Con cuántas habrá practicado?

Eran dedos expertos, rápidos, certeros. Sabían dónde ir. Donde colocarse. Donde moverse. Como moverse. Esos dedos invasivos. Poseedores. Posesivos. Incisivos. Llegaban. Estaban. Ya me daba lo mismo. Que se moviesen o que no se moviesen. Me mataba de placer hiciese lo que hiciese. No mejor que pare. No mejor que los mueva. Ufff. Que haga lo que quiera. Total yo ya estoy vencida. Perdida en sus manos. Salió de mí y con la humedad de mi sexo en sus manos, un nuevo azote cayó sobre mis nalgas. Su mano se despedía de mis nalgas dejándomelas, a tenor del calor que sentía, al rojo vivo.

¡Oh! Nooo. Su polla contra mi culo. No me dio tiempo a prepararme para él. Sentí el tacto duro de su glande contra mi culito. Lo dije. Se me escapó. Solo dije

—Por favor, por favor, poquito a poco.
—¿Cómo? ¿Qué es eso? ¿Qué dices insensata? Eres mi puta y te uso como me apetece

Y sin contenerse, entro con arrebato, sin piedad, sin ninguna compasión de mí, ni de mi pobre culito. Sorprendentemente dilaté. No solo dilaté, lubriqué. Nunca antes me había sucedido. Lubriqué mi ano sin más. Dilaté y entró. Y como entró. Hasta el final. Sin pararse en las estaciones intermedias. De golpe. De sopetón. Me puse a mil. A rabiar de felicidad por tenerle así. Me corrí sin darme cuenta. Sus embestidas fueron salvajes, la sinrazón se apoderó de él y de mí. Me sentí ultrajada, violada sin compasión y al mismo tiempo, invadida de felicidad por sentirle así. Él era Mi Amo, Mi Dueño y Señor. Yo su sierva, su esclava. Feliz como nunca.

¡Ufl, que fortaleza, dios como embestía el animal, me cogió del pelo con una mano, mientras me arrollaba por detrás sin contemplaciones, yo me sentía totalmente entregada a su voluntad, sin poderme zafar de él, tampoco lo deseaba, me hacía sentir bien así.

Irremediablemente me vi conducida a mi fin. Mi cuerpo empezó a temblar desmesuradamente. No pude resistir. La brutalidad del momento junto con el placer inusitado que me estaba provocando. Toda mi humedad recorría mis piernas y en un instante me sentí desfallecer. Una tremenda descarga recorrió todo mi cuerpo. Desde mi nuca hasta mi clítoris el cual sentí estremecerse y reventar del orgasmo que me llegó sin esperarlo. El siguió detrás de mi, buscando su camino de no retorno. Sentirlo llegar me hizo inmensamente feliz, plena, satisfecha. El calor de su néctar sobrevino dentro de mí como la lava de un volcán. Caliente, ardiente, invasiva. Su placer, su éxtasis se afilió con el mío. Esta vez tampoco lo pude controlar, me volví a estremecer de nuevo. Un nuevo orgasmo me sorprendió sin avisar.

Perdí la cuenta de mí y de mis orgasmos. Intenté moverme y no podía. Me deje caer. Él se vistió rápidamente y se fue. Yo me quede sola, inerte, vencida, extasiada, plena, satisfecha y sin poderme mover. Me fui y ya en casa de camino a la ducha un whatsApp sonó en mi móvil.

–¿Sorprendida? ¿Contenta? ¿Satisfecha? ¿Feliz? 18:05

¿Qué podía responder a eso? ¿Qué le decía a ese salvaje que me había descubierto a mi misma? ¿Qué le decía al que me poseía de esa forma? brutal, despiadada, sin compasión y al mismo tiempo dulce, gentil, satisfactorio, complaciente.

Inspiré aire para cargarme de ironía...

–*Me ha sabido a poco 18:09*

Mi alma sonrió por mi atrevimiento. En mi cara un esbozo de satisfacción. Mi cuerpo extenuado solo me pedía una ducha caliente. Y mi deseo me preguntaba cuando se volvería a repetir.

Capítulo 17

Eran las cuatro de la tarde cuando cerré con una fuerza desmesurada las dos tapas de aquella tórrida novela que estaba atrayendo mi atención como ninguna otra de las que había leído. Nunca pensé que se pudiese escribir algo así y mucho menos que me pudiese alterar el ánimo. De hecho no sabía que tuviese ánimo. Hacía muchos años que no sentía. Algo se revolucionó dentro de mí. Sentí el fervor de mi juventud. Un intenso calor me sobrevino, me quede mirando mi reflejo en un cristal y pensé... ¡Como me gustaría conocer a una mujer como la protagonista de esta novela!. Desde la galería la llame a grito pelado.

—Adelaaaaaa. Una ración de bromuro —una carcajada salió de mi boca.

Adela se acercó diligentemente hasta situarse a mi lado.

—Qué le pasa señor Ulises.
—Adivine Adela, adivine. ¿Le sirve de algo si le digo que he terminado el capítulo 16?
—Por capítulos no me hable. ¿Qué sucede en ese capítulo?
—Pues es cuando él la cita en su antiguo despacho por primera vez —le dije para situarla.
—Si. Ahora recuerdo. Me impresionó mucho toda la novela. Es muy intensa. Explica muy bien el sentir de una mujer. A mí me hizo que me situase en las escenas. Me sentía en ella muy viva. Ese capítulo y

alguno de los precedentes son una pasada.

La miré. Su mirada se iluminó. Nunca la había visto antes así. Una furtiva lágrima asomó. En sus ojos vi soledad. Percibí su dolor. Tenía el alma herida pero callaba y se lo guardaba para ella sola. Pensé para mis adentros que el recuerdo de esa novela le había llevado a visualizar algo del pasado que la perturbaba.

—Me ha impresionado mucho. Parece tan real... A mí me ha alterado como hacía años que no me alteraba nada —le dije.

Su mano rozo la mía con mucha ternura. Me miro a los ojos.

—No le daré bromuro Sr. Ulises. Yo le acompañaré al gimnasio. Allí podrá gastar esas energías. No las apague por favor. No las quiera borrar. Esas energías las necesita.

Se me llevó con mucha diligencia por toda la galería.

—¿Dónde me lleva con tantas prisas?
—Le llevo con Imna para que le dé un buen repaso —dijo riéndose a carcajadas.

Entramos a toda prisa por la puerta del gimnasio.

—Inma, aquí te traigo al Sr. Ulises... recuerda cuídamelo y no me lo quites. ¡Eh!.
—Pero bueno... Ustedes dos van a ser mi perdición —comenté airado con una sonrisa socarrona en los labios.

Me sentía muy contento y estimulado. Inundado de afecto por estas dos personas maravillosas. Cuánto tendría que aprender Eva, la directora, de ellas. Les debía algo. Su ilusión y mis ganas de vivir son los elementos indispensables para avanzar.

Mi propósito era firme me lo debía a mí mismo. Les dije a mis pies y a mis piernas prepárense que me tienen que transportar de nuevo. No pensaba ceder en mi empeño. Me revelé de mi situación quería intentar demostrar que no había nada irreversible ni imposible.

Capítulo 18

Una nueva noche de paseos nocturnos de la habitación a la cocina. Un nuevo sueño me alteró. Mire en el pasillo por si había aparecido la puerta secreta. El sueño esta vez me impulsaba a cerrar el círculo tras la puerta.

Ya empezaba a estar cansado de no descansar por las noches. Tenía que terminar con esa inquietud nocturna. Ya estaba dando pasos para dejarlo salir. Pero todo no puede ser al mismo tiempo y a la vez. Hay que dar tiempo a las cosas. A las situaciones. A las emociones. Poco a poco, le dije a mi otro habitante.

En ese momento tomé la decisión. Ya no cabían más demoras. Prolongar más esa situación solo era una forma de alargar una espera innecesaria que no tendría mucho sentido salvo por propio juego. Dudé por un instante el cómo hacerlo. La luz me sobrevino de repente. Vislumbré la sorpresa que se iba a llevar y me llené de ilusión. Ya solo esperaba ver su cara reluciente. Con el resplandor en sus ojos.

Me volví a la cama al día siguiente tenía una mañana agitada. Tenía que multiplicarme por dos. Había cosas que no podía encargárselas a Astrid por muy secretaria mía que fuese. No podía permitir que nadie tuviese la más mínima sospecha. Ni por asomo. Y mucho menos tener conocimiento de algo que iba a ser visible y notorio.

—Buenos días Astrid.

—Buenos días Franc.

—Tráeme un café por favor. Luego sobre las diez tengo que salir a un asunto personal.

—De acuerdo. Volverás más tarde o las llamadas las desvío para la tarde.

—Mejor toma nota de quienes son y las desvías para la tarde. Gracias Astrid.

Me encerré en mi despacho hasta llegadas las diez. Tenía muchas cosas que hacer antes. Entre otras llamar a Dimitri que desde que se marchó no habíamos hablado todavía. Esa era una de las prioridades de esa mañana. Teniendo en cuenta la diferencia horaria, ya llegaba tarde.

—¿Dimitri?

—Franc que alegría me has dado. Llevo días pensando en ti. Que ganas tenía de escucharte. La semana que viene nos vemos. Me vengo una semana contigo.

—¿Y eso?

—Tengo grandes noticias. Pero te lo quiero contar yo en persona. Quiero que lo planifiquemos todo, juntos, además tengo muchas ganar de que nos vayamos a comer y cenar por ahí. Ya sabes que aquí en Moscú no hay las lindezas culinarias que tenéis ahí vosotros.

—Muy bien Dimitri, ¿Quieres que me encargue del hotel?

—No. No te preocupes de eso. Tú prepara una buena ruta gastronómica.Vamos a disfrutar de lo lindo esa semana. ¡Ah! Y dile a Marta que se olvide de ti durante una semana.

—Dimitri tendré que dormir ¿no? ¡Explotador!

—Bueno. Vale. Dile que iras a dormir a casa. Jajaja.

—Queda apuntado para el próximo lunes. Ya me confirmarás la hora de llegada de tu vuelo que te envío al chófer.

—De acuerdo. Te lo confirmo por correo electrónico. Un abrazo Franc.

—Un abrazo Dimitri.

En menos de una semana lo tenía aquí con todas sus consecuencias. Continué con el programa de esa mañana durante un buen rato hasta que la alarma del móvil me hizo consciente que eran las diez. Me levanté, cogí mi chaqueta y salí por la puerta en dirección al ascensor. De la mesa de Astrid cogí uno de los periódicos.

—Hasta luego Astrid.
—Hasta luego Franc.

Ya tenía previsto donde ir. Una pequeña tienda no muy lejos de allí donde tenían todo tipo de artículos de fantasía y regalo. Lo vi y entré. Era sencillo a la vez que precioso. Brillaba por sí mismo, como ella. No tenía sus medidas. Me aventuré. Pensé que con pequeñas diferencias las longitudes todas debían de ser similares. Centímetro más centímetro menos. Pagué y me lo llevé. Al salir tomé mi móvil y llamé.

—Astrid
—Si. Soy yo.
—Soy Franc. No he recordado decirte que el lunes viene Dimitri. Hazme un favor. Envía a recoger el correo de mi antiguo despacho esta misma mañana. No creo que la semana que viene pueda estar por ese tema.
—Comprendo Franc. Ahora mismo paso nota a recepción para que se encarguen de ello. Esta tarde lo tendrás encima de tu mesa. ¿Volverás ahora?
—No Astrid ya no volveré hasta la tarde. Aún me quedan cosas por hacer. Tengo que preparar la visita de Dimitri.
—De acuerdo. Hasta luego.
—Hasta luego —colgué el móvil.

Me fui dando un paseo y tomando nota mentalmente de los lugares donde tenía que llevar a Dimitri. Ese enamorado de nuestra gastronomía no podía decepcionarlo. Un día una paella con una buena sangría, otro un cochinillo al horno o un aperitivo con una pata negra. Un lugar para cada manjar. Tenía muchas ganas de agasajarlo. Él era el responsable de muchas cosas. De mi nuevo puesto de trabajo dependiendo por primera vez en mi vida de una organización y sin saberlo o a sabiendas de mostrarme el camino para hacer salir a mi otro yo.

—*Dentro de un rato te encargaran ir a buscar el correo te espero arriba. No tardes. 11:15*
—*Me ha dicho Astrid que salga a las 12h. 11:20*
—*Humm! Perfecto. Ya se me abre el apetito. 11:23*

–Estaré encantada de satisfacer ese apetito Mi Señor. 11:24
–No tardes. Sal antes. 11:25
–De acuerdo. Salgo en 10 minutos. 11:26
–Ok. Hasta ahora. 11:26

Desayuné tenía apetito y muchas ganas de ojear el periódico que llevaba a cuestas desde que salí. Me senté en la cafetería donde tenía por costumbre ir.

–Hola Franc. Cuantos días sin verte.

–Si Juan. Tengo un encargo que me mantiene fuera del despacho muchos días a la semana.

–Bueno me alegro de verte. ¿Qué quieres hoy? Tengo una butifarra que calentita esta estupenda.

–Vale. Pónmela con una cervecita.

–¿En bocadillo?

–Si, claro, como siempre. Gracias.

Juan me trajo una ración de aceitunas verdes. Abrí el periódico y lo ojeé. Leía los titulares hasta que llegué a la página 20.

"El empresario ruso Dimitri Mikhailov ha firmado un acuerdo con el gobierno ucraniano para el suministro de tres remolcadores para poder desarrollar con mayor eficiencia la gestión de los puertos. El diseño, desarrollo y construcción va a realizarse en su recién adquirido astillero que responde a la firma Naval Dinamic lo que generará nuevos puestos de trabajo en la región"

Una sonrisa afloró en mi rostro. Vaya con Dimitri. Ahora ya se lo que le motiva venir la semana que viene. Más encargos. Con este encargo ya teníamos aseguradas producciones para los próximos tres años. Sueldo y primas de producción garantizadas.

Llegó Juan con su agilidad de siempre con un plato y mi bocadillo. ¡Qué buen aroma el de la butifarra calentita!

Devoré aquel bocadillo como un hambriento. Las prisas se apoderaron de mí. Quería terminar ya y dejar saciado mi estómago. Tenía dos apetitos voraces que reclamaban ser complacidos. El primero estaba delante de mí.

El otro me esperaba al otro lado de la puerta de mi antiguo despacho. Terminé en un santiamén. Me despedí de Juan y salí a toda prisa. El tiempo apremiaba. Faltaban cinco minutos para el mediodía. Mar iba a llegar y yo quería esta vez llegar primero. Quería preparar el escenario. Hoy iba a ser un día especial. Hoy deseaba sorprenderla.

Subí, abrí la puerta y resople de alivio. Aún no había llegado. ¡Bien! exclamé. Me saque la americana, la colgué y me dispuse a encender todas las velas. Las que había colocado en los dos candelabros. Resultaba impresionante ver el parpadeo de tanta vela y oler su aroma inconfundible. Ese aroma inundó toda la recepción en un instante creando esa atmósfera especial que solo el calor de las velas recién encendidas proporcionaba.

Saqué algún suministro del almacén general en el que había transformado el armario de mi despacho. Me llevé uno de los cojines que había dejado en la entrada. Lo guarde todo junto con su sorpresa en el primer cajón de mi escritorio. El cojín lo deje sobre la mesa. Escuche sus tacones saliendo del ascensor. El diablillo que habita dentro de mí se frotaba las manos y babeaba de entusiasmo. Descorrió el cerrojo y entró. Tan pronto escuche que la puerta se había cerrado la llamé.

–Mar te estoy esperando en el despacho. ¡Ven!

Sigilosa y en silencio vino hacia mí, solo se percibían su taconeo al caminar. Con su elegante porte enfundada en aquel uniforme y con sus zapatos de tacón que la elevaban. Un pie delante del otro. Con esa fragancia en el andar que despierta los instintos. Giré mi silla e hice que se pusiese a mi lado. Le tire el cojín de encima de la mesa justo a sus pies. Un chasquido de mis dedos le dio la señal. Un gesto de mi mano la hizo bajar al suelo.

La observé desde mi tribuna preferente. Sentado en la silla giratoria. Ahí la tenía de nuevo y a mi merced. Arrodillada ante mí. Con la cabeza mirando al suelo. Mi destino y mi deseo unido al suyo. Una comunión de voluntades al servicio de nuestros placeres.

Abrí el cajón y saqué su sorpresa. Le pedí que levantase su cabeza que se pusiese erguida. Lo que iba a hacer la tenía que llenar de orgullo y la quería ver exultante. Era importante para mí. Tenía que ser importante para ella. Y así fue. Clavé mis ojos en los suyos cuando rodeé su cuello con mis manos y pase por él la cola de topo de plata que le había comprado. Lo aseguré a su cuello ajustando el pasador mientras le susurraba sin apartar mi mirada de los suya.

–Mar este collar es para ti. Es el símbolo de tu unión a mí. Deseo que desde este momento lo lleves con orgullo y no te lo saques nunca. Es también una forma de decirte que ya no eres mi alumna y que has superado todas mis expectativas. Este collar es para que lo toques cada vez que me sientas en falta y siempre que desees sentirme junto a ti.

Mientras le estaba diciendo eso ella subió su mano al cuello para tocarlo y acariciarlo. Jugueteó con él entre sus dedos. Estaba nerviosa y emocionada. En ese instante de sus ojos saltaron unas furtivas lágrimas.

Se quedó compungida, no se lo esperaba. Ni el collar ni mi aprobación a su camino iniciático. El collar era un símbolo de pertenencia. Ella lo sabía y conocía su valor simbólico. Entre un sollozo apenas imperceptible balbuceó

–Gracias Mi Señor.
–Ahora para ratificar que tu deseo se une al mío. Extenderé mi mano hacía ti. Recuerda que si la besas habrás cerrado el círculo. Me pertenecerás en cuerpo y alma solo dentro de nuestro mundo paralelo.

Me deleité en el silencio de la espera. Me moría de ganas de alargar mi mano pero mucha más satisfacción me ofrecía ese instante, esa espera calculada. Tensaba los nervios del más sereno y paciente. La supuse a rabiar de emoción. Deseosa del momento. Rota en su equilibrio. Le di tiempo a romperse del todo. La quería mía y eso solo lo podía conseguir dándole tiempo.

Haciendo que todo lo que ella deseaba tardase en tenerlo. Que su ansia la tuviese descolocada siempre. Que el deseo creciese en ella de forma desproporcionada. Que perdiese el control de su voluntad para servir a mi voluntad y mi deseo. Solo así sería mía.

Levanté su cabeza poniéndole mi mano en su mentón e hice que me volviese a mirar a los ojos. Esa misma mano fue la que puse delante de sus labios. Primero la beso sin más. La vi fría, insensible, supuse que los nervios la estaban traicionando, así que hice un amago de apartarla.

Cuando vio que la iba a retirar la agarró con sus dos manos y la besó una, dos, tres, cuatro... y mil veces si le hubiese dejado. Besos de pasión, besos de deseo, besos de entrega. Sentí su orgullo, su placer, sus miedos y viviendo su momento de gloria.

Vislumbré su satisfacción. Me había costado mi decisión. Supuse que a ella también. Intenté hacerme fuerte y tomar la posición. No podía desfallecer ahora. La adrenalina me invadía. Nunca pensé que realizar ese protocolo de confirmación pudiese ser tan intenso.

Me levanté de la silla giratoria y me quedé en pie delante suyo. Aún no había soltado mi mano derecha de las suyas. La mantenía sujeta por si tenía intenciones de escapar. Situé mi mano izquierda sobre su cabeza y la hice venir hacía mi al tiempo que liberaba mi otra mano. Abrace su cabeza contra mi pelvis y su cabeza quedó reposando sobre mi pantalón. Su oreja cayó justo sobre mi miembro. Hice que ese abrazo durase una eternidad. Deseaba sentirla ahí.

Otro silencio prolongado que saboreé. Ella arrodillada y yo de pie. Su cabeza contra mí. Sujeta con mi mano que la presionaba sin darle otra opción que estar ahí. Una revolución se inició en mí. La escena, el momento, la forma y sentirla allí. Dispuesta a todo. Su satisfacción era mi propia satisfacción. Su placer mi propio placer. Ella había aceptado su condición. La que le marcaba su destino en nuestro mundo paralelo.

Capítulo 19

Cuanto tiempo esperando sentir mis sueños realizados. Deseosa de pertenecer así a alguien. Un asalto en mis emociones me hizo decir para mis adentros que desde ese momento le iba a amar con locura. Mi iniciador, mi maestro, mi dueño y señor desde ese día. En lo más recóndito de mis sueños nunca pensé encontrar una persona como él. El amo de mi vida.

No podía realizarme como sumisa sin entregarme por completo a mi dueño y señor. Para eso tiene que haber más que sexo. Es preciso amor, complicidad, comprensión y entendimiento. Con ese collar yo sentí todo eso. Sus manos, su tacto, sus leves caricias al ponérmelo y asegurarlo con el pasador.

Solo él tenía la llave con la que poder abrir mi alma al completo. Nunca antes la había tenido nadie. Jamás. Era una llave muy especial que abre todos los deseos con su esclava. Su alma, su corazón, su razón, su consciencia, su deseo y su pasión. Su esclavitud. Había leído mucho sobre dominación y sumisión y nunca pensé encontrar un amo como él. Que me tratara como deseo y a la vez que me haga sentir querida como él me lo hace sentir. ¿Qué más podía pedir?

Permanecí allí. Inerte. En modo espera. Atenta a sus gestos. Arrodillada ante él mi Señor. Deseando ser sometida a su voluntad y su deseo. Sin más voluntad que la suya. Sin más deseo que complacer el suyo. Si pudiera elegir estaría a sus pies toda la vida. Esperándole. El calor dentro de mi cuerpo empezaba a ser insoportable. Creí derrumbarme. La adrenalina me tenía sumida en un mareo constante. Temía caerme de un momento a otro. Mi interior ardía de deseo. Me sentí invadida por mi creciente humedad. Creí que iba a perder el sentido. La razón ya la perdí en la puerta de entrada.

Se apartó unos centímetros de mi cabeza. El sonido metálico del descorrer de la cremallera de su pantalón me puso a mil. Ya estaba más cerca. Ya lo empezaba a saborear sin tenerlo todavía. Mi deseo incontenible por sentir el calor de su piel. El roce de su glande en mis labios. Acariciar esa maravilla de la naturaleza. Disfrutar de ese oscuro objeto de placer. Desde aquel día en el aparcamiento lo tengo grabado. Giró mi cabeza para ponerme de frente a él. Un alborozo generalizado se apoderó de mí. La onomatopeya del placer y del gozo acudió a mi mente. ¡Hummmm! y añadí ¡Qué rico!

Me agarró del pelo con rabia mientras lo miraba a los ojos. Su mano derecha quedó libre. Ya saboreaba su fragancia cuando en un inesperado movimiento me vi taladrada hasta el gaznate. ¡Dios! ¡Qué animal!

—Pobre de ti que te quejes o que hagas una arcada. Serás abofeteada inmediatamente.

Él salió de mi pobre boca y se quedó parado. ¿Qué estaba haciendo ahora? ¡Por favor! lo necesitaba. Lo quería tener dentro de mí. Deseaba comérmelo todo entero empezando por su polla. El inaudito placer que me proporcionaba sentir sus temblores. Las vibraciones de su cuerpo al contacto de su pene con mi boca cada vez que se lo lamía. Cuando me dejaba rozarlo con mis labios. Esas pieles sonrosadas una contra otra, húmedas y ardientes. Y el premio de sentirlo todo dentro de mí. De engullirla, de tragármela toda sin remisión. Eso no tenía precio.

Me agarró con más fuerza del pelo y puso su capullo en mis labios. Creí que me iba a permitir saborearlo. Lo deseaba. Lo anhelaba. Entró sin avisar. Sin piedad de mí, ni de mi garganta. Otra vez hasta el fondo. Una arcada asomó y el primer bofetón que me cayó. Avisada estaba, pero tampoco me quería privar del placer de sentir su poder sobre mi cara. Me picaba la cara pero estaba dispuesta a repetir la arcada con tal de sentir otra vez su mano sobre mí. La anterior la forcé y estaba dispuesta a forzar otra. Nunca permití que nadie me tocase la cara. A él se lo iba a permitir todo. Había algo que yo no comprendía. Esos bofetones me estaban gustando. Deseé que me diese más fuerte. Deseé sentir mis lágrimas resbalar por mis mejillas. Deseé que él lo viese y que supiese que todo era por él.

Después de acometer y hacer con mi boca lo que se le antojó, estiró de mi pelo hacía arriba y me hizo levantar. Me tiró sobre la mesa que había sido su despacho. Me puso boca abajo sobre aquella mesa con mis manos sujetándome de los bordes. Allí me dejó. Se fue no sé dónde ni con que excusa. ¿Dónde estaba? ¿Cómo me dejaba a medias? Un par de minutos que se me hicieron eternos. Entretanto yo intenté recuperar el aliento. Demasiado rato aguantando la respiración. Inspiré y respiré sin descanso. No dio tiempo a más. Volvió. Levantó la falda de mi uniforme y apartó mis bragas a un lado de una brutal forma, lo sentí salvaje e indómito.

Sentí el tacto de su glande en mi puerta de entrada y me penetró. Entró dentro de mí con suma facilidad. Se encontró un camino fácil y bien lubricado. Mi humedad rebosaba y resbalaba por mis piernas. Su pelvis golpeó contra mis nalgas en un primer envite. Lo sentí como llegaba hasta el fondo de mí ser y se quedaba un buen rato allí. Dentro y sin moverse, me encanto tenerlo así. Sentirlo dentro de mí el tiempo que decidiera estar. Intente presionarle y apretarle con mis paredes vaginales para sentirlo más. Dos cachetes cayeron en mis nalgas. Uno en cada una de ellas. Su voz sonó de nuevo.

–No hagas eso. Vas a provocar que explote y hoy tengo algo especial para ti.

Tras ese aviso no pude contener mis ganas de recibir algún que otro cachete más. Quise aprovechar una nueva incursión suya dentro de mí para volver a ejercer una leve presión sobre su miembro. No tardé en sentir nuevamente la palma de su mano sobre mis nalgas. ¡Por Dios! como picaban.

Él no pensaba frenarse. Yo tampoco. Así que una nueva presión me acarreó esta vez una secuencia de cachetes. Mi otro yo rezaba al destino ¡No pares por favor! ¡Me estas volviendo loca! Conjugar dolor y placer era nuevo para mí. Aún estaba aprendiendo de esa mezcla que me llevaba a un horizonte desconocido. A ese paraíso de lujuria en el que me sentía inmersa. Cuando creí traspasar el umbral del placer se apartó de mí. ¡Oh, no! ¡Ahora no!

Salió del despacho con una excusa vana. Se fue de allí. Me dejó a medias otra vez. Temblándome todo el cuerpo. Mi mente dispersa en los confines del universo. En un viaje de ida y vuelta forzada desde el paraíso.

—¿Dónde te vas? —le recriminé.

—¿Me tuteas? ¿Te atreves a tutearme?

—Perdón, perdón. No sabía lo que decía. Discúlpeme. Por Favor. Mi Señor.

Pero... ¿Cómo podía dejarme allí? Así sin más. Mi cuerpo aún tembloroso por el orgasmo que no llegó. Me dejó a medias. Desbordada con mí deseo. Deseándolo por completo. Escuché sus pasos acercarse. Si, por fin. Dije para mis adentros. En sus manos dos juegos de esposas metálicas. Sin mediar palabra, colocó un juego en cada muñeca. Volvió a tirarme del pelo para hacerme levantar. Estiró de las esposas para hacer que lo siguiese. Salí tras de él maniatada, con una mano sobre la otra.

No fuimos muy lejos. A la salida del despacho nos esperaban los dos candelabros de nueve brazos con sus velas ardiendo. Una a cada lado de una barra metálica horizontal que pendía del techo. Estaba un poco más alta que mi cabeza. Por lo que debía levantar mi cabeza para verla por encima de mí. Antes de llegar ya lo vi claro. En una fracción de segundo me vi allí sujeta a la barra por las esposas. No tarde en sentirlo. Verme con mis muñecas levantadas y sujetas me daba mucho morbo. Recordé la columna salomónica. Allí estaba yo anillada a la barra y con la falda aún subida.

—Has protestado y me has tuteado. Eres merecedora de un castigo por ese agravio. ¿Lo sabes?

—Si Mi Señor. Aceptaré el castigo que decida imponerme.

—Muy bien —dijo él mientras con sus manos jugueteaba con una fusta.

Se posicionó detrás de mí. No lo veía pero sabía de sus intenciones. Su primer azote llegó y me encendió. El calor que en mi piel causó el contacto de aquella fusta fue inmediato. Seguía con mis nalgas al descubierto expuestas a su castigo. Un segundo azote me alcanzó. Respiré profundamente, no sabía cuantos más pensaba propinarme. A la espera del siguiente azote cerré mis ojos y me abandone a mi destino. Era suya y solo él tenía ese derecho. Debía castigarme por lo que considerase que había hecho mal. El castigo fue a más. Se posicionó a mi lado y me susurro al oído.

—Mi perrita tiene que estar en todo momento húmeda para su Señor.

Dicho eso paso su mano izquierda por delante de mí y alcanzó mis braguitas. Las apartó de un tirón y coló sus dedos dentro de mí coñito. El calor de su mano y sus movimientos circulares me empezaron a sacar de mí. Pellizcaba mi clítoris y lo estiraba hacía afuera mientras con la otra mano hacía estallar un nuevo impacto de aquella fusta en mi piel al descubierto. ¡Por Dios me va a matar! Esa combinación otra vez. El calor del azote y sus pellizcos y masajes clitorianos. Sentí que mi cuerpo se iba a desvanecer. Mis temblores fueron a más. Mis tobillos amenazaban con no aguantarme en pie. Tenía que resistir hasta que me diese la orden de entrega. Dudaba de mí. Dudaba que pudiese aguantarme por más tiempo.

—Entrégamelo ya. Es una orden.

Escuchar su voz de nuevo y esa orden liberatoria causó en mí el efecto deseado. De hecho estaba al borde del clímax. Sentí dentro de mí el estruendo del placer. Tardé dos segundos en darle lo que me pedía.

—Humm... Si mi Señor... Humm es suyo y solo suyo.

Me retorcí de placer atada a la barra entregándole mi orgasmo mientras recibía una propina de dos azotes más. Repartidos uno para cada nalga. Yo fuera de mí por sentirme como me sentía. Feliz. Satisfecha. Orgullosa de pertenecerle. Sentirme usada como lo estaba haciendo. Nunca antes pensé que lo que estaba viviendo a su lado me iba a tener en ese estado de permanente excitación. Tomé aliento. Mi respiración fue poco a poco tomando el compás del sosiego.

Soltó las anillas de las esposas de la barra y caí de bruces al suelo. Yo que me mantenía en pie gracias al soporte que me proporcionaba el estar sujeta. Me desplomé cayendo al suelo de rodillas. De suerte que estaba blandito. No sé cómo lo hizo, pero mis rodillas en su caída se encontraron con un cojín en el suelo.

—Tus manos atrás.

Su voz imponente me dio una nueva instrucción al tiempo que unía mis dos muñecas a unas de las esposas de metal. Allí me quedé. Sentada sobre mis talones. Mirando al suelo. En modo espera. Aún no me había recuperado que ya me veía inmersa en otra situación límite. Mi respiración inició un camino por si misma. Acelerándose por momentos. Intuía pero no sabía. Lo esperaba. Lo deseaba. ¿Me lo iba a dar? Mi otro yo rogaba al destino. Dámelo, dámelo, dámelo. Dame mi regalo. Ese extraño objeto del deseo. Lo quería para mí. Para mi sola. Deseaba como una posesa recibirlo. Saborearlo. Degustarlo.

Cuando vi que se ponía delante mío. Cerré los ojos. No quería ver. Solo deseaba sentir el tacto y el calor de su glande en mis labios otra vez. Sujeto mi cabeza con sus dos manos. Entró en mí. Esta vez con mucha lentitud. Aproveché para humedecerlo bien con mi lengua. Rodeé y presioné su prepucio con mis labios mientras mi lengua lo masajeaba y lo succionaba. Ejercí una presión absorbente sobre su miembro. Él satisfecho, me lo iba entregando despacio. Fue entrando poco a poco. Lo deseaba dentro. Tan dentro de mi como fuese capaz. Abrí de forma artificiosa mi garganta para recibirlo. Sentí como me traspasaba y llegaba hasta lo más profundo de mí ser. Mis labios y mi nariz chocaron con su pelvis. Ahí me quedé. Respirando como podía por la nariz. Sintiendo como a cada pequeño movimiento que yo hacía con mi lengua o el roce imperceptible con mi garganta hacían que él se retorciese de placer. Lo hice temblar de satisfacción. Seguía sujetando mi cabeza con sus manos. Esta vez me sujetó bien para que no me escapase. No pensaba irme de allí sin mi regalo. Sin mi premio. Mi merecido premio. Se apartó de mi boca separando mi cabeza unos centímetros de él. Levantó mi mentón para mirarme a los ojos y hablarme.

—No voy a parar hasta el final. Quiero usarte así. ¿Deseas recibir tu deseado premio?
—Por supuesto.

¡Por fin! Pensé para mí. Tan pronto sentí que aflojaba la presión de sus manos sobre mi cabeza y tomé la iniciativa. Lo acometí. Lo engullí por completo hasta sentir como me traspasaba de nuevo. Su temblor me emocionó y yo misma me salí. Cuando tuve de nuevo su glande en mis labios lo lamí y saboreé tanto como pude. Lo sentí a él que no dejaba de temblar. Primero unos leves temblores. Luego más intensos. No lo dudé.

No sé quién lo deseaba más de los dos. Si él en darme su regalo o yo en recibirlo. Yo me moría de ganas. Deseaba recibirlo y escuchar como soltaba su alarido placentero. Esa era mi misión y mi deseo. Satisfacerle y proporcionarle placer.

No tarde en sentir toda su polla palpitar e hincharse más de lo que ya estaba. Era el anuncio que mi regalo ya estaba encargado y que venía de camino. Lo quería para mí. Todo para mí y no pensaba dejar escapar nada. Él ya había entrado en su punto de no retorno cuando lo acometí de nuevo sin frenarme al tiempo que sentí su glande traspasar mi garganta. Me agarró la cabeza y me sujetó contra él con una fuerza descomunal, salvaje, sin control. Recibí dos envites más hasta el fondo. En el último se quedó parado y paralizado. Aproveche a mover mi lengua. Mi otro yo sonreía ¡Ya era mío! Un calor intenso sentí dentro de mí. Un sabor algo amargo y esa densa espesura corrieron garganta abajo. Recibí su néctar de la vida con sumo placer. Era mi ansiado regalo. El regalo más maravilloso que una sumisa puede recibir de su dueño y señor. Su preciado néctar.

En ese momento una reflexión vino a mi calenturienta mente. Atada no me importaría permanecer toda la vida. Atada a sus pies. Atada a su voluntad. Atada a su deseo. Arrodillada ante él. Todo con tal de estar cerca suyo. Sentí que mi vida le pertenecía, que deseaba abandonarme a él. Había abierto con una llave especial la puerta de mi alma y yo se la había abierto de par en par.

Capítulo 20

Paré dos manzanas antes de llegar y la dejé bajar. Ninguno de los dos deseábamos la más mínima habladuría. Yo mucho menos a una semana vista de la visita de Dimitri. Observé por el espejo retrovisor que no hubiese ningún coche cerca. Para ahuyentar posibles miradas furtivas. No había lugar a ello tampoco. Mar se bajó sin mirarme siquiera y tomó el camino de regreso.

Giré la primera a la derecha para dar un pequeño rodeo y darle tiempo a llegar antes que yo. Recorrí unos cien metros más y me detuve. Paré el motor y estiré mi espalda en mi asiento. Los aromas junto a los recuerdos venían a mí sin ningún control. Me sentía invadido de las imágenes recientes que pululaban aún en mis retinas.

Flashes intermitentes que mostraban una secuencia de fotogramas. Sus ojos. Su cara de sorpresa cuando le puse aquel collar o cuando le entregué su otro regalo. Sus nalgas al descubierto y el efecto que sobre ellas ejercí con la fusta. Sus labios sonrosados. Y esa sonrisa imperceptible que pone cuando toca con las yemas de los dedos el cielo.

Arranqué de nuevo el motor y me dirigí a la puerta que da acceso al aparcamiento que tenía reservado en el interior del recinto. Cuando iba a entrar me encontré al chófer que se disponía a salir con el vehículo de la empresa. Hizo la intención de echar marcha atrás para cederme el paso. Me negué. Le hice luces para que saliese él. Un gesto de agradecimiento salió desde la ventanilla de su coche. Yo asentí. Entré y aparqué en mi reservado.

Me dirigí a la entraba por la puerta acristalada. Atravesaba la alfombra roja cuando divise a Sara atendiendo al teléfono. Al fondo estaba Mar preparando algo. Ella me miró y se quedó acariciando su nuevo collar. Sus ojos eran cálidos y revoloteaban de alegría. Sus pupilas permanecían dilatadas todavía de la excitación. Había entendido muy bien el sentido de ese collar. Tocarlo si sentía mi ausencia. Tocarlo si estaba delante mío para hacerme partícipe de su anhelo.

—Franc ahora le subiré el correo que me ha encargado Astrid que le vaya a recoger.
—Muchas gracias Mar. Nos vemos arriba.

No hice mucha incidencia en ello. Debíamos de ser discretos. Subiendo en el ascensor acerqué mi mano derecha a la nariz. Percibí sus olores en mí. Que descriptivo puede ser un olor para un cerebro. El aroma de su sexo estaba en mis manos. Acercarlo y olerlo fue como revivir lo que hacía poco había sucedido. Las escenas, que durante dos horas se sucedieron mientras estuvimos juntos en nuestra nueva mazmorra, afloraron en mi mente una tras otra. Una película llena de imágenes. Imágenes que habían sido reales hacía solo unos instantes y ya pertenecían al pasado. Las luces se desvanecían en mi memoria. Solo quedaban a buen resguardo las emociones vividas difíciles de olvidar.

Llegué a la planta noble. La primera que asomaba era Astrid.

—Buenas tardes Franc. ¿Ya comió?
—Si Astrid. Gracias por preguntar. ¿Qué tenemos para esta tarde?
—Nada especial. Un par de incidencias que nos han pasado desde el departamento de compras para tratar dos temas con dos proveedores.
—Astrid infórmame y resolvemos rápido. No me gusta que se queden los temas enquistados.
—De acuerdo. En un momento me paso por su despacho y le doy la información.
—Gracias Astrid. Voy para dentro. Te espero.

Me metí en mi despacho. Esperaba dos visitas. Mar y Astrid. La primera a traerme el correo y la segunda a traerme trabajo. A la segunda la pensaba despachar en menos de cinco minutos. Volví a abrir mi ordenador para empezar a preparar la visita de Dimitri. Le quería tener preparadas unas proyecciones de producción. Entre otras cosas para que no tomase compromisos de entregas a corto plazo, cuando Astrid entró.

–Tenga Franc. Todo esto es lo que ha traído Mar de correo de su antiguo despacho. Más tarde vuelvo con los otros temas.
–Gracias Astrid.

Me mordí la lengua para no delatar mi incomodidad. Cogí todos los sobres que me había entregado Astrid y uno a uno los fui tirando a la basura. Publicidad, publicidad y más publicidad. Nada que pudiese deparar el más mínimo interés. Entre toda esa pérdida de tiempo, dinero y papel un sobre llamó mi atención. Una carta cuyo sobre estaba manuscrito. Los rasgos de su escritura eran redondeados y elegantes a todas luces la había escrito una mujer. Lo abrí con cierta premura. Algo dentro de mí me decía que me iba a gustar su contenido.

Mi querido Señor: Aún no han pasado unos minutos y ya le echo de menos. ¿Por qué será?
Nunca nadie me había hecho sentir como usted me hace sentir.
Aún siento el olor de su piel sobre mi cuerpo caliente. Mi mente ha claudicado a su voluntad en nuestro mundo paralelo.
Sabe lo que necesito en cada momento y sabe cómo llevarme al límite con solo rozarme. Cada roce suyo sea como sea me hace estremecer.
Siento que mi cuerpo y mi alma son suyos y le pertenecen. En sus manos solo soy un juguete. Su juguete.
Besos
+

Me quede embobado pensando en el contenido de esa carta. Lo más sorprendente la despedida. Un signo de sumar. No entendía su significado al final de esa misiva. Ese relato de sus emociones. Yo la sentía mía, entregada a mi voluntad. Aunque todavía estaba desarrollándome en mi nueva faceta. Llevaba pocos días disfrutando de ese rol. Siguiendo los deseos más ocultos que mi otro yo me iba desvelando a través de mis sueños. ¿Y ese signo +? ¿Un signo de sumar?...

–¿Cómo puedo ser tan estúpido? –dije en un diálogo conmigo mismo.

Era tan evidente... Un jeroglífico curioso para despedirse de mí... Su Mar. A veces lo obvio resultaba un entresijo para mí. Me había llenado de entusiasmo leer esa carta. Me asaltaban nuevas imágenes que aún no las había vivido. Mi imaginación había despertado del letargo de toda una vida. Ya soñaba despierto. Soñaba con ella. La desconocida de mis remotos sueños ya tenía nombre y rostro. Me senté un rato en el sofá que Dimitri me había indicado aquel día con su gesto complaciente. Puse mis pies encima de la mesa y entorné mis ojos dispuesto a descansar un poco. Mis piernas me estaban empezando a pasar factura de mis desmanes. Mi cuerpo algo extenuado me pedía un respiro.

Crucé mi mirada con ella. La miré con desprecio y rabia por llegar tarde. Ella lo sabía que me molestaba y no hacía nada para evitarlo. Una mirada lateral con el ceño fruncido y las cejas casi juntas y arqueadas. Vi su miedo y su temor reflejado en su lenguaje corporal. Le hice saber de esa forma que estaba enfadado, muy enfadado y que iba a ser muy duro con el castigo que se había ganado a pulso. Fuimos andando cada uno por una acera diferente. La veía caminar cabizbaja, compungida, conocedora de lo que le esperaba. Me sentía a rabiar. Como una botella de cava que ha sido agitada y está a punto de estallar.

Me sentí caminar por la calle hacía un destino incierto y desconocido para mí. Disfrutando del sol. Cruce a la acera que iba ella y me acerque para susurrarle...

–En el próximo portal que vea que haya un ascensor, nos vamos a meter. ¡Sígueme!

Era un edificio antiguo, de los que tienen solera. Una finca señorial. En esa finca había un ascensor con las paredes de madera. Entramos en el camarín y veo claramente como aprieto el botón del ático. Llegando al penúltimo piso me abalanzo sobre ella. Siento mi poder y la percibo minúscula y débil. Le muerdo los labios con pasión. Le como su boca entera. Muerdo, chupo y succiono. Todo en uno al tiempo que paso mi mano por debajo de su falda. Su entrepierna está rebosante de humedad. Introduzco un dedo por sus bragas y alcanzó su clítoris a la primera. No lo veo, pero siento que esta sonrojado de la presión, Su vulva inflamada pide castigo. Aprovecho para darle dos pellizcos que le hacen dejar los ojos en blanco. Se ha visto sorprendida y la he puesto al borde del éxtasis. Por algún motivo ella lo intuía. Estaba descubriendo en ese momento el alcance de mis deseos y se dejaba llevar. Yo era su guía. Su luz. Su destino.

El ascensor siguió su lento camino hasta la última planta de aquel histórico edificio modernista. Su mirada al suelo, me indicaba su estado de sumisión. Su excitación por la forma en que la había ultrajado era evidente. Nunca pensó que me atrevería a toquetearla en aquel lugar y a riesgo de ser sorprendidos por algún vecino.

Llegó al final del trayecto y se detuvo. La puerta era acristalada, sobre fornituras de madera torneada, se la abrí, para que pudiese salir, y al pasar su cabeza por delante de mí, me acerque a su oreja, acechándola le susurre.

–Las buenas perritas esperan a que su Señor se ponga delante para guiarlas.

Ella salió y muy protocolariamente esperó que me situase en el rellano. Me aseguré de cerrar las puertas interiores y exteriores del ascensor. Se puso tras de mi esperando mis movimientos.

Solo quedaba un pequeño trecho de escaleras, era el tramo que conducía a la azotea. A esa zona no sería normal que viniese nadie por lo que empecé a subir peldaños mientras ella me seguía cogida de mi mano sin saber hacía donde la conducía. Una mezcla de luz solar y penumbra invadían ese tramo de escaleras.

En la ascensión por aquella escalinata tuve tiempo de comprobar el pasamanos. Todo era una obra de arte modernista. Los hierros moldeados al capricho del herrero que lo torneó de la misma forma que sentía como la estaba torneando a ella para mí. Para satisfacer mis deseos y mis pasiones. En los últimos peldaños lo vi claro. Improvisé. Deshice el nudo de mi corbata y la deslicé entre mis manos.

Me gire para ver como ella superaba el último escalón tras de mí. La acerqué a mí con cierto rigor. La tomé por sus muñecas y con suma habilidad sobrepuse una sobre la otra. Deslicé mi corbata y las anudé entre sí. Quedó aún un buen trozo de corbata libre. Estiré de ese trozo como si de una correa se tratase. La acerque a la barandilla y la amarré allí mismo.

Quedó como se hace con las perritas, atada y sujeta al pasamanos, de tal suerte que si se asomaba veía el vacío del hueco de la escalera. Yo sabía que tenía pánico a las alturas y me aproveche de su miedo. Me sentí disfrutar generándole sus miedos. Era excitante y muy estimulante. Tener sus miedos en mis manos. Hacerle acariciar sus temores y al tiempo ver como sentía mi poder sobre todo.

Me situé primero a su costado y repetí la acción que había ejecutado en el camarín. Me hizo espacio para poder acceder. Su coño seguía húmedo y radiante de calor. Tuve que pellizcarle nuevamente sus labios exteriores que clamaban por ello. Simultaneé varios pellizcos en cada uno de los labios, que irradiaron en todo su cuerpo el temblar de su tremenda excitación.

Me quedaba una mano libre y rebusque en mi bolsillo. Acerté en encontrar un pequeño sobre monodosis de lubricante que llevaba. Un bocado certero me sirvió para desprecintarlo. Rebosó todo por mi mano, cuando solo deseaba mojarme los dedos. Era el riesgo de las improvisaciones. Dejé resbalar ese lubricante por mi mano totalmente prendida por la cantidad que había salido. Intuí que mis dedos estaban pringados así que sin más espera, levante su falda por detrás y acometí su ano, mientras que la otra mano seguía haciendo de las suyas, jugueteando con su clítoris. Entré primero uno de mis dedos, hasta que entendí que su dilatación iba a permitirme mayor energía en ese envite. Dejé pasar unos minutos, hasta que introduje un segundo dedo en su orificio anal. Levanto la cabeza echándola hacia atrás. Asintiendo y sintiendo ese nuevo ultraje a su ano.

De su mirada perdida en el infinito sus ojos quedaron en blanco. Su respiración acelerada me excitaba cada vez más. Cuanto más la aceleraba, más bruscos eran mis movimientos. Con más energía la perforaba. Me gustaba taladrarla así. Por delante y por detrás.

Acerqué mi boca a su oído nuevamente para darle una nueva instrucción...

–Prepárate, tu Señor desea recibir tu orgasmo en silencio. Mírame a los ojos. Muéstramelo en ese silencio que te pido. Ilumina con tu mirada el éxtasis que sientes.

De su boca salieron sonidos imperceptibles que intentaban ser palabras.

–Mi Señor, recíbelo, es tuyo, es solo para ti mi Señor

Sus ojos brillaban rebosantes de lágrimas de placer. Su entrega total y su voluntad vencida por el poder de su Señor.

Retiré con sumo cuidado mis dedos de su ano, acariciándolo para que no se cerrase. Debía estar preparado para mí. La hice inclinarse hacia la barandilla de forma que su cabeza colgara un poco. Le hice dar un paso atrás para tener un buen acceso. Me vi tras de ella. Mi pene erecto lo situé en su orificio anal. Se percató de mis intenciones. Se quedó totalmente quieta e inerte. Esperándome. Presta a recibirme dentro de ella, a sabiendas que no iba a tener contemplaciones. Imprimí una leve presión pélvica y mi glande desapareció con suma facilidad entre sus nalgas. No lo pensé más, de una embestida la penetré hasta lo más profundo de su ser. Mis maniobras de entrada y salida se aceleraron al tiempo que mi respiración. Agarre su pelo con una mano para estirarla hacía mí. A cada penetración la hacía hacia mí. Mi ritmo se fue acelerando. Solo pensaba en mí y mi placer. Esas penetraciones brutales parecían que la iban a desmontar. Le di dos cachetes con la otra mano al tiempo que me sentía reventar de placer.

Alguien picó con los nudillos en la puerta. Desperté del trance casi a punto de llegar a mi parada final. Me retuve inconscientemente.

—Dime Astrid. ¿Qué quieres?
—Franc teníamos pendiente la incidencia con los proveedores.
—¡Oh! Si dame unos minutos. Yo te aviso.

Mire mi mano, para asegurarme que solo había sido un sueño pasajero que apareció por mi mente. Mi boca entumecida. Mis ojos apesadumbrados. Mi mano estaba seca y fría, le dije a mi imaginación... sigue así, sigue provocándome esos sueños y me vas a provocar un infarto un día de estos.

Capítulo 21

Habían pasado dos días desde nuestro último encuentro. Ya encontraba en falta el chute de adrenalina que me proporcionaban nuestras citas clandestinas. Las horas previas las vivía en un estado de excitación extremo. Había momentos que me llegaba a sentir cegado. Dos días sin ella. Mi otro yo volvía a llamar a la puerta reclamando su espacio. La revolución de mis hormonas mantenía vivo mi lado oscuro. No quería dejar pasar más tiempo. Dimitri estaba al llegar y me iba a tener una semana en el dique seco. Con él merodeando por la empresa no me la iba a jugar. Abrí la tapa de mi móvil para enviar un WhatsApp.

–Hola juguetito. 10:32
–Hola Mi Señor. 10:33
–Esta tarde cógete fiesta. Dices que tenías ginecólogo y que no te acordaste.
Déjale el parte de ausencias a Astrid.
Yo lo firmaré. 10:34
–Ok. 10:34
–Tiene alguna petición especial el Señor. 10:35
–Si. Al salir al mediodía ya sabes dónde te espero. 10:36
–Estaré puntual Señor. 10:37
–Estaremos juntos hasta las seis. 10:38
–Eso son casi cinco horas seguidas. Humm. 10:39
–Así es. Hasta luego entonces. 10:40

Mis planes iban sobre ruedas. Dimitri a punto de llegar. En dos días lo iba a tener husmeándolo todo. Estaba convencido que me iba a preguntar por el sofá y la mesa. Querría saber si he puesto los pies en la mesa como el me indicó. Supuse que querría saber que había pasado con la recepcionista. Debía de tener controladas mis reacciones. Mi mirada. La expresión de mi rostro. Mi lenguaje corporal no tenía que dar lugar a dudas. Dimitri era un experto. Burlar su radar iba a constituir uno de mis primeros éxitos. Me conciencié que la victoria sería mía.

Como ya era costumbre llegué antes que ella. Me gustaba tener todo previsto y medio preparado. Subí los pertrechos que precisaba para ese día.

En esta ocasión la cosa estaba fácil. Me cercioré que nadie vería nuestra entrada. La portera, que era una cotilla, no estaba para divisar nuestra presencia. Debía de estar en su permiso para comer, lo que facilitaba todo. Volví a bajar a la entrada para esperarla. Coincidencias del destino que justo cogía de la maneta de la puerta de la calle que llegaba ella con lo que le abrí la puerta de una forma gentil y con un toque de teatralidad. Que fuese mi sumisa no implicaba que perdiese mi condición de galán y caballero.

Llegó unos segundos antes que yo al camarín del ascensor. Como lo acababa de utilizar estaba allí, esperándonos. Le abrí las dos puertas y le cedí el paso. Era un elevador en el que se entraba por una puerta y se salía por otra que estaba justo en frente. Así que Mar que lo sabía entró y se quedó mirando a la puerta de salida. Dándome la espalda. No llevaba bolso. Iba con su uniforme de trabajo. Apreté el botón de subir y me metí una mano en mi americana. Saqué un largo pañuelo de seda negra. Lo pasé por delante de su frente y lo situé frente a sus ojos.

—Hoy va a ser un día especial. Te voy a privar de la visión. Quiero disfrutarte así.
—Lo que usted ordene Mi Señor.

Anudé el pañuelo en la parte trasera de su cabeza. Me quería asegurar que no se iba a soltar en ningún momento. Le hice varios nudos seguidos. Uno sobre otro. La mire en el espejo del ascensor. Estaba espectacular con su uniforme. Erguida delante mío y dándome la espalda. El pañuelo en sus ojos y colgándole por la espalda la parte de pañuelo que le sobraba.

Puse mis dos manos en sus hombros para sujetarla firmemente. Estuve solo unos segundos. Fui deslizando mis manos, acariciándola, desde sus hombros a sus antebrazos y de ahí a sus muñecas. Las cogí. Las sujeté con fuerza y las puse a su espalda. Una sobre la otra. Disfruté ese momento con mucha satisfacción. Tenerla de esa forma en el ascensor me estimuló. Pensar en lo que tenía preparado arriba intensificó mi estado de excitación. Sentí un calor inmenso recorrer todo mi cuerpo. Una corriente eléctrica desde la base del cráneo bajando por mi espalda y hasta los testículos. Mi sangre fluía a borbotones. Se rellenó toda mi cavidad cavernosa. Una erección imponente amenazaba con reventar mis pantalones. Solo esperaba no encontrarnos con nadie en el rellano. No era lo más recomendable en aquel momento.

El recalcón del ascensor en su parada me hizo volver a la realidad. Acerqué mis labios a su oreja y le susurre mientras le daba un pequeño bocado con mis labios en su lóbulo...

–Vamos nena... yo te guiaré

Pronunciar esas palabras me hizo crecerme. Sentirme poderoso al tiempo que responsable. Sus pasos dependían de mí. Ella dependía de mí. Inspiré fuertemente para reducir la presión de mis hormonas. La adrenalina me la estaba jugando. Salimos del camarín. La guié sujetándola por sus muñecas en su espalda. Solo había que dar tres pasos y ya estábamos. Eché mano a mi bolsillo y saqué el manojo de llaves. Elegí la que necesitaba. La introduje en la cerradura. Giré la llave y entramos sigilosamente. Le solté las muñecas y sus brazos instintivamente volvieron a su posición.

–Ya está cerrada la puerta. ¿Sabes lo que representa?
–Se lo que significa Mi Señor.
–Entonces no hace falta confirmaciones...
–No Señor.

La acompañé empujándola con mi cuerpo detrás del suyo. Sentí como la presión de mi pantalón empujaba su culo. Inspiré para oler su perfume. Me llené de ella y de su aroma. Me sentía inquieto, excitado y vivo.

–Arrodíllate y quédate en posición de espera.

Cayó al suelo sin remisión. Arrodillada y sentada sobre sus talones. Sus manos con las palmas hacia arriba sobre sus muslos. La espalda estirada y totalmente recta. Ella no sabía cómo me hacía sentir verla así. Dispuesta a mis exigencias. Entregada a mis peticiones. Di varias vueltas a su alrededor sin decirle nada. Pretendía excitarla con esa parcela de silencios. Que solo escuchase mis movimientos. Le puse una mano sobre su cabeza para que me sintiese. Acaricié el pelo que le quedaba por encima del pañuelo al tiempo que comprobaba que no se le iba a caer. La rodeé y me puse delante de ella. Le abracé la cabeza sobre mi pantalón. Le hice notar mi inflamación. Sentí que se inquietaba. Se excitó al sentir el bulto que hacía mi polla. Se alteró al percibirla.

Extendí una mano hacía ella. Y le dije...

–Dame tu mano.

Me la dio y estiré sutilmente de ella para que se levantase del suelo. La guié con mi cuerpo para ponerla con la espalda contra la pared. Olisqueé su cara haciendo ruido con el aire. Deseaba que supiese en todo momento lo que yo hacía solo escuchando. Ella no veía nada así que la ajuste en el centro de la cruz. Ya tenía puestas cuatro cintas de tela en cada uno de los extremos de aquella cruz de San Andrés fruto de mis trabajos de bricolaje.

Tomé una de sus muñecas con mis dos manos para acariciarla y acercarla a mis labios. Se la besé con pasión y la acompañé hacía arriba. La levanté y le pasé una de las cintas de tela con la que la dejé anudada. Se quedó atada sin moverse. Agarrándose con la mano a la cinta. La misma maniobra hice con la otra muñeca. Ella se agarró de igual forma a la cinta. Me aparté unos pasos para ver la imagen. No resistía la tentación de asaltarla pero me contuve. Teníamos cinco horas por delante y me había propuesto saborear cada segundo de los que estuviésemos juntos.

Me agaché para mirarla desde abajo. ¡Qué perspectiva! Bajé mis labios a sus tobillos. ¡Humm!. Eran míos y los quería saborear también. Besé el primero con tanto deseo como hice con sus muñecas. Nunca antes había besado unos tobillos. Me daba igual que yo fuese su Amo. Lo deseaba y lo hice al tiempo que se los anudaba a sendas cintas negras. Convulsas mis ideas. Rasgándome los pantalones por mí deseo. Me incorporé, me puse en pie y volví a tomar distancia para verla. Observé en silencio la golosina de mi imaginación. Allí estaba anudada con sus extremidades en forma de aspa en la cruz de San Andrés. Una tórrida visión que derretía mis retinas. Casi me siento perdido por la ansiedad de probar ese manjar exquisito que estaba a mi disposición.

Sus labios entreabiertos estaban reclamantes. Su lengua los humedecía de tanto en tanto rodeando su contorno. En mi estado catártico me abalancé sin remedio sobre ella. Puse mi frente apoyada en la pared mientras mi boca quedaba a la altura de su oreja.

–Me voy a comer entera esa boca tuya que me reclama desde hace rato.
–Haga lo que deseé de mí. Estoy aquí para eso. ¿Aún no se ha dado cuenta que soy suya?

Su frase me volvió loco. Enfurecí entrando en un estado de excitación que solo se podía frenar explotando. Estaba a reventar. Encendido por la intensidad y el deseo. Me lancé a por su boca. Pegué mis labios a los suyos mientras nuestras lenguas se unían para bailar juntas. La besé y la mordí. Devoré sus labios desenfrenadamente. Mordí sus labios y su lengua. Me apoderé de ella cazándola entre mis dientes y la chupe. La succioné con fuerza. Con furia. Con rabia. Con pasión.

Me lancé a por su camisa como un poseso. La desabotoné con energía y se la abrí de par en par. Todo lo que en su posición daba de sí la blusa. Separé sus dos lados y deje caer mis labios en su particular canalillo. Olisqueé sus pechos mientras los saboreaba entre mis labios. Los saqué por encima de su sujetador para verlos, admirarlos, lamerlos, besarlos. Todo al mismo tiempo sin dar pausas a mis ansias por acariciar su piel.

Sus pezones sonrosados apuntaban hacia mí. No tardé en rendirles cuentas con mis propios dedos. Unos sutiles pellizcos la hicieron ponerse a mil. Usé el pulgar y el índice de cada mano para usarlos de pinza. Una mano para cada pezón. Los aprisioné entre mis dedos. Los pellizqué. Los estiré hacía mí y los empujé hacía dentro mientras los retorcía girándolos en lentos movimientos de vaivén.

¡Qué placer más inaudito me proporcionaba verla disfrutar! Mis dedos la estaban llevando a derroteros sin retorno. Inmersa en satisfacer su lujuria. Sin poder atender a mis palabras. Su boca entreabierta rezumaba monosílabos inconexos al tiempo que sacaba la lengua y se aceleraba su respiración al punto de extasiarse. Sin control alguno de su cuerpo abandonada a mis martirios.

Abandoné momentáneamente mi castigo a sus pezones. Estaban duros como perdigones. Totalmente erectos, prominentes e insultantes. En el llavero de la puerta había dejado colgado un juguetito nuevo. Alargué mi mano para cogerlo. Unas pinzas de madera unidas por una cadena metálica fruto de mi imaginación y de mis trabajos manuales.

El sabor del primer pezón que me metí en la boca era espectacular. Lo mastiqué con mis incisivos mientras con mi lengua ejercí presión sobre él. Lo babeé y lo rechupeteé. El respingo que dio su cuerpo cuando le coloqué la primera pinza fue tremendo. Agarrada a sus ataduras su alarido de placer fue descomunal. Un gruñido prolongado, gutural y primario salió de su garganta.

Su respiración cansina y entrecortada salía por su boca abierta.

Aproveché el instante para coger uno de los fresones que había preparado previamente con azúcar y nata. Se lo metí sujetándolo por el tallo. Le llené la boca.

–¡Muerde y mastica!

Esa fue la orden. Mientras mascaba el fresón me apoderé de su otro pezón. Entre mis labios y mi lengua lo humedecí para iniciar las maniobras de apresamiento. Otra vez saboreándolo. Satisfaciendo mí placer por tenerlo en mi boca. Percibí que se había comido aquel primer fresón por su sonido de satisfacción al tragarlo.

–¡Humm!

Pronunciado con continuidad y alargamiento de la "m". Un sonido muy gutural por el placer que le produjo ese fresón al atravesar su gaznate. De su boca salía la explosión de ese sabor. Posé la mía sobre la suya. Mis labios se sellaron con los suyos. Quería participar del festín. Chupe el sabor para apropiarme de él y me quedé un buen rato robándoselo.

El sonido del estallido del tapón de la botella de cava se hizo eco en el silencio. Llené una de las copas que había preparado con aquel excelente cava rosado. Bebí. Me di un buen trago de esa delicia para los paladares exquisitos y me reservé un poco en la boca. Me acerqué a ella y le di de beber. Bebió de mi boca para saciar su sed. Lo repetí de nuevo y volvió a beber.

Le acerqué la copa a sus labios y se la incliné para que lo pudiese saborear fresquito. Quizás la incliné demasiado y se desbordó. Le cayó de su labio a su cuello y de ahí hasta llegarle al regazo. Un reguero de cava la recorría. Me abalancé para hacer mío ese líquido que rebosó de la copa. Sorbí de su piel las furtivas y atrevidas gotas que se desbocaron para impedir que siguiesen con su trayectoria descendente. La abracé con energía cogiéndola por su cintura. Estaba exultante de felicidad. Sonreía de satisfacción. La besé apasionadamente y me fundí con ella en un eterno abrazo. Saboreé de nuevo el elixir de su boca agarrada a sus ataduras y estirando de ellas. Sin ningún deseo de soltarse. Me mantuve unos minutos degustándola.

Eché medio paso atrás. Volví a admirarla en su posición y en su entrega. Estaba imponente y exultante. Encendí las velas que habían quedado a medio quemar del último día. Nueve en cada candelabro y uno a cada lado de ella. Agarré con rabia su falda y tire de ella hacía arriba sorprendiéndola con un fugaz pellizco en su vulva. Sus bragas estaban totalmente mojadas. Me agaché para olisquear como hacen los perros a las perras en celo. Oler en su perfume natural el aroma de sus hormonas fue excitante.

Estiré mi brazo para alcanzar del expositor de la pared una fusta. La sujeté de mi muñeca por la cinta de seguridad y con la mano de su mango. Azoté con rabia la pared. Fue solo un aviso para tenerla preparada. Apoyé la fusta en sus muslos y la paseé. Muslo arriba, muslo abajo. Primero uno y después el otro. Su cuerpo se tensó. Su furia la hizo agarrarse de nuevo a sus ataduras y levantar su cabeza mirando al cielo. Todos sus músculos se endurecieron. El pañuelo de seda seguía en su posición inicial. Soplaba y resoplaba. Un primer impacto de la fusta sobre su monte venus fue el detonante de su delirio. Uno, dos, tres, cuatro, cinco, seis, siete... y algún azote más extra. Me desconté. Cada uno con una intensidad diferente acompañados de espasmos y arrebatos de placer.

Agarré sus bragas con una mano. Di un tirón con rabia y se las arranqué. Las lleve a mi nariz para olfatear su excitación. El aroma de su sexo me volvía loco. Mis dedos iniciaron un camino de búsqueda a través de su vagina. Busqué su placer y el mío. Azotarla y palparla. La penetré con dos dedos sin compasión. Mi dedo corazón alcanzó un punto en la parte delantera de su sexo que la puso al extremo de morir de placer. Ese dedo mortífero lo moví con mucha lentitud para que con solo el roce de la yema saltase en mil pedazos. Su respiración cansina me pedía permiso. Impertérrito me mantuve en silencio. Hacer que aguantase el orgasmo se había convertido en una constante. Me acerqué a su oído para susurrarle

—Voy a hacer una cuenta atrás... cuando llegue a uno... ¡me lo das!
—Diez, nueve, ocho, siete, seis, cinco...cuatro...tres...dos y ¡Hummm!... uno. ¡Dámelo!

Por fin recibió mi consentimiento. Su cuerpo tembló al extremo de temer que se cayese al suelo. Un alarido largo e inconfundible salió de su garganta. Agarrotada por sus convulsiones post orgásmicas, espasmo tras espasmo fue calmándose. No la deje relajarse.

—Quiero otro y me lo vas a dar.

Confusa por lo que le acababa de decir. Exclamó sin acertar en sus palabras.

—Si... ufff... Si... Lo que usted... ufff... diga.

Repetí la acción de mi mano sobre su sexo. Esta vez sujeté entre mis dedos su clítoris enrojecido y ardiente. Lo pincé y lo presioné estirando levemente de él. Sus entrecortadas exclamaciones solo reflejaban su estado de excitación.

—Cabrón me vas a matar de placer —dijo casi perdiendo el sentido.

Le escupí un par de veces, en la boca y en su escote. Quería que se sintiese sucia y usada.

—Puta... ¿Cómo te atreves a llamarme cabrón?

El impacto de mis acciones y esa palabra la pusieron fuera de sí. Su cabeza iba de lado a lado agarrándose con las uñas de sus ataduras. Solté su clítoris de la improvisada pinza que le había hecho con mis dedos. Escuche que resoplaba. Retomé la senda de sus deseos y de los míos e inicié una leve caricia sobre su botoncito. Situé la yema de mi dedo encima de él y me dediqué a darle pequeños roces circulares. Me quedé jugueteando con él un buen rato. Ella no dejaba de resoplar y coger aire con fuerza para ventilarse. Con mi otra mano la agarré de la boca haciendo de mi dedo corazón un garfio contra su mandíbula inferior. Obligándola a mantener la boca abierta mientras le ejercía esa presión. Mantenerle la boca en esa posición le impedía tragar la saliva y le hizo empezar a babear.

—Ya sabes lo que espero de ti.

Un suspiro de alivio salió de su maltrecha boca. Más resoplidos por su nariz.

—Diez, nueve, ocho, siete, seis, cinco...,cuatro...tres...dos y ¡Hummm!..., uno.

Al tiempo que le soltaba la boca.

–¡Dámelo!

Un espasmo fue el inicio de una serie de sacudidas que su cuerpo alborozado me ofreció.

–Es suyo mi Señor. ¡Hummm!... Mi Amo. Mi Dueño. Mi Diosssssss

Mientras su cuerpo seguía temblando le solté el pañuelo de seda. Lo colgué de su cuello sin anudar. Sus ojos hicieron un amago para ocultarse de la luz de los candelabros incandescentes. El palpitar de todas aquellas velas encendidas la iluminaban. Había pasado más de dos horas a oscuras y acostumbrarse a la luz le costó un poco. Solté las pinzas de sus pezones una a una. Los chupé para aliviarle ese dolor pasajero que surge por la presión recibida.

Deseaba que mirase como colocaba una manta en el suelo y encima un cojín. Miró hacia abajo mientras yo me sacaba los zapatos y me ponía encima de la mullida manta. Hice un gesto elocuente de mirarme el reloj para decirle...

–Me quedan tres horas para disfrutar de mi zorra.

Le desaté las muñecas. Una a una, fueron volviendo a su posición. Le pedí que me abrazase. Rodeo mi cuello con sus brazos algo entumecidos por el tiempo de mantenerlos en cruz. Precisaba de un masaje para aliviar su circulación. Mis manos frotaron con delicadeza sus brazos para devolverles el calor perdido. La hice caer de rodillas sobre el cojín con un gesto de mi dedo índice. Le marqué donde debía estar.

Desabroche mis pantalones y me los saqué dejándolos colgados del expositor de la pared enganchado de una de las trabillas. Me saqué los calcetines. Negros, por supuesto.

–Quiero que tal y como estás te dejes caer y te abraces a mis pies.

La vi descender poco a poco y tomar posiciones. Se abrazó primero a mi pie derecho. Sentí el fluir de su sangre por el cuello. Su falda seguía subida dejando sus nalgas al descubierto.

–¡Bésamelo!

El roce de sus labios en mi pie me sorprendió. Uno, dos, tres... cuatro besos. Sentí como la humedad de su lengua recorrió toda la extensión de mi pie. Lo lamió y lo saboreó. De mi muñeca pendía la fusta que tomé por el mango. Esas nalgas lo estaban pidiendo a voces. El efecto que produjo el primer azote fue impresionante. Se aferró a mi pie para no soltarlo. Un nuevo azote le arrancó un sonido placentero de su garganta.

–¡Ahora el otro pie!

Las franjas de color sonrosado empezaron a divisarse sobre el blanco de la piel de sus nalgas. Sentía mi poder sobre ella y lo estaba disfrutando. Mi diablillo interno daba saltos de alegría. Me sentía llego de gozo. Grande y poderoso a su lado. El efecto de la fusta era evidente en su piel y en el ánimo de los dos. La excitación estaba rozando su límite. Mis testículos no dejaban de apretarme y mi pene amenazaba con estallar.

Cogí el pañuelo de seda negra que antes había estado en sus ojos y até sus muñecas a su espalda. Me agaché, recogí su cabellera en una de mis manos, la agarré fuertemente y la hice incorporar para sentarse sobre sus talones. Me puse delante de su cara hasta hacer que su nuca se apoyase en la pared. Sus labios sobre mi slip acariciando el tacto de mi erección. Quiso cazarla entre sus labios y al no poder lo hizo con sus dientes. Me encendió hasta el infinito. Un calor me inundó por dentro y por fuera. Me torné agresivo y la abofeteé. Le cruce la cara con dos bofetones. Uno de ida y otro e vuelta. No protestó. Aparté un poco el slip y sin soltarle del pelo se la metí en la boca. Sonó ese sonido placentero y satisfactorio que tanto me gusta escuchar en su boca. ¡Hummm!.

La hice mía del todo. Entregada a mí placer. Deseosa de satisfacerme. Satisfacer mi cuerpo, mi alma, mi ego. Deseaba usarla tal y como la tenía. Ya no podía contenerme por más tiempo. Me sentí inmerso en una posesión brutal. Sujeta por el pelo y apoyada en la pared. No podía zafarse de ninguna forma de mí y eso incrementaba mi sensación de posesión. El inusitado placer que me produce sentir como el glande traspasa su garganta me hizo entrar en frenesí. Entrar y salir sin darle tiempo a respirar. Su respiración entrecortada se alió con la mía y juntos llegamos al éxtasis. Le entregue mi néctar sin remisión.

—Es todo para ti golfa. No dejes escapar nada. Es el néctar de la vida.

En ese instante me di cuenta que le había tomado mucha afición a recibir mis premios. El efecto de mis palabras y sentir el calor viscoso de mi eyaculación la complació soberanamente. Sentí su cuerpo convulsionarse de nuevo. Yo me dejé caer sobre la manta. Ella cayó sobre mí. Ambos experimentamos un orgasmo prolongado y duradero. Una sensación de falta de aire me inundó. El corazón revolucionado pretendía salirse de mí. Mi otro yo estaba gozoso por su triunfo. Me sentí el puto amo del universo.

Tardamos más de diez minutos en recuperar una respiración pausada y acompasada. Hice que se arrastrase con sus manos atadas en su espalda hasta que llego con la cabeza a la altura de mi pecho. Se la levanté, la apoyé sobre mí y me fundí en un abrazo con ella. Nos quedaban unas horas de estar juntos y no tenía mucha intención de soltarla. Levanté su mentón para acercar sus labios a los míos. La besé con ternura. Mi juguetito. Mi alfombrita. Mi corazón. Estuvimos un buen rato sin movernos.

Mis piernas no me aguantaban en pie. Me incorporé un poco y gateé para quitarle las ataduras de sus tobillos. Ahora la quería a mi lado para que besase todo mi cuerpo. Para que me abrazase. Para sentir su cuerpo mío. En el suelo, abrazados sobre la manta permanecimos más de quince minutos. Pasé las yemas de mis cinco dedos por su espalda. Se erizó su piel. Una sensación muy placentera se apoderó de ella.

—¿Qué me hace mi Señor? ¿Sabe que lo que está haciendo me vuelve loca?
—No lo sabía. Lo supuse. Te lo mereces. Eres muy buena sumisa.
—Y usted es muy buen Amo. Es el mejor Mi Señor.

Me levanté para coger el plato de fresas con nata y el cava rosado. Nos sentamos en el suelo como si fuese una excursión al campo. Fui mojando las fresas en la nata y se las fui dando una a una. Comió de mi mano todas y cada una de las que le fui dando. Su apetito era voraz. Puse en sus manos una copa y la otra en la mía. Llené ambas del delicioso cava. Un sonido cristalino se produjo al chocar las dos copas.

—Por ti mi niña.
—Por Usted Mi Señor.

—Por nosotros pequeña.

Saboreamos el cava hasta agotar la botella. La miré a los ojos. Instintivamente mis manos se dirigieron a sus pezones. No podía resistir la tentación de volver a juguetear con ellos entre mis dedos. La hice estirarse en el suelo. Los cacé otra vez, los pincé y los retorcí. Sus lamentos placenteros volvieron a surgir de su boca. Su cuerpo seguía el ritmo de mis dedos. La solté de una mano para cubrirla con mis dientes. Mordí ese pezón con rabia mientras la mano que me había quedado libre la use para perforarle de nuevo su vagina. Se había secado y en el instante siguiente ya estaba otra vez segregando esa humedad embriagadora.

—¡Quiero otro!
—Se lo daré Mi Señor.

La hice retorcerse. Estaba agotada pero seguía deseando un orgasmo tras otro. La había enseñado a enlazar uno con el siguiente. Se volvía loca. Mis manos en su sexo la estaban llevando de nuevo a su camino sin retorno. La sentí deshacerse como la mantequilla y revolcarse sobre su espalda. La besé mientras me entregaba otra muestra de su placer entre alaridos entrecortados por su respiración.

—Insuperable mi niña.

La volteé. La puse a cuatro patas. Sus pechos reposando en la manta. Sus brazos cruzados por encima de su cabeza. No se había recuperado de su respiración cuando deje caer mi mano sobre sus nalgas. Me encantaba. Primero acaricié sus redondos glúteos. La azoté con la palma de mi mano. ¡Cómo me encantaban! Me puse detrás de ella y seguí dándole cachetes en su culo. Su piel amenazaba con quedarse marcada y desistí de más azotes. La sujeté por las caderas y la penetré. Su coño estaba totalmente receptivo y mi polla se alojó cómodamente en su interior. Note su estremecimiento al perforarla. Salí y acometí hasta el fondo.

—¿Más fuerte? —le pregunté.
—Todo lo que deseé. Aquí me tiene para que me use como usted quiera —fue su respuesta.

Creí que mis ojos se iban a salir de las órbitas. Sus respuestas me encendían siempre y aquella ocasión no era menos. Continué con mi tarea perforadora. En un movimiento sin freno. Entrar y salir y volver a empezar. Un nuevo temblor se apoderó de ella. La vi llegar y llegó. Se estremeció del todo. Su cuerpo saltaba y se movía convulso. Salí de su coñito y mi glande fue a parar a su puerta trasera. Llamé a la puerta tres veces y a la tercera entré.

¡Humm! Tremenda la presión que ejercía su esfínter sobre mi polla. Esperé un minuto a que dilatase su ano al tiempo que me ponía un poco de lubricante. La avisé... cinco... cuatro...tres...dos...uno. Su voz sonó grave.

—Adelante mi Amo. No pare hasta el final. ¡Fóllemelo! Es suyo

Y así lo hice. Sin paradas intermedias. Hasta el fondo de sus entrañas al tiempo que con mis dos manos le soltaba un par de cachetes en su culo tremendamente estimulantes. Sentí mi miembro a punto de estallar dentro de su culito. La agarré de las caderas para hacer mi camino hacía mi placer. Apreté mis dientes con fuerza mientras me volvía loco penetrándola sin piedad. Uno...dos...y...tresss.

Descargué dentro de ella todo mi cargamento. Solté la presión de mis mandíbulas y me desplomé sobre su espalda babeando. Mis rodillas ya no me aguantaban. Mis piernas se doblaban. Me tiré hacía un lado y me estiré en el suelo sobre la manta. Las caricias con sus manos sobre mi pecho me fueron calmando la respiración todavía acelerada. Precisé de más minutos de refracción de lo normal. Se incorporó y para darme ese tiempo se acabó de quitar la ropa.

—Vamos a la ducha juntos. Quiero saborearte debajo del agua.
—Como Usted deseé Mi Señor.

Nos fuimos juntos a la cabina de ducha cogidos de la mano. La dejé pasar primero para admirarla por detrás. Me deleité viendo su espalda y acariciando su culo. Abrimos el grifo y el agua caliente invadió el espacio. Me abracé a ella por detrás mientras el calor reconfortante recorría nuestros cuerpos desnudos y cansados.

—¡Sujéteme! ¡Por favor! Mis piernas no me sostienen en pie.

La agarré por la cintura con más fuerza y la ayudé a sentarse. El agua seguía chorreándonos y calentándonos. Volqué un poco de gel en mi mano para podérselo extender por todo el cuerpo. La enjaboné con ternura. Su cuerpecito agradecía mis caricias. Una sonrisa de satisfacción y asentimiento afloró en su rostro.

Me enjaboné yo también y usando el grifo de teléfono nos enjuagamos los dos. Cogí una de las toallas nuevas que había comprado para la ocasión. La extendí y la abracé con ella para poderla secar. Se la dejé para que siguiese ella sola. Yo tenía que secarme también que estaba cogiendo un poco de frío por la evaporación del agua de mi cuerpo.

Vestidos y calzados apagué los escasos restos que quedaban de las velas en los candelabros. El aroma a vela apagada inundó la estancia. Recogimos la manta y la doblamos para otro día. Una vista rápida, una bolsa de plástico y los restos del festín a la basura.

Con el pomo de la puerta de entrada en una mano y en la otra la bolsa de plástico le hice un gesto con mi cara. Se acercó a mi para besarme como una enamorada a su enamorado.

—Te quiero —dijo ella.

Ya en el ascensor hizo un mohín para pedirme otro beso. Se lo negué. Se abalanzó y me lo robó.

—Ladrona de besos... ¿No te da vergüenza?
—Ninguna vergüenza —respondió—.Ese beso era mío y no me lo querías dar.
—Mañana tendrás una sorpresa especial —le dije.
—¿Qué es?
—He dicho que mañana. Aprenda a esperar señorita.
—Si Señor. Aprenderé a esperar lo cual no quita que me pueda impacientar.
—Mañana lo descubrirás.

Capítulo 22

El mañana de ayer era ya hoy. Me desperté muy pronto impaciente por conocer que iba a acontecer tras ese nuevo amanecer. Me asaltó la idea de bombardearlo a preguntas. Intentar saberlo desde primera hora de la mañana. Reclamarle lo que me había prometido. Una sorpresa para mí. Hacía tanto tiempo que nadie pensaba en prepararme una que ya no me acordaba de la emoción que se siente. El pensar ¿qué será? me mantiene en un estado de alegría contenida. Y yo me preguntaba ¿qué se le habrá ocurrido? Recuerdo con mucho cariño el momento que me regaló el collar que llevo puesto. Su collar. Desde aquel día no me lo he sacado del cuello. En mi memoria quedó el instante grabado. La tensión contenida al verme sorprendida. Arrodillada ante él. Sentir el roce cálido de sus manos en mi cuello. La sensación en mi piel del frío metal y de sus manos asegurándolo con el pasador. El cómo me sobresaltaron aquellas lágrimas furtivas que de mis ojos fluyeron. Me envolvió con sus brazos y sus labios rozaron los míos. Me sentí desvanecer al escuchar su voz susurrar en mis oídos... "Con este collar te hago mía".

Estuve impaciente desde el mismo instante que abrí los ojos. Creí haber recuperado aquella niña, que se perdió en el olvido, ilusionada de nuevo. Vi a Manolo zanganear en la cama. Sus ronquidos me exasperaban aunque ya me había acostumbrado a ello. Me levante para ponerme en marcha. Me metí en el baño, encendí la luz y me quedé de pie delante del espejo mural.

Había dormido con el camisón de raso negro. Desabroché los dos botones de mi camisón y lo deje resbalar por mis hombros. Lo vi caer a través del espejo hasta llegar a mis pies. Me quedé mirándome. Miré mi cuerpo desnudo. Un detalle sobresalía en mí. Su collar. La cola de topo que me regaló. Lo toqué con mis dedos. Lo acaricié. ¿Era mío? ¿Era suyo? ¿Por cuánto tiempo sería? Deseaba que fuese para toda la eternidad pero eso dependía de dos.

Me metí en la ducha. El calor de las gotas pasearse por mi cuerpo me recordaron la tarde del día de ayer. Su piel rozando la mía. Él tras de mi abrazándome. Sintiendo su aliento en mi boca. Me enjaboné y me aclaré sintiendo como poco a poco encarcelaba mi alma. Salí y me puse a secar el pelo. Un sonido peculiar me asalto en mis silencios. ¡Humm! Un WhatsApp.

Su sonido y esa redondita verde que aparece en la parte superior de mi teléfono me tenían a morir cada vez que sonaba ese silbidito característico y veía como se iluminaba. Le quité el sonido y lo puse en modo vibración.

—*Buenos días señorita. 7:02*
—*Buenos días Mi Señor. 7:02*
—*¿Teníamos algo para hoy? 7:03*
—*No sé. 7:03*

Será cabrón me tiene en ascuas y me viene a preguntar... no le pensaba dar el gustazo. No le iba a confesar que estaba ilusionada como una niña pequeña con zapatos nuevos.

—*Bueno... lo mirare en mi agenda 7:04*
—*Vale. Ya me dirá. 7:05*

No pensaba claudicar. Me moría de ganas de saber que se le había ocurrido pero no pensaba rogar por ello. Me dije a mi misma pórtate bien y no te delates.

—*Ya recuerdo, jejeje. 7:09*
—*¡Ah! ¿Sí? 7:11*
—*¿Te haces la tonta? 7:12*
—*No Mi Señor. Lo que usted diga. 7:13*

Una sonrisa interior se asomó por entre mis labios. Vi mi sonrisa en el espejo. Lo estaba llevando a mi terreno. Estaba a punto de conseguir mi primera gran batalla. Medité... ¿Primera gran batalla?...

Esa batalla ya la gané el primer día con la bandejita y su vasito de agua. —me dije complacida ante el espejo—. O cuando me salí con él a fumar aquel cigarrito en la fiesta.

> —*Me parece que me estas tomando el pelo. 7:15*
> —*No Mi Señor. Lo que usted diga. 7:16*

Me moría de risa. Ahora sí que se iba a mosquear. Me estaba burlando de él. Mi diablillo interior me decía... sigue así y veras como te castiga. ¡Humm! como deseaba los azotes de su mano en mi culo. Nunca pensé desear de esa forma. Resultaba embarazoso reconocer que me gustaba.

> —*¿Señorita? ¿Quiere hacerme enfadar?*
> *¿Quiere que en vez de premiarla la castigue? 7:20*

Si antes lo pienso, antes lo dice. Leer esas palabras "la castigue" encendió la llama otra vez. Un brote de calor me invadió.

> —*Castígueme si cree que lo merezco. 7:21*
> —*Pensaré en ello. No me haga sentir que me toma el pelo. 7:22*
> —*No Mi Señor. Lo que usted diga. 7:24*
> —*Las buenas perritas son obedientes y tú no lo eres. 7:26*
> —*¿Me va a castigar? 7:26*
> —*¿Me estas provocando deliberadamente? 7:28*
> —*¿Yo? No Mi Señor. 7:29*

Me lo estaba pasando en grande a riesgo de llegar tarde al trabajo. Alguien me firmaría el que llegue tarde "fijo que si".

> —*Que pilla eres. Pillaré a la pilla y la pillaré bien pillada. si la pilla se deja pillar. 7:30*
> —*Si Mi Señor. Me dejare pillar. 7:31*
> —*Hasta luego entonces. 7:31*

Me vestí apresuradamente. Nos habíamos dormido con tanto WhatsApp desde primera hora de la mañana. Suerte que me había pillado al salir de la ducha y con el pelo seco –pensé.

Solo tenía ganas que fuesen pasando las horas para poder llegar a descubrir esa maravillosa sorpresa que me tenía preparada. Estaba hecha un manojo de nervios. Anduve inquieta y excitada de camino al trabajo. Mi mente intentaba satisfacer mi curiosidad innata y cada pensamiento me mataba. No sé qué es peor –pensé– que te avisen con tiempo que vas a tener una sorpresa o tenerla sin ser avisada. Las dos opciones eran igual de válidas, solo que si estás avisada, la espera es mucho mayor.

–Buenos días Emma.
–Buenos días Mar.
–¿Qué tal te fue la tarde de ayer? ¿Qué te dijo el ginecólogo?
–Ya sabes Emma. Lo de siempre. Una revisión que se me pasó por alto.
–En cualquier caso me alegro que fuese bien.
–Gracias Emma. Por cierto ¿Pasaste el parte de ausencias?
–¡Oh! –haciéndose la despistada– Si mujer. Claro que me acordé de hacerlo.
–Muchas gracias Emma. No sé lo que haría sin ti. En ese instante apareció Sir Franc por la puerta. Elegante, altivo, varonil.
–Buenos días Emma. Buenos días Mar.
–Buenos días Sr. Franc.
–Ya os he dicho que Franc a secas.
–De acuerdo Franc.

Nada más lo vi meterse en el ascensor me escondí de Emma para enviarle un WhatsApp.

–*Quiero mi sorpresa. 9:02*
–*Impaciente. 9:02*
–*Llevo toda la noche esperándola. 9:03*
–*Y tendrás que esperar hasta las 13h. 9:03*

Bueno, algo es algo. Ya sé que la sorpresa será a las 13H o a partir de ese momento. El tiempo de espera acababa de acotarlo.

–*¿Un adelanto? 9:10*
–*No puede ser 9:12*

—Soy mujer. Es inevitable. 9:12
—Ya te he dicho cuándo será. No insistas. 9:13
—joooooo. 9:13
—Tengo trabajo. Hasta luego. 9:14

Me quedé algo cortada y cavilando. Igual me había pasado. No estábamos en terreno neutral. Fue avanzando la mañana y el umbral de las 13h sé estaba acercando. Mi impaciencia crecía por momentos. Era imperceptible pero sentía por toda mi espalda el vello erizado. ¿Qué me estaba haciendo aquel hombre para tenerme así? Solo era una sorpresa. No entendía. No comprendía. Mis emociones estaban rigiendo mi destino. ¿Y mi razón?

Miré mi móvil apresuradamente para ver la hora. Ya casi las 12:45h. Un nuevo WhatsApp que no había advertido. Hacía cuarenta y cinco minutos que me lo había enviado y yo sin enterarme. Lo abrí inmediatamente.

—En breve. Tu sorpresa estará en marcha. 12:00
—Perdone estoy con trabajo. 12:46
—Que excusa más tonta. 12:46
—Seguro que ahora me vas a explicar que tienes un jefe cabrón que te controla. 12:47
—Pues ahora que lo dice... 12:48
—Tendré que hablar con él. 12:49
—Hágalo. Me vendrá bien que alguien le diga que me respete un poco más. 12:50
—Lo haré el próximo día que le vea. 12:52
—Muchas gracias. 12:53
—Vete preparando. Al salir... 12:5
—¿Qué? 12:55
—¿Impaciente?... 12:55
—Mucho. 12:56
—Te he enviado un correo tienes instrucciones a seguir para tu... 12:57
—Voy. 12:58

Manipulé con celeridad el teléfono móvil para acceder al correo electrónico. Ahí estaba. Un correo suyo esperando a ser abierto. Mis dedos temblaban por la emoción. Se me atascó al abrirse. ¿Fue el correo o la conexión? ¡Por favor! —exclamé para mis adentros.

Cerré y volví a abrir y si, por fin su misiva. Abierta y a mi disposición.

Hola pequeña:
Te prometí una sorpresa para hoy. Para acceder a ella vas a tener
que seguir unas instrucciones.
1) Al salir del trabajo hoy a las 13h te dirijas a la calle horizontal,
18
2) Verás que hay un local "Tatusamil" entra y pregunta por
Salva.
3) Dices que eres Mar y que vas de parte de Franc. Tienes hora
reservada.
4) Haz todo cuanto te diga Salva. Él ya tienes las instrucciones.
Un beso
Sir Franc.

El tiempo se me echaba encima. Salí a toda prisa para no perder la costumbre. Tome camino a la dirección que me había indicado Franc. Me corroía en saber que se le habría pasado por la imaginación. ¿Tatusamil? Tenía todas las pintas de ser lo que parecía ser. No me paré a pensarlo. Era su sorpresa y yo no iba a estropearlo así que con paso enérgico y atropelladamente por la premura del tiempo llegue a mi destino.

—Buenos días. ¿Salva?
—Si soy yo. ¿Que desea?
—Soy Mar —murmuré.
—¡Oh! sí. Viene por el encargo del Sr. Franc. ¿Quiere conocer el motivo?

Me asaltaron las dudas. ¿Debía saber cuál era el encargo? ¿Era propio que lo preguntase? Él había decidido... ¿Debía aceptarlo? ¿Era una sorpresa? El tal Salva me iba a marcar por cuenta de Franc. ¿Me estaba permitido opinar siquiera?

—Si por favor. Es una sorpresa pero me gustaría...
—No se preocupe Mar... Mire... es un tatuaje en el tobillo. Fíjese que bonito. Es un cordón dorado y justo encima del hueso del tobillo un triskel.
—Un tris... ¿qué?
—Un triskel. Es un símbolo celta.
—Si esa es la sorpresa, adelante. Ya puede empezar. ¿Qué representa?
—Bueno, es algo ancestral. En la cultura celta representaba la evolución

y el crecimiento. También representaba el equilibrio entre cuerpo, mente y espíritu. Se estima que representaba la eterna evolución, el movimiento, la vibración y el perpetuo aprendizaje. ¿Lo quiere ver antes de hacerlo?

–Si. Claro. Ahora ya es curiosidad

–Mire, lo tenía aquí preparado para usarlo de modelo.

–Vaya. ¡Qué original! Y... ¿Qué más significa?

–Por lo que conozco la palabra triskel proviene del bretón, "tri" significa tres y "askell" alas.

–Perdone Salva. No me refería a eso. Usted ha entendido perfectamente mi pregunta.

–Disculpe Mar. No me atrevía a...

–Pues atrévase porque usted me lo va a tatuar en mi cuerpo y yo quiero saber a qué atenerme. La explicación que me ha dado a nivel de curiosidad está muy bien y me sacará de más de un apuro, pero... necesito saber algo más.

–Vera usted Mar, en el mundo BDSM significa el triple credo: seguro, sensato y consensuado. También representa las tres tendencias en el BDSM: el dominante, el pasivo y el switch.

–Salva, empiece cuando desee.

–Mire Mar no creo que lo podamos hacer todo en un solo día, así que empezaremos por el cordón y en un par de sesiones lo tendrá terminado y luego nos centraremos en el triskel. ¿Le parece bien?

–Me parece estupendo. Ya puede empezar. ¿Tarda mucho?

–Hora y media cada sesión, más o menos. Si nadie molesta, si no llaman al teléfono, etc, etc.

Me subí a la camilla que Salva utilizaba para el menester. Abandoné mi tobillo para que él pudiese trabajar. Me tumbé y me relajé. Teléfono en mano abrí el WhatsApp. La redondita verde me avisaba que tenía uno pendiente de leer. Me apresuré a abrirlo.

–¿Te ha gustado la sorpresa? 13:35
–Si. Es una bonita sorpresa. 13:39
–¿Lo vas a llevar con orgullo? 13:41
–Por supuesto. Además es una buena elección. 13:42

Sin darme cuenta Salva había avanzado en su trabajo. Ya se podría empezar a ver en el contorno del tobillo unas primeras líneas que lo circundaban. Los primeros esbozos de lo que iba a ser el cordón dorado.

–Me gusta. Está quedando bien. 14:35
–Lo tendré que comprobar 14:36

El timbre de la puerta sonó e interrumpió a Salva de su trabajo y a mí de mis pensamientos. Salva salió a ver quién era. Una sonrisa de satisfacción se dibujó en mi rostro. Mi controlador venía a controlarme.

–¿Qué? ¿Cómo está quedando el cordón de mi chica?

Salva hizo un gesto complaciente para mostrar su arte sobre mi tobillo. Franc se acercó. Me miró a los ojos y su sonrisa se congració con la mía.

–Hola Franc
–Hola Mar

Me saludó con cariño mientras me sujetaba el otro tobillo.

–¿Te gusta la sorpresa?

—¡Hummm! Me gustará más cuando esté terminado y lo pueda lucir.

—Cuando esté terminado el primero en besar el triskel seré yo.

—Franc tú serás el primero y el único que lo bese. Nunca nadie lo besará.

—Será un honor para mí.

—El honor será mío Mi Señor.

A todo esto Salva, que estaba ahí en medio, ponía cara de circunstancias. Me di cuenta que los últimos comentarios lo habían dejado un poco descolocado. No debe de ser muy habitual que alguien que debe estar acostumbrado a escuchar de todo en su sala de tatús se descoloque.

—Si quieren por mi lo podemos dejar por hoy ya hemos avanzado —dijo Salva—. Para desatascar el momento se puso de forma compulsiva a limpiar con una gasa el trozo recién dibujado del cordón.

—Gracias Salva —dijo Franc.

Me soltó el tobillo y me cogió del codo para ayudarme a incorporar. Yo hubiera podido sola. Era una galantería propia de Franc. Me incorporé de la camilla. Me puse de pie en el suelo. Me coloqué los zapatos guardando el equilibrio y mirando de no caerme. Primero uno y después el otro. Franc salió delante de mí y yo le seguí como ya empezaba a ser habitual. Pasamos frente a Salva y nos despedimos de él.

—¿Dónde vamos ahora?

—Es otra sorpresa...Tengo una mesa reservada cerca de aquí.

El delante y yo detrás a cierta distancia. Así anduvimos unos minutos, hasta que llegamos al lugar donde tenía mesa reservada, era un lujoso restaurante. Él se quedó parado en la puerta para ganar tiempo y esperar a que yo llegase. Cuando estuve a poco menos de un metro me abrió la puerta y con un gesto de su mano me hizo pasar. Dentro nos estaba esperando un camarero muy gentil.

—Buenas tardes. Tengo mesa reservada a nombre de Franc.

Fue decir su nombre y el camarero hizo un gesto de asentimiento y familiaridad como si le conociese de toda la vida. El camarero nos guió a un reservado que tenía ese restaurante. Era una habitación muy exclusiva, entramos y tras de nosotros se cerró la puerta. El lugar estaba muy bien acondicionado ideal para que nadie molestase ni tan siquiera tener que escuchar conversaciones ajenas. La temperatura ambiente estaba adecuada para no pasar ni frío ni calor. Una luz suficiente para los menesteres culinarios y para los que habían reservado esa sala. Una mesa para dos personas muy bien preparada, copas de cristal, mantel blanco hasta el suelo, ideal para una buena comida. Se acercó a mí por detrás y me sujetó por mis hombros. Olisqueó mi pelo para percibir su aroma.

—Mar permíteme tu chaqueta y tu bolso, aquí no lo vas a necesitar.

Accedí sin rechistar. Mientras me ayudaba a retirarme la chaqueta dancé sensualmente delante de él. Me despojé de cada una de las mangas removiendo mis hombros al mismo tiempo que mis caderas dibujaban un número ocho en el aire con movimientos circulares. Dejó la chaqueta y el bolso en un perchero que a tal fin había situado en la entrada del reservado.

Me cogió por la cintura y me guio a la que había decidido que tenía que ser mi silla. Con una mano la apartó para que pudiese tomar asiento. Con la otra mano acompañó mi cuerpo para que tomase asiento.

Se sentó frente a mí y nada más sentarme clavó su mirada en mis ojos. Baje mi mirada. Él me obligó a levantar mis ojos y mirarle. Su mirada clamaba pasión. La mía un deseo incontenible que no podía evitar.

—Mar ¿Que te sucede?
—Mi Señor, no sé si me está permitido, pero quiero decirle una cosa.
—Bueno mi niña, ¿Qué quieres decirme?
—¿Puedo?
—Si
—¿De verdad me da permiso mi Señor?
—No te he dicho que si...
—Mi Señor, hoy no puedo contener mi deseo por usted.

Él sabía que no debía sucumbir a mi provocación. Si aceptaba el reto, ¿Qué iba a pensar él de sí mismo?, ¿Qué clase de Dominante era él que se dejaba llevar al primer requerimiento mío?

Hice trampas y entreabrí mis labios para provocarlo. Le enseñé la punta de mi lengua que puse sobre mi labio superior. Desde ahí rodeé el contorno de mis labios empezando a girar a mi derecha para humedecerlos. Fue la gota que colmó el vaso de su deseo. Me miró fijamente a los ojos y me dijo...

—Obedéceme. No quiero escuchar ni un solo sonido salir de tu boca.

Ahora mismo quiero que te pongas debajo de la mesa y te ocultes con este gran mantel que la cubre.

No tardé ni diez segundos en estar agazapada y bien tapada con el mantel debajo de la mesa. En aquel instante llegó el simpático camarero que nos atendió al entrar. Todo mi cuerpo estaba tembloroso por la situación pero deseaba ser su máquina de placer. Su sumisa. Su esclava.

—¿Los señores han decidido?
—Si. Yo pediré por los dos, mi acompañante ha tenido que salir un momento fuera
—No se preocupe yo le tomo nota.

Mientras con una mano sujetaba la carta, que mantenía entre su pecho y la mesa, con la otra mano por debajo del mantel me agarró del pelo y me acercó a él con energía. Mi frente quedó justo delante de sus rodillas.

Tan pronto como acabó de redactar lo que íbamos a comer, escuché su elección del vino. Un exquisito cabernet sauvignon rosado. El camarero salió diligentemente con la comanda dejándonos solos.

Todavía dejó pasar unos largos treinta segundos. Aproveché para tomar un poco de aire. La tensión que pasé había sido grande. Solo el pensar que aquel camarero tan atento hubiese tenido la tentación de colocar mejor el mantel o quizás haber movido la mesa, habría descubierto que en el comedor privado no estaban ellos dos solos, sino que debajo de la mesa estaba la acompañante femenina. La mano, con la que me tenía agarrada de los pelos, me soltó para cogerme por mi nuca. Acompañó mi cabeza hacía él y la apoyó en sus piernas. Me quedé sin moverme. No veía su cara, pero intuía su gesto.

En el silencio del comedor privado escuché el descorrer de su cremallera metálica. Me moví con suma rapidez y me sujeté con las manos en sus piernas. Tan pronto asomó un poco su falo mis labios lo succionaron. Lo tomé en mi poder y ya solo fui presa de su pasión y de mi deseo. Lo saboreé con sumo placer, tacto y delicadeza. Era devoción lo que su pene me provocaba. Deseaba ser una autentica sumisa fálica. Lo adoraba y rendía pleitesía cada vez que me daba la oportunidad de llevármelo a la boca. No tarde en sentir sus evoluciones. Las palpitaciones previas a toda eyaculación se habían hecho presentes. Otra vez mi regalo. Supuse que él no podría contenerse mucho más y así fue. Se vació en mí sin poder hacer otra cosa que abandonarse al placer que solo yo sabía darle. Lo escuche jadear como un animal satisfecho. Mi atormentada garganta agradecía el calor de su fluido. Me recompuse y salí de debajo de la mesa. Aún jadeaba cuando me senté.

El repicar en la puerta de unos nudillos nos devolvió a los dos a la cordura. Apareció de nuevo el camarero simpático con parte de nuestros encargos. En sus manos una cubitera y una botella bien fresquita del cabernet sauvignon rosado que Franc había pedido. La descorchó delante de nosotros y sirvió una muestra en su copa. Él hizo los honores de la cata. Lo saboreó e hizo un gesto con su cabeza de aceptación. El camarero lleno las dos copas, dejó la botella en la cubitera y se marchó.

    —Mar —dijo Franc levantando su copa.
    —¿Si? —dije con una sonrisa en los labios.
    —Un brindis por ti.
    —Gracias. ¡Chin! ¡Chin!
    —¡Chin! ¡Chin!
    —¡Humm! ¡Qué vino más exquisito! —dije

Me deleité saboreándolo. ¡Qué vino más rico!. Introduje mi nariz en la copa para olisquearlo. Desprendía un agradable aroma a frutas silvestres. Un inconfundible sabor al tragar me transportaba.

    —¿Te ha dicho Salva cuanto tiempo va a tardar en terminar?
    —Si. Me ha comentado que dos sesiones para el cordón y que luego ya se verá para el triskel.
    —Bueno. ¿Sabes que en unos días está aquí Dimitri?
    —Y eso ¿Qué quiere decir?
    —Pues que no nos vamos a poder ver salvo en la empresa. Estaré todos los días ocupado con él. Para comer, para cenar y para todo.
    —Aprovecharé para que Salva termine el cordón y empiece el triskel.
    —Si puedo escaparme un día no dudes que te lo diré. Pero sobre todo Dimitri no debe darse cuenta de nada. Es muy perceptivo. Tiene como

un radar que lo capta todo.

—Tranquilo ni te mirare. Pero tú tampoco me mires a mí. Va a estar más contigo que conmigo así que tu mismo.

—En eso llevas razón.

—¿Cuándo viene Dimitri?

—Pasado mañana está aquí. Pero ahora vamos a disfrutar de esta comida. ¿Vale?

—Desde luego que sí —le dije.

El camarero volvió a aparecer siguiendo el protocolo de llamar a la puerta con los nudillos. Entró con un carrito de ruedas donde llevaba una bandeja con los primeros platos. Se acercó a la mesa. Para sorpresa mía vi el colorido de los platos y su presentación. Aquella presentación era una obra de arte. Unos huevos fritos de codorniz con virutas de foie sobre tostadas de pan y una pincelada con una reducción de vinagre de Módena. Nos sirvió los platos con mucha profesionalidad. Sonrió y esperó a ver como iniciábamos la cata del manjar que nos había traído. Se quedó un instante para rellenar las copas ya casi vacías y se fue dejándonos en nuestra intimidad.

—Intuyo que vamos a estar unos días sin vernos. ¿Verdad?

—Creo que si mi niña.

—Bueno tan pronto Salva termine su trabajo te lo diré.

—Pobre de ti si no lo haces.

—Y ¿sí no lo hago? ¿Me va a castigar Mi Señor?

—Ahora vamos a comer. No me hagas pensar en castigos. Empiezo a tener toda la sangre en el estómago y no quiero que se vaya a otra parte.

—¡Qué bueno que está esto Franc!

—Estos huevos de codorniz están tremendamente ricos.

Levanté la copa de vino al tiempo que Franc hacía lo mismo. Las unimos de nuevo en el centro de la mesa. El sonido de su contacto me hizo sentir el contacto de nuestras almas. Esas dos copas juntas, unidas y entrelazadas, eran el reflejo de nosotros mismos.

—Señor profesor... ¿Tengo nota para los ejercicios de hoy?

—Apuntaremos a la alumna una matrícula de honor que se la ha ganado con creces.

La comida continuó en un ambiente distendido. No era una despedida pero ambos sabíamos que íbamos a estar unos días sin podernos ver cómo sería nuestro deseo. Algo había de tristeza que sobrevolaba el ambiente. Ninguno de los dos dijimos nada. Éramos conscientes de esa realidad. Entre copa y copa apuramos la primera botella de vino. Empezaba a sentir sus efectos embriagadores. Mis ojos empezaban a sentir los efectos etílicos de ese caldo magnífico. Sentía como se me enturbiaba la vista por momentos.

—Mar, ¿Pedimos otra botella?

—Por mi vale, pero... ¿Luego no sé cómo voy a trabajar con tanto vino encima?

—Pediremos una botella de agua para beber y otra del mismo vino para degustar.

—¿Tu lo que quieres es que coja una trompa de campeonato para hacer de mi lo que deseas?

—¿Y qué deseo? —sonrió al enunciar la pregunta.

—Tu lo que quieres es hacerme una perdida.

—Yo lo que quiero es que te pierdas conmigo.

Volvió a sonar el repicar en la puerta. El camarero apareció con los segundos platos.

—Se han quedado sin vino. ¿Desean otra botella?

—Si por favor, otra de vino y una de agua sin gas —dijo Franc.

—Enseguida se las traigo.

El camarero desapareció con toda celeridad en busca del encargo. Asomaban en el carrito los segundos platos. El inconfundible aroma llegaba hasta donde yo estaba. Mire a Franc. Extendió su mano sobre la mesa. La cogí con la mía. Era una mano cálida y cargada de energía. Cuando me agarraba con ella sentía su fuerza. Una nueva llamada a la puerta nos advirtió del regreso del camarero con el vino y el agua. Se acercó a la mesa y llenó las copas. Nos presentó los segundos. Un magret de pato con cerezas de San Clemente, los colocó y salió de la sala dejándonos solos

—¿Cuántos días va a estar Dimitri aquí?

—Creo que solo una semana pero es tan sorpresivo que puede que este menos días o más días. Eso solo depende de él.

—Ten por seguro que en una semana el triskel estará terminado.—dije convencida.

—Ver mi regalo terminado será un aliciente añadido a la espera.

Seguimos un buen rato en silencio degustando la comida. La inesperada visita de Dimitri era un inconveniente. La presión en mi pecho me causaba dolor. Este hombre me tenía cautivada. Me dije a mi misma "Solo es una semana". La resistiré.

Capítulo 23

Un nuevo despertar. La confirmación que una parte importante de mis sueños se hacían realidad. Darle la libertad a mi otro yo y vivir su resurgir. Mirándome al espejo mientras me afeitaba me dije —tienes mucha suerte Franc.

Hoy iba a ser el inicio de una semana de infarto. En pocas horas iba a tener a Dimitri aquí soplándome por detrás de la oreja. Desayunando juntos, comiendo juntos, cenando juntos. Haciéndolo todo juntos. Bueno todo menos las necesidades básicas y dormir juntos. El resto juntos.

Tenía prisa por llegar a la oficina. Organizar y dar todas las instrucciones para preparar un buen recibimiento a Dimitri. La verdad que me hacía ilusión verle de nuevo. Era un gran amigo que se había convertido en mi jefe. Solo que ahora estaba también Mar. Mi relación con Mar era apasionante. Todo lo que me estaba sucediendo me parecía un sueño.

—Tengo un reto para ti. 07:11
—Usted dirá Señor. 7:12
—24 + 1. 7:14
—¿Una suma? 7:16
—Una adición. 7:18
—Pensaré en su significado. 7:20

Como cada mañana salí a toda velocidad en dirección a la oficina. Salir de mi garaje y llegar a mi destino en un santiamén. Lo de entrar ya fue otra cosa. Advertí a Emma entretenida en una llamada telefónica. Mar en una esquina de la recepción y fuera del alcance de su compañera recibió una mirada cruzada con la que la fulminé. Su lenguaje corporal me indicaba que estaba temblando. Llegué al ascensor y apreté el botón de llamada. La alarma del WhatsApp sonó justo se abrieron las puertas.

—Sé que no es Su Mar ni una adición en sí. 8:10
—Sigue usando tus neuronas. 8:11
—Una adición con dos "c" es una adición. 8:15
—Señorita el jefe acaba de llegar a su despacho y me consta que tiene mucho trabajo

hoy 8:17
—Ok. 8:17
Me consta que el jefe la llamará más de una vez hoy. 8:19
—Ok. 8:19

—Astrid. Pasa un momento al despacho por favor. Vamos a organizar el día. Hoy va a ser intenso como el café.

—Inmediatamente Franc. ¿Qué pasa hoy?

—Hoy llega Dimitri. Tenemos que hacer un despliegue de energías para hacer que se sienta como en casa. Me consta que trae muy buenas noticias para todos. No le quiero estropear sus sorpresas así que no hay que comentarlo con nadie. Él no sabe que yo lo sé.

—¿Qué hacemos Franc? ¿En qué has pensado?

—Por lo pronto da instrucciones a Charly para que lo tenga previsto y lo vaya a recoger al aeropuerto. Toma nota su número de vuelo es TWA 6037. Según la información que tengo llega a las 12,46h. Compruébalo. Por favor.

—De acuerdo. Lo verifico todo.

—Reserva mesa en el restaurante "Arlekin" recuerdo que le gustó la otra vez que fuimos.

—De acuerdo. Franc tengo una idea. ¿Por qué no vas con Charly a recogerlo al aeropuerto? ¿No será más cálido?

—Tienes razón Astrid.

—Franc ve tranquilo yo me encargo de todo.

—Entonces por hoy ya tendremos el día completo. Al mediodía al aeropuerto, de regreso pasar por el hotel que haya reservado Dimitri, luego a comer y a la tarde a empezar con las reuniones de trabajo.

—Bien planeado.

—Bueno. Es un plan. Habrá que ver si Dimitri no lleva otros planes y hace que todo lo previsto se desvanezca y nos rompa la agenda. Cuando le pases el encargo a Charly dile que me espere. Tienes razón será más cálido y agradable. No está en su país. Qué menos que le vaya a recoger.

Un nuevo mensaje de WhatsApp

—24 + 1 ¿Es lo que estoy pensando? 9:01
—Desconozco lo que estás pensando 9:04

—¿Esa suma se refiere a algo que puede ocurrir? 9:05
—Podría ser así. Si. 9:06
—(Su Mar) + sigue pensando... 9:07
—Así me gusta. Chica obstinada. Llegarás lejos. 9:10

La preparación de esa visita nos llevó buena parte de la mañana. Entre propuestas y contrapropuestas. Ideas y más ideas, todo para agradar a nuestro jefe, mi amigo. Con tanto ajetreo se nos fue la hora.

—Astrid, ¡Que se nos ha pasado el tiempo!
—Lo siento Franc, lo tenía que haber controlado mejor.
—No pasa nada, tranquila. Ve llamando a Charly y que me espere abajo que yo voy por la chaqueta y luego reserva para comer donde te he dicho.

Salí a toda prisa de mi despacho y tomé el ascensor. Al pasar por recepción una mirada furtiva a Emma y directo a la puerta de entrada o salida, según se mire. Charly estaba ya con el coche preparado esperándome. Me subí al coche y tomamos camino del aeropuerto. En mi bolsillo empezó a vibrar mi teléfono móvil. Un mensaje de WhatsApp

—¿Dónde ibas con tantas prisas
—No te he visto salir. 11.45
—Entonces ¿Cómo sabes que he salido? 11:46
—Porque me lo ha dicho Emma. 11.47
—Me ha dicho que has salido a toda prisa 11.47
—Voy al aeropuerto. Ahora te dejo. 11:48

Nos faltaba poco para llegar a destino. Le dije a Charly que me acercase a la terminal y nos esperase en el mismo lugar que me dejaba. Así sería más fácil volverlo a encontrar. Llegamos, me bajé y tomé camino hacia la zona de las llegadas internacionales. Vi en el panel de avisos el número de vuelo de Dimitri. Puerta 53. Me encaminé hacía la valla de separación de los que llegaban y los que esperaban. Miré mi reloj intranquilo y nervioso. Intuí que ya había aterrizado. Mentalmente hice su recorrido calculando por donde estaría caminando en cada momento. Un cúmulo de personas empezaron a desfilar con sus maletas. De entre la multitud vi su cara aparecer al fondo del pasillo. Un brote de extrema alegría me sobresaltó. Me vinieron ganas de abrazarlo en aquel mismo momento. Ya lo tenía aquí pero aún tuve que esperar unos breves instantes para tenerlo bien cerca y poderlo hacer.

Nos deshicimos de nuestro abrazo y me cogió con sus manos de los hombros. Nos miramos a los ojos. Los dos lagrimeábamos. No era consciente de que lo había añorado. Él tampoco hasta ese momento. Se cogió amigablemente de mi brazo y estirando con la otra mano de su maleta nos pusimos a caminar por aquella inacabable terminal en busca de Charly.

—¡Qué ganas tenía de verte!

—Pues ya me tienes. ¿Qué tal el vuelo?

—Como siempre Franc. Viajando en bussiness casi ni te enteras. Son muy cómodos esos butacones. Hay mucho espacio entre uno y otro. La atención es de primera. Ya lo comprobarás la próxima primavera.

—¡Ah! ¿Sí? ¿Y eso?

—Porque te vas a venir a mi casa unos días. Hace tiempo que quería invitarte a venir y ahora más que nunca. Además no tienes excusa.

—Bueno aún queda para la primavera. Vamos a disfrutar ahora de estos días. ¿Qué tienes pensado Dimitri?

—Lo primero es lo primero.

—Y ¿qué es lo primero?

—Ir al hotel a cambiarme y luego lo que tú digas.

—No te creo. ¿Me vas a dejar hacer a mí?

—Pues claro. Hoy tú eres el anfitrión.

—¿Solo hoy?

—Jejeje Franc déjame ser bueno.

—Pues prepárate porque iremos a comer a un sitio que te gusta mucho.

—Déjame pensar donde... ¡bah! no te voy a romper la sorpresa. Tú llévame.

A través de la cristalera del aeropuerto vi el coche donde habíamos acordado. Charly nos estaba esperando con su impecable uniforme. Llegamos y nos abrió la puerta del coche con suma elegancia. Cedí el paso a Dimitri e inmediatamente me subí yo. Tras de mi Charly cerró la puerta. Dio la vuelta al coche por detrás para poner la maleta de Dimitri en el maletero. Entró por su puerta y se puso al volante.

—¿Hacia dónde vamos?

—Charly, llévenos al Hotel Calton —dijo Dimitri.

—¡Vaya! ¿Te hospedas en el Calton?

–Si ¿Por qué me lo preguntas con esa cara de sorpresa?

–Ya lo sabes. Porque está enfrente de mi antiguo despacho.

–Si eso ya lo sé. ¿Aún lo tienes el despacho?

No pensaba dejarme atrapar por este experto indagador. Estaba preparado para esa pregunta. Ya sabía que mientras durase su estancia no iba a poder tener ningún encuentro con Mar. Sabiendo que estaba en el hotel de enfrente mucho menos iba a tener la intención de tentar la suerte.

–No. Lo dejé siguiendo tus instrucciones. Me trasladé tal y como tú me sugeriste. Astrid me ayudó a organizar el archivo de todo.

–¡Qué pena! Con los recuerdos que me trae tú antiguo despacho.

–El que tengo ahora es mejor. Además tengo una mesa muy bonita para poner los pies.

Nos pusimos a reír a carcajadas por el recuerdo de aquel primer día con los pies en la mesa de centro. Nuestra complicidad seguía inalterable. Miré por la ventanilla del coche cuando asomaba la fachada del Calton.

–Dimitri ya hemos llegado. –dije en voz alta– Mientras te registras te esperaré en la cafetería.

–No te haré esperar más de diez minutos. Solo es dejar la maleta en recepción. Ya me la subirán.

–¿Me dará tiempo de un cortado?

–Depende de lo rápido que te lo bebas.

Su sonrisa socarrona asomó de nuevo dejando ver su blanca dentadura recién salida de fábrica.

–Charly, espérenos aquí. Volvemos enseguida.

Charly asintió mientras yo bajaba a coger la maleta de Dimitri. Él bajó por su puerta y los dos nos encontramos en la parte trasera del coche. Ya tenía su maleta cuando se me quedó mirando.

–¡Qué pena que dejases ese despacho.

–Ya te lo he dicho. Hice lo que me dijiste.

–Si, pero no deja de ser una pena.

¿Me quería sonsacar? ¿No iba a cambiar? Siempre al acecho. Incluso conmigo. Estaba convencido que algo intuía pero no le iba a dejar que lo descubriese. Ya no le iba a permitir nunca más que fuese mi sombra ni que indagase en mi mente. Entramos en el hotel. Él se fue a recepción y yo me fui a la cafetería.

Me acababan de servir el cortado y ya lo tenía a mis espaldas.

—Ves Franc ya te he insinuado que no te daría tiempo.
—Ya me voy acostumbrando a tu rapidez en todo. ¿Quieres uno?
—Ya que me lo ofreces... Si
—Camarero por favor, otro cortado para el señor.
—Ahora te lo podrás tomar tranquilamente Franc y hasta me vas a tener que esperar. Jejeje —su sonrisa socarrona asomó de nuevo—.

Salimos de la cafetería en dirección al coche donde Charly nos estaba esperado. Dimitri abrió la puerta y antes de sentarse hecho una mirada a la ventana de mi antiguo despacho.

—¡Qué lástima que lo dejases! —exclamó.
—No le des más vueltas —le dije—. Vamos a trabajar.

Nos sentamos y Charly se encaminó hacía Naval Dinamic.

—¿Sabes por qué he venido?
—Me lo puedo figurar. Leo la prensa a diario.
—¿Lo sabes? ¿Me vas a reventar la noticia?

Hice un gesto con la cara llevándome el dedo a la boca para indicar silencio. Miré a Charly para cerciorarme que no estaba por nuestra conversación y le susurré al oído.

—Por supuesto que no Dimitri, pero si yo lo he leído lo puede haber leído cualquiera.
—Me conformo con la idea que nadie haya reparado en el periódico que tú has leído porque me hace ilusión dar la noticia —dijo Dimitri.
—Espero que no.

El coche se detuvo delante de la puerta principal. Descendimos del vehículo cada uno por su lado y nos encaminamos a la puerta acristalada que se abrió de par en par. Entramos. Unos pasos por la alfombra roja y llegamos a recepción. Al pasar por delante de Emma, sorprendida, saludó efusivamente.

—¡Qué sorpresa más grata Dimitri! ¿Va a estar muchos días entre nosotros?

—Espero estar unos días por aquí. Emma no quiero ser desagradable pero tenemos prisa por subir al despacho. Salude a Mar cuando la vea.

—Así lo haré Dimitri.

Tomamos el ascensor camino a la planta noble. Una vez se cerró la puerta mi incisivo amigo no perdió la oportunidad para hacer su comentario.

—¿Qué tal la recepcionista?

Algo así me estaba esperando. Hacía un buen rato que ya mascaba algo así. Empezó sacando a la palestra el tema del antiguo despacho. Como si intuyese algo el muy...

—Muy bien. Está trabajado con mucha ilusión. De hecho se ve a todas las personas muy ilusionadas y con muchas ganas. Buena gente.

—Supongo que ya has hecho tus valoraciones.

—Hola buenos días Astrid —dijo Dimitri.

—Buenos días Sr. Dimitri.

—Astrid, por favor, Dimitri solo. ¿De acuerdo?

—De acuerdo.

—Astrid pasamos al despacho. Si te necesito te llamaré.

—Lo tengo todo preparado Franc. Cuando me digas...

—Ok.

Abrí la puerta del despacho y cedí el paso a Dimitri. Con un gesto elocuente de mi mano derecha le mostré la mesa de centro y le invité a usarla.

—No gracias Franc, vamos por trabajo. Nos pondremos en la mesa de reuniones que tengo muchas cosas en esta carpeta para tratar contigo.

Una sonrisa interior me sobrevino sin aflorarla a mis labios. Mi "alter ego" pugnaba por salir a pasear y lucirse unos segundos.

—¿Qué llevas en la carpeta Dimitri? ¿Tres remolcadores?

Me miró de soslayo. Sin sorpresa aparente. Tuve la sensación de estar viviendo mis dos segundos de gloria. En algún lugar de su cara vi que había dado en el blanco. En su línea de flotación. Sus pupilas se dirigían a mí, alteradas, inquietas, moviéndose imperceptiblemente de derecha a izquierda.

–Si Franc. Tres remolcadores para el gobierno ucraniano.

Me respondió aparentando que no se inmutaba. Aunque yo sabía que no le gustaba sentir que no estaba controlando. Que alguien más sabía lo que se llevaba entre manos. Su intento de descolocarme cuando pregunto por la recepcionista le había salido mal. Ahora le llevaba ventaja.

–¿Tú me quieres chafar la sorpresa?
–No me digas eso Dimitri. ¿No crees que mi trabajo consiste en estar informado?
–Tienes razón Franc. Ya sabes como soy. Venga que te enseño todo lo que he traído.

Abrió la carpeta y empezó con su habitual ritual llenando la mesa de papeles apilados. Hizo tres pilas mientras iba comentando...

–Aquí los contratos, aquí las especificaciones técnicas y aquí los otros contratos.
–¿Otros contratos? –dije extrañado.
–Sí. Tu amigo Dimitri haciendo negocios.
–No te entiendo... ¿Qué otros contratos? ¿Qué negocios te traes entre manos?
–Permíteme que lo disfrute contigo.
–Sigo sin entenderte.
–Déjame que te lo explique y lo entenderás.
–Soy todo oídos.
–Franc he llegado a un acuerdo muy ventajoso para mí con el gobierno ucraniano. Ellos necesitan tres remolcadores pero no tienen efectivo para el pago. Lo que si tienen es petróleo. He hecho un canje. Un cambio de cromos. He cambiado los tres remolcadores por petróleo. ¿Qué te parece?
–Lo de los remolcadores me parece bien, pero no sé qué vas a hacer con el petróleo.
–Di mejor lo que vamos a hacer.

—Ya me estas liando otra vez.

—Claro. Te pensabas que te ibas a salvar. Eso te pasa por saber las noticias antes que yo te las cuente.

Ambos reímos de su ocurrencia no sin quedarme algo descolocado.

—Veamos que se le ha ocurrido esta vez al señorito —dije engreído como un pavo real.

—Como vas tan deprisa y no me das tiempo de explicarme...

—Vale, te escucho. No voy a decir nada hasta que termines.

—Bien. Mejor. Como te estaba intentando explicar he hecho un cambio de cromos bastante ventajoso. El petróleo por el que he cambiado los tres remolcadores es refinado y además lo puedo ir recibiendo a cuenta desde ahora mismo, con lo que puedo obtener liquidez antes de empezar la construcción de los remolcadores. Además el petróleo refinado es a precio de coste con lo que si se gestiona bien el diferencial del coste más el transporte es para nuestra caja. Aquí es donde entras tú. Vamos a ganar por las dos partes, con la venta de los remolcadores y con el petróleo refinado.

—Aun no entiendo como entro yo en el tema del petróleo.

—Fácil Franc. Ya que estamos metidos en el mundo naval, vamos a organizar el suministro de combustible para grandes embarcaciones desde la misma zona franca. Así nos evitamos impuestos. Vendría a ser como una operación triangular sin tributación en destino.

—Si tú lo ves tan fácil lo será. Te dejo que me lo expliques mientras comemos. Te invito

—Me parece muy bien. ¿Dónde me invitas?

—¡Ah! Sorpresa. Tenemos mesa reservada.

Recogió sus papeles y los metió de nuevo en su carpeta.

—¿Dónde me la puedes guardar?

—Se la dejaremos a Astrid. Ella dará buena cuenta de su custodia.

Salimos del despacho camino del Arlekin. No pensaba decirle donde íbamos a comer. Una sorpresa es una sorpresa. Con las pocas ocasiones que me dejaba ésta la iba a aprovechar. La carpeta de Dimitri se la dejamos a Astrid para que nos la entregase a nuestra vuelta y tomamos el ascensor.

Dibujé líneas imaginarias en el aire recreando los rasgos de la cara de Mar. Su dulzura vino a mi memoria. Mi alma sonrió. Intuí que la iba a ver y que tendría que hacer un quiebro en mi rostro para que Dimitri no sospechase nada. Ese pensamiento me entretuvo mientras bajábamos. Me estaba tensando por momentos. Sabía que no podía permitir ningún asomo de nuestra realidad así que tomé aire con disimulo y lo expulsé al tiempo que se abrían las puertas.

Al salir del ascensor casi nos damos de bruces con ella que lo estaba esperando. En una impecable interpretación sonrió a los dos. Nos miró a los ojos, primero a mí y luego se dirigió a Dimitri.

—¡Que alegría Dimitri!... ¿Cuantos días vas a estar con nosotros?
—Una semana más o menos. Hoy me ha secuestrado Franc pero espero que nos veamos en otro momento.
—Es fácil encontrarme solo tienes que venir a recepción.

Mar desapareció detrás de nosotros al cerrarse las puertas del ascensor. Saludamos al pasar por delante de Emma y salimos a la calle. El chófer nos esperaba en la puerta de entrada. Nos acomodamos en el coche y dirigiéndome a Charly le dije...

—Llevamos donde tú sabes Charly.
—Allá vamos Franc.

Dimitri, me miró con cara de pregunta. Lo miré. Puse mi dedo en los labios para mostrarle que no se lo iba a desvelar. Durante el viaje ambos estuvimos muy silenciosos hasta que llegamos al destino. Cuando Charly paró el coche delante de la puerta del Arlekin una sonrisa afloró en el rostro de Dimitri.

—¡Qué callado lo llevabas!
—Ya te dije que era una sorpresa. Me cogió amigablemente por el hombro mientras me decía...
—No sabes la ilusión que me hacía volver aquí otra vez contigo.
—Sabía que acertaba trayéndote aquí.

Le sonreí mientras entrábamos en el restaurante. Me dirigí al maître que me saludó efusivamente con una sonrisa en su boca como era de precepto para recibir a los clientes habituales. Nos condujo a nuestra mesa situada en un pequeño reservado apartado de oídos ajenos que pudiesen escuchar nuestra conversación. Sentados y solos me dispuse a escuchar todo lo que Dimitri me tenía que explicar de su nueva aventura empresarial. Ese vamos a ganar por las dos partes que me dijo antes en el despacho me anticipaba que me iba a meter de lleno en su aventura. Empezaba a cogerle el gusto a sus encargos y a esos rocambolescos negocios que parecía sacarse de la manga como hacen los magos.

Capítulo 24

Anduve toda la noche pensando en la siguiente cita. Mi mente organizaba todas y cada una de las escenas que deseaba realizar. Las secuencias de todo lo que tenía que suceder estaban grabadas en mi memoria. Mi inquietud crecía por cada imagen que por mi imaginación pasaba teniéndome de nuevo al límite de mi excitación. Un sudor frio invadía todo mi cuerpo.

En mi estado de vigilia deambulaba por mis sueños. Me veía sentado en uno de aquellos sillones que mil veces habían usado mis clientes en sus visitas profesionales. Sentado frente a la puerta de la entrada de mi viejo despacho ahora transformado en mi mazmorra privada. Digno recinto para acometer mis más oscuras perversiones y tropelías. Sentado y esperando. No hacía memoria dentro de mi sueño del porqué estaba esperando ni a quien esperaba. Era de suponer que mi espera fuese por Mar. Eso era lo que la lógica me indicaba.

La puerta se abrió. Tuve la sensación que había transcurrido una eternidad. No escuchée ruido alguno. Ni el girar de las llaves en la cerradura. Ni ese pequeño e imperceptible sonido característico de una de las bisagras que acusaba un gemido por la falta de aceite.

Ante mi estaba la visitante de mis sueños. Aquella mujer de la que nunca pude ver su rostro. Una imagen impresionante a la vez que excitante. Vestida con una túnica de tul blanco transparente, ajustada a su cadera con un cordón negro. Asombrado advertía toda su silueta y su rosada piel.

El roce del vestido sobre su cuerpo desnudo había erizado sus pezones. Se adivinaban endurecidos por el tacto de su vestido y resaltaban bajo el blanco tul por su tonalidad morado oscuro. Altivos e insolentes. Apetecibles y sabrosos. Mi boca ansiaba lamerlos, saborearlos y degustarlos. Hacer de ellos mi aperitivo carnal.

Mi otro yo se apoderó de mi voluntad. El lascivo e imperturbable dominante que habitaba en lo más profundo de mi ser se hizo con las riendas de mi sueño una vez más dispuesto a hacer todo aquello que mi razón aun no me permitía hacer.

Estática ante mí con sus manos entrelazadas en la espalda y su mirada perdida en el infinito esperaba la manifestación de los deseos de mi habitante silencioso. Él mantenía mi cuerpo sentando en aquel sillón saboreando el transcurrir del tiempo que había decidido alargar la espera.

Mi corazón batía a toda máquina expulsando la sangre en bocanadas cálidas. El pálpito del paso de mi sangre por la yugular amenazaba con reventar mi cuello. El silencio se alteró con el latido de mis sienes.

Alcé mi mano derecha del reposabrazos al tiempo que el silencio era roto por el chasquido de mis dedos al aire. Un gesto con mi otra mano la invitó a arrodillarse frente a mí. Su descenso lento y sensual la acompañó hasta alcanzar la posición que le había ordenado.

Sus prominentes y torneadas caderas se deslizaron dentro del vestido de tul. Una vez arrodillada y sentada sobre sus tobillos se recompuso el vestido con suma elegancia para dejar la falda totalmente extendida en el suelo. Sus manos boca arriba las situó sobre sus muslos. Su mirada dejó de apuntar al infinito para quedarse mirando al suelo.

La sentía muy cerca. Escuchaba la alteración de su respiración y de la mía. Me incorporé del sillón para ponerme en pie. Di varias vuelta alrededor suyo. A cada paso admiraba desde diferentes perspectivas la perfección de la figura que su cuerpo ofrecía. El rejillado del tul me permitía adivinar desde el contorno de sus caderas hasta la redondez de sus nalgas. Sus pechos advertían al vestido que lo iban a reventar. Mi miembro también estaba amenazando mi pantalón.

Mi sueño puso en mis manos un collar enganchado de una cadena. Me situé delante de ella. Llevaba un velo blanco del mismo tul que su vestido. Sujetado a su cabeza con un pequeño tocado que se ajustaba a su cabeza gracias a una diadema. Aparté el velo hacía sus costados dejando su rostro al descubierto. Sentí el calor de sus mejillas al rozarlas con mis manos. Rodeé con mis manos su cuello para ajustarle el collar. Estaba ardiendo. Lo pasé por detrás de su nuca y se lo anudé. Amarré la correa del otro extremo pasándola por mi muñeca y sujetándola con mi mano. La enrollé un poco hasta sentir que quedaba con una adecuada tensión. Sentí que estaba frente a ella. Pasé mi mano por debajo del velo hasta alcanzar su nuca. La sujeté con fuerza y la acerqué a mi mientras le decía...

–Buena chica. Buena perrita. Hoy te pasearé.

Un leve tirón de la correa la hizo caer con las palmas de las manos al suelo. Di un paso y ella me siguió como una perrita. A cuatro patas. El paseo no fue largo. Dimos dos o tres vueltas en el recibidor de mi antiguo despacho haciendo que fuese caminando con su cabeza lo más ajustada a mi pierna. Terminada la última vuelta la hice sentar de nuevo sobre sus talones. Deshice el nudo del cordón negro que llevaba ajustado a su cadera y se lo saqué.

Descorrí la cremallera de su espalda al tiempo que pasaba el vestido por sus hombros y lo estiraba hacía abajo para dejarlo caer al suelo. Sus tetas saltaron de alegría al sentirse liberadas. Los pezones apuntando hacía el techo daban fe de su libertad. La hice ponerse en pie. Su cuerpo quedó completamente desnudo erguido sobre sus zapatos de tacón. Altivos y duros sus glúteos. Su cabeza aún cubierta por el encanto de su velo. Tomé del suelo el cordón negro que antes había estado en su cintura. Acompañé sus manos a su espalda y muñeca sobre muñeca las anudé.

Mi aperitivo carnal estaba servido. Ya solo restaba servirme del plato. Tomar cuanto me apeteciese. En esa dirección me llevaba mi destino. Mi boca dio buena cuenta de los dos pezones. Unas golosinas dignas de saborear. Alternando el derecho primero y luego el izquierdo. Ambos fueron presa de mis fauces. Su dureza fue a más al sentir el húmedo tacto de mi lengua. Estaban tan duros que ni en sueños me pude contener. Los mordí. El respingo de sorpresa que dio su cuerpo fue amenizado con sendos bocados más. A cual más fuerte. A cual más incisivo. Los mordí y los mastiqué al tiempo que acerqué mi mano a su entrepierna que empapada de humedad anunciaba el estado de su sexo. Hice subir mi mano hasta la puerta de entrada. Acaricié con mis dedos sus entreabiertos y mojados labios vaginales. Los entreabrí y me introduje dentro con suma facilidad. Mis dientes seguían dando cuenta de sus pezones. Su coño chorreaba de excitación y de placer.

Liberé la presión de mi boca sobre sus pezones quedándome con su sabor en mis labios para que volviese a arrodillarse. Descendió con mucha sensualidad sin dejar de mirarme a los ojos. No podía permitir en mi sueño no usarla como es debido. Puse mi glande entre sus labios que los entreabrió para recibirme y hacerme sentir su dulce presión. Sus ojos entornados reflejaban satisfacción. Mi erección no tardó en hacerse sentir dentro de ella. La humedad cálida de su boca me encumbraba al séptimo cielo. Las evoluciones de su lengua, lamiendo y succionando me estaban llevando al límite de mi resistencia. Mi miembro empezó a palpitar. Ella se dio cuenta y me engulló por completo. Mi respiración iba a mil. Tomaba aire a bocanadas. Fuera de mi la agarré clavando mis uñas en sus hombros para que no se apartase y no lo hizo. Descargué placenteramente en su boca. Me aparté un poco de ella al tiempo que la tomaba con mi mano de su barbilla. Levanté su cara hacia mí para que me mirase.

—No dejes escapar ni una sola gota.

Sus ojos mirando a los míos reflejaron satisfacción. Los cerró para saborear mi entrega como si estuviese saboreando una copa de buen vino. Sentí con el tacto de mi mano como mis fluidos atravesaban su garganta. Los volvió a abrir para expresar su agradecimiento por el regalo que le acababa de entregar. Fui recuperando mi respiración y el sosiego. Un pequeño tirón de la correa la hizo poner de nuevo las palmas de sus manos en el suelo. A cuatro patas la fui guiando. Paso a paso por el pequeño pasillo que conducía al baño.

Camino del baño se me presentó la idea. La hice entrar en la cabina de ducha y la hice sentar sobre sus talones. Me puse frente a ella y sujetando mi polla con mi mano apunte hacia ella. Al principio me costó un poco pero me convencí que lo quería hacer y lo hice. Un primer chorro de orina salió tímidamente para un segundo después salir con fluidez. Fui repartiendo el amarillento líquido por todo su cuerpo. Rocié sus tetas y todo su vientre mientras le iba diciendo...

—Así se marca a las perritas. El olor de mi orina ahuyentará a otros machos y les indicará que eres solo mía.

Me desperté sobresaltado sudoroso y mojado por una nueva polución nocturna. Di un brinco de la cama para incorporarme y me fui corriendo al baño. Mi vejiga urinaria estaba a reventar. A punto estuve de mearme en la cama. Me senté en la taza del inodoro a satisfacer mis necesidades fisiológicas con el recuerdo presente del sueño que mi inconsciente me había proporcionado esa noche.

No salía de mi asombro de la sensación de realidad de estos sueños. Mi alter ego se manifestaba a través de ellos. Él me iba guiando a mi destino aleccionándome noche tras noches, sueño tras sueño. Dándome pistas de sus deseos los cuales ya empezaban a formar parte de los míos. Ambos estábamos confluyendo por un mismo camino.

Habría estrangulado a Dimitri si me hubiese dicho algo al respecto. Un solo comentario y habríamos perdido nuestra amistad. Él sabía más de mí que yo mismo. Él conocía mucho de mí, sabía cuál era mi destino. Lo que al principio me pareció un oscuro y siniestro destino empezaba a alumbrar luz por los ventanales de mi alma.

Asomaba el siniestro personaje del que anduve escondiéndome durante mucho tiempo. Sin dejarlo salir, ahogándolo en mis entrañas. Sometiéndolo a mi estúpida razón no queriéndolo reconocer como parte mía. Las emociones no atienden a razones solo atienden a los impulsos del deseo. La sinrazón es la esencia de mis sueños. Afloraba por fin mi verdadera esencia que ya no iba a negar más. Tampoco me iba a poner un rótulo luminoso. Iba a vivir mi mundo paralelo. Mar me había proporcionado la oportunidad de dar rienda suelta a mis sueños y a los suyos.

Le extraña visitante de mis sueños fue la musa que incitó mi despertar. Aquellos primeros azotes nocturnos con el látigo que mi imaginación puso en mis manos me condujeron a mi iniciación. Me mostró el impresionante reino del BDSM. Ya sé quién era la visitante. Ya la había descubierto. Era mi alma en rebeldía por el tiempo que la había negado.

Capítulo 25

Me desperté sobresaltada. El corazón me palpitaba a mucha velocidad. Sentía sus latidos en mi cuello y en mis sienes. El sueño que había tenido me había alterado mucho. Manolo a mi lado ajeno a mis sueños y a mis deseos. Ajeno a mi nueva realidad. El camisón estaba pegado a mi piel. Sudaba por la tensión que me había producido ese sueño. Nunca antes había sentido algo así. Lo cierto es que no le vi la cara. Como en todos los sueños al protagonista no se la veo. Parece un desconocido aunque él parece conocerme muy bien.

Parece que sabe lo que espero. Yo quiero saber quién es. En el fondo de mi inconsciente lo sé. Hoy me había sorprendido de nuevo en la oscuridad de la noche. En las tinieblas de mi letargo nocturno me sentí invadida por su mano. Sentí como acariciaba mi montículo rasurado. Lo hacía a contrapelo. Su robusta piel rozando las puntas de mi vellome hizo estremecer. Una sensación placentera recorrió mi espina dorsal. Detuvo su acción y separó su mano de mí. Dejé de sentirlo. La espera me tensó. Me di cuenta que cerraba con más fuerza mis ojos y apretaba los dientes. Tensé mi musculatura y contuve unos segundos mis deseos. Con sus dedos separó mis piernas. Deslicé mis tobillos entre las sábanas para obedecer a sus dedos. El impacto de su mano me hizo estallar. Sentí como una mano plana azotaba mi vulva sin piedad. Varios azotes acompasados acompañaron al primero. Perdí la consciencia de cuantos cayeron sobre mi pobre coñito. A cada azote más excitada me sentía. Detrás de uno esperaba ansiosa el siguiente. Mi humedad crecía por instantes. Mi excitación llegaba a límites insospechados, cuando me invadió de nuevo con sus dedos. Me perforó con una fuerza brutal al tiempo que con la otra mano abría mi boca. Dos de sus dedos agarraron mi mandíbula inferior forzándome a tener la boca abierta. No podía soplar solo jadear. Mis temblores se hicieron patentes al instante. Sus dedos salían de mí para dejar caer su mano con fuerza sobre mi entrepierna y volver a penetrarme. Esa conjugación de azotes y penetraciones continuadas me volvían loca de placer. Inmersa en el éxtasis de mi sueño desperté con la boca abierta, jadeando, al tiempo que me invadía el placer de un orgasmo intenso, delicioso y silencioso.

Miré el reloj luminoso. Marcaba las siete menos cuarto de la mañana. Me levanté muy alterada con intención de irme a la ducha. Pasé la mano por las sábanas. Estaban totalmente mojadas. Tan mojadas como mi camisón. Me encaminé al cuarto de baño mientras lo iba separando de mi piel. Escuché en el silencio de la mañana el sonido pegajoso de mi sudor al desprender de mí aquel camisón de gasa.

Abrí el grifo de la ducha para que se fuese calentando el agua. Me metí de golpe sin esperar a que se calentase. Un chorro de agua fría cayó sobre mi ardiente cuerpo. Tuve que tomar aire para contener la impresión del impacto de las gotas frías sobre mi piel. Cogí el mango de la ducha de teléfono y lo descolgué de su soporte. Con mi mano izquierda separé mis labios vaginales mientras con la mano derecha enfocaba aquel teléfono hacía mi coñito. ¡Que entraña sensación! El agua fue cambiando de temperatura poco a poco. Una sensación de bienestar me inundo. Sentí como mi clítoris se había puesto muy duro con el efecto del agua fría. El cambio de agua fría a cálida y luego caliente me proporcionó una sensación nueva que nunca antes había experimentado.

Casi había aplacado mi calentura cuando el sonido del WhatsApp me encendió por dentro de nuevo. Di un salto desde la ducha humeante de vapor hasta la pica del lavamanos. Medio resbalándose por entre mis dedos el móvil. Apreté el botón de encendido. Estaba impaciente por leer el mensaje. Intuía que era él quien me dirigía el WhatsApp. No podía ser otra persona a esas horas. Mi Dueño y Señor.

—*Te espero a las ocho de la mañan en nuestra mazmorra. Ya me he encargado de buscarte la justificación. 7:04*

Me quede estupefacta. Pero si íbamos a estar una semana sin vernos. Algo dentro de mí daba saltos de alegría.

—*Lo que usted ordene mi Señor. 7:05*
—*¿Estas preparada? 7:06*
—*+ siempre está preparada para su Señor. 7:07*
—*Así me gusta. No esperaba menos de ti. Hasta ahora. 7:10*

No quise explicarle mi sueño por WhatsApp ni mucho menos mi experiencia con el teléfono de la ducha. Quizás se lo pudiese explicar más tarde si se me presentaba la ocasión. Mis nervios asomaron por la ventana. Recién duchada me preguntaba el que ponerme. Que podría llevar que le gustase y que con solo verme se le saliesen los ojos de las órbitas. Los nervios me estaban traicionando y abrí compulsivamente las puertas de mi armario y los cajones del tocador.

Un bonito conjunto de braguita negra con encaje de blonda a juego con el sujetador y unas medias de rejilla plateada encima de otras de espuma negra como música de fondo. Un liguero ajustado a mi cintura para sujetar ambos conjuntos de medias. Me mire en el espejo del baño con ese conjunto de ropa interior. Me sentía una mujer deseable convencida de estar apetitosa para mi Señor. Un pintalabios que no dejaba marcas aderezó el contorno de mis labios con un rojo carmesí. Un par de pellizcos en mis mejillas para subir el tono pálido de mi tez. El pelo suelto y algo alborotado hacían de mi parecer una hembra en celo. Al salir del baño añadí una bonita funda a mi cuerpo. Para variar un vestido de raso negro con falda de vuelo por encima de la rodilla y unos zapatos de cinco dedos de tacón.

Puse mi uniforme en una funda de viaje para poderme cambiar luego. Hoy estaba convencida que le iba a dar una suprema sorpresa con mi vestuario. Me asaltaba la idea que se lanzase sobre mí sin remisión. Lo quería ver desbocado. Excitarlo nada más verme. Sacarlo de su estado catatónico con un dulce beso en sus labios y que ese beso fuese el revulsivo para hacerme suya. Quería sentir sus brazos rodearme al tiempo que me aturdía con sus besos apasionados. Deseaba sentir su poder sobre mí. Mi inquietud creciente me empezaba a humedecer. Mi vientre se convulsionaba por el deseo. Soñaba despierta con sentirme su puta.

El tiempo se me echaba encima. Salí a toda prisa en busca de un taxi libre. Viaje a gastos pagados. Pensaba pedirle el ticket al taxista para pasarlo como gasto. Los taxis son un medio de transporte peculiar cuanta más prisa tienes más tardan en aparecer. Tras cinco minutos de incertidumbre y espera por fin una luz verde giró por la esquina. Me lancé al trote sobre mis tacones con mi mano levantada al asalto de aquel taxi. Me subí, le indiqué la dirección y se puso en marcha.

Mirando por la ventana me asaltaron los recuerdos de mi inquietante noche. Me sentí estremecer. Disimulé cuanto pude para que el taxista no se pudiese dar cuenta de mi estado de excitación. Una mirada por el retrovisor me hizo poner en guardia.

—¿Se encuentra bien señorita?

Miré mi reloj como escusa recurrente para apartar mis ojos de los suyos que mantenía clavados en ese espejo. Sentí que me devoraba con sus ojos.

—Es que llego tarde.
—No se preocupe señorita iré rápido. Hoy en día llegar tarde al trabajo puede proporcionar problemas.

Lo dejé dialogando consigo mismo. Mi mente estaba en otro lugar. En un espacio intermedio entre el pasado reciente y el inmediato futuro de nuestro encuentro furtivo.

—Ya hemos llegado señorita.

Una nueva mirada a mi reloj me decía que habían pasado cinco minutos de las ocho. Pagué, le pedí el ticket y salí a toda prisa en dirección al portal de su antiguo despacho. Rebusqué en mi bolso las llaves que días atrás me había entregado. Nerviosa por llegar tarde y esas llaves que se escondían de mi mano. Tuve el deseo de rasgar el bolso para encontrarlas. Al final aparecieron a mi tacto en un bolsillo interior. Descorrí la cremallera y estiré de ellas convulsamente. No acerté a la primera con la cerradura de la puerta de la portería. Los minutos corrían y se me escapaban entre los dedos. Mi corazón inició un palpitar descontrolado. Cuando estuve dentro del ascensor tomé una bocanada de aire para aliviar la presión de mi pecho. Ya solo me faltaban pocos segundos para sentirlo de nuevo.

Jugueteé con las llaves para hacer un poco de ruido delante de la puerta de su despacho para advertirle de mi presencia. Deseaba que me viese entrar con el atuendo que le había preparado para su deleite. Quería ver su cara de sorpresa. Metí la llave en la cerradura y descorrí el cerrojo con sonora lentitud. Saqué la llave antes de abrir la puerta de par en par.

Sus cejas se arquearon. Sus parpados ascendieron. Sus glóbulos oculares amenazaron con salirse de sus órbitas. Objetivo cumplido. Sumisa 1 Amo 0. Cerré la puerta tras de mí y me quede ante él con mis manos a la espalda. Dándole tiempo a observarme. Deseaba que me acariciase con su mirada. Diez segundos de tensa espera.

—Has llegado tarde a la cita pero la espera ha valido la pena.

—Gracias mi Señor. Deseaba sorprenderlo.

—Y lo has hecho. Ven aquí.

Se levantó de la silla donde me estaba esperando. Dimos unos pasos para acercarnos el uno al otro. Sus manos me tomaron por las mejillas y sus labios se asociaron a los míos. Un largo y cálido beso nos mantuvo en silencio. Con sus manos fue a buscar las mías que estaban a mi espalda. Las apretó contra mis nalgas para acercarme más a él y abrazarme. Con una inusual fuerza me llevó hacía él. Su pantalón abultado me anunciaba que su polla endurecida estaba a punto de reventar. Tope con ella un par de veces. La sentí. La quería mía pero no me atrevía a pronunciar palabra. En los escasos minutos que llevábamos juntos ninguno de los dos articuló palabra alguna. El lenguaje silencioso de los gestos y de las intenciones sobrevolaba la estancia. Apretada contra él y besada con pasión. ¡Qué mejor forma de amanecer!

Capítulo 26

Cabizbajo en el pasillo acristalado permanecí un rato meditando sobre la novela y los sueños. Dicen que los sueños se hacen realidad. Pero... ¿Qué tipo de sueños? ¿Los que soñamos por las noches o los que soñamos despiertos?

–¿En qué piensa Sr. Ulises? Lo veo muy pensativo.

–En los sueños Adela, en los sueños.

–Pues de eso le puedo decir algo. Unos los rige el inconsciente y los otros la fantasía.

–Yo no entiendo mucho de sueños. Ya sabe que fui ingeniero.

–Sr. Ulises, soñar es abrir una puerta de la mente. Son la expresión de nuestro inconsciente.

–¿Qué quiere decir?

–La mayoría de los sueños contienen mensajes que sirven para enseñarnos algo de nosotros mismos. En la novela que está leyendo los protagonistas tienen sueños que a todas luces son la manifestación de lo que desean ser.

–Si. De eso y del título ya me he dado cuenta.

–Su inconsciente los guía hacía su destino. Sus deseos son fruto de su "otro yo" que pugna por salir entre las tinieblas de sus sueños.

–Adela, ¿Cree que a través de los sueños una persona puede llegar a recuperar su estado físico?

—En algunas ocasiones así ha sucedido. Cuando trabajé en una unidad del sueño vimos casos asombrosos. Personas que experimentaron mejorías a través del sueño. En otras ocasiones empeoraban. Cuando digo sueño no me estoy refiriendo a dormir sino a soñar. Fíjese que en muchas veces los cambios en los estados físicos se producen por la noche. Llegamos a la conclusión que los efectos de los sueños podía ser un arma de doble filo. Lo difícil y complicado radica en como canalizar los sueños. La cuestión es ¿Cómo se usa esa herramienta? ¿Quién le dice al inconsciente lo que tiene que soñar?

—Cuanto sabe Adela. Estas cosas no me las había explicado nunca.

—No se tanto Sr. Ulises. Son experiencias profesionales.

—Adela, me fabricaré mis propios sueños. Haré de ellos mi realidad. Trabajaré mi inconsciente para que sea el motor de mi recuperación. Solo así conseguiré mis deseos. Solo así me haré consciencia del cambio que deseo experimentar.

Esa noche me entró prisa por ir al comedor. No tenía más remedio que pasar por el calvario de aquella cena y de mis compañeros de mesa. Mi objetivo ya estaba fijado. Ponerme a dormir cuanto antes. Había acordado una cita con mis sueños y no pensaba llegar tarde bajo ningún pretexto.

Un silencio sepulcral reinaba en la mesa. Caras pálidas e inexpresivas, ni la más mínima emoción. La escena a la que muy a mi pesar ya me había acostumbrado. Como todos los días frente a mí se sentaba o sentaban a Helena de Troya. Mirándome como a un desconocido por encima de sus lentes. Levantaba su mano como un autómata para llevarse la cuchara a la boca. Por fin llegó el postre. Un insípido yogur que aliñe con un par de sacarinas.

Adela vigilante estuvo al caso de cuando yo iba terminando para acercarse a mí...

—Sr. Ulises ¿Ha terminado ya? Cuando me diga lo llevo a la habitación.

—Por mí ya me puede llevar por favor.

—Vamos entonces. Le llevo a usted primero.

—Muchas gracias Adela. Es todo un detalle que me rescate hoy. Recuerde que tengo prisa.

—Lo recuerdo muy bien.

Con su rapidez habitual me ayudo a ponerme el pijama y a meterme en la cama.

—Muchas gracias Adela.

—No me las de. Es un placer para mí hacerlo. Es con el único que puedo mantener una conversación de cierto nivel intelectual.

—¿Intelectual? Ahhhh se refiere a decirle a Imma que soy suyo.

El estruendo de nuestras risotadas despertó las paredes de aquella habitación en la que nadie había reído en tiempos. Desde la cama alcé mi mano. Me despedí de Adela para quedarme en mi soledad. En la oscuridad de mi habitación empecé ejercicios de respiración profunda con el ánimo de oxigenar mi cerebro y prepararme para un sueño profundo y reparador. Inicié una cuenta atrás mentalmente mientras le explicaba a mi inconsciente lo que iba a suceder durante mi sueño.

Me sentí invadido por una sensación de ingravidez en la intensidad de mi sueño. Mis músculos no tenían que hacer ningún esfuerzo. Una sensación de flotar en el aire me acompañaba. En mi deambular nocturno vi mi silla de ruedas aparcada en un rincón de la habitación. Mis piernas no sufrían por estar caminado. No sentía mis pies tocar el frío suelo. Intenté mirarlos pero no los veía. Solo esa extraña sensación de movimiento del que mi mente había perdido la costumbre. Ejercité hasta donde mi conciencia me permitió. Intenté acelerar mis conexiones neuronales hasta la extenuación.

Anduve por un camino del jardín de mi imaginación. Los parterres estaban repletos de flores. En un banco de madera había una persona sentada que me era muy familiar. Me acerqué.

—¿Qué hace aquí?

—Usted me ha traído. Es su sueño no el mío.

Estiré mi brazo y alargué mi mano. La cogió y la ayude a incorporarse. Le brindé mi brazo y se cogió a él amigablemente. Ambos caminamos juntos al calor de la tarde.

—Le dije que le ayudaría y es lo que quiero hacer.

—Pero... ¿Cómo ha entrado en mi sueño?

—Su inconsciente me ha invitado.

—¿Mi inconsciente?

—Sí. Yo estoy en su inconsciente. Al parecer necesita de mi presencia.

—Ya que esta, quédese. Acompáñeme en mi preparación.

—Sabe que lo hago con sumo placer.

—Adela es usted un encanto. Me gusta que sea mi enfermera favorita.

—Y a mí me encanta que usted sea mi residente favorito.

Abrí los ojos y miré el reloj de la mesita. Ya era hora de levantarse. Con el recuerdo de mis sueños de esta noche me incorporé. Acerqué mis pies al borde de la cama. Me puse en pie. Recordé a Raúl de meses cuando empezó a andar. Me fui sujetando a la cama para bordearla y alcanzar mi ropa. Apoyando mis nalgas en los pies de la cama me fui vistiendo poco a poco.

—Sr. Ulises... ¿Cómo lo ha hecho?

—Muy fácil. Usted me ayudo esta noche. ¿No lo recuerda?

—Yo no recuerdo nada. ¿Por qué me dice eso?

—Adela Usted estuvo en mis sueños. Me acompañó en mi paseo.

—Puede que yo estuviese en sus sueños. Pero usted no estuvo en los míos. Si difícil y complicado es lo que ayer hablamos sobre la programación de los sueños. Programar un sueño compartido creo que es imposible por lo que conozco y he experimentado. Interactuar dos personas en un mismo sueño es algo inconcebible. Sr. Ulises ¿Dónde me llevó?

—Anduvimos por un jardín.

—¿Un jardín?... Y yo que le hacía con más imaginación.

—¿Qué esperaba? Ha sido mi primer sueño programado. Mucho he conseguido. Míreme. Aquí en pie. Ante usted. Vestido y sin ayuda. Aún no me atrevo a dar mi primer paso. Pero pronto lo haré.

—¿Eso quiere decir que ya no le voy a tener que vestir nunca más?

—Por lo pronto no. Pero le voy a dejar que siga desnudándome. Me gusta más.

Sonreí intentando poner cara de pícaro aunque seguro que parecía más un viejo verde.

—No sea picarón Sr. Ulises. Leer esa novela no le está sentando nada bien. Jejeje.

—Si no la leo no sé cómo voy a enseñar a mi nieto Raúl.

—Lea y aprenda para usted y olvídese de su nieto. Él vive en su mundo y usted en el suyo. Nunca se sabe cuándo se va a necesitar determinados conocimientos.

–Adela, No me veo yo azotando con un látigo, jajaja

Algo en mi interior empezó a removerse. Mi estómago inició unos movimientos compulsivos de los que mi memoria había perdido consciencia. Mi respiración se alteró y empezó inhalar aire.

–Prográmese un sueño y se verá haciéndolo. Se sorprenderá de sí mismo.

–Yo ahora de lo que me quiero sorprender es de poder volver a caminar. Luego si cojo la práctica con esto de los sueños dirigidos ya se verá hacía donde los conduzco.

–Como usted desee Sr. Ulises. Estaré con usted donde quiera ir. Le acompañaré al destino que quiera tomar.

–Muchas gracias por estar y acompañarme, le tomo la palabra. Me gusta que este conmigo en este tránsito. Ahora ayúdeme a sentarme en esa maldita silla que pronto perderé de vista y lléveme al comedor a desayunar.

Capítulo 27

Me había quedado un poco traspuesta. Mi relajación era total y absoluta en aquella posición. Me estaba gustando estar tumbada en la mesa camilla. La voz de Salva me despertó de mi letargo. Me incorporé. Tuve un asomo de bostezo y me desperecé estirando mis brazos.

–Mar su tatú ya está terminado.

Lo miré a los ojos aturdida todavía por salir de mi estado de duermevela. Inmediatamente miré mi tobillo. Me impresionó mucho ver el triskel ahí.

–¡Qué bonito! ¡Qué bien que ha quedado! Eres un artista Salva.
–Este me ha quedado de película. Disfrútelo Mar.

Mi móvil emitió un silbidito. Me lance a él sin reparar que Salva estaba recogiendo su instrumental en una bandeja. Di con mi pie un fuerte golpe a su bandeja y todo su instrumental se desparramó por el suelo.

–Perdona Salva, no me di cuenta.
–No pasa nada Mar, ahora lo recogeré todo. Atienda a su teléfono.

Le di al botón de encendido. Ahí estaba la redondita verde avisándome de un mensaje de WhatsApp.

–No te muevas de donde estas llego en 5 minutos. 14:25

Salté de la mesa camilla excitada. Estaba viniendo a mí. Dijo que quería ser el primero en besar mi tatú. Me moría de ganas por que lo hiciese. Ansiaba verlo. Mi alma suplicaba en silencio por todo. Aunque sabía que andaba con Dimitri arriba y abajo. Me inquietaba el no seguirle la pista. Inicié una cuenta atrás imaginaria de esos cinco minutos. Salva ya había recogido todo su instrumental y salió de la trastienda que era donde realizaba sus trabajos de tatuajes.

El tintineo en la puerta de la tienda me advirtió de la entrada de una persona. Solo escuche la voz de Salva sobresaliendo del silencio para saludar. Solo le escuchaba a él. Unos instantes de un nuevo silencio rotos por el sonido de la caja registradora. Estaba muy inquieta. De espaldas a la cortinilla que separaba la tienda de la trastienda, apoyada con mis manos en un lateral de la mesa camilla, tenía la impresión que el reloj no corría. Me impacientaba.

Escuche nuevamente el tintineo de la puerta. Entendí que esa persona había entrado a comprar algo, había pagado y se había ido. Me relaje por un instante. Supuse que volvíamos a estar solos Salva y yo. Me puse a arreglar instintivamente mi vestuario estirándome la falda y recolocándome la blusa que se había salido un poco de la cinturilla de la falda. El sonido de unos pasos en la tienda y el movimiento de los filamentos metálicos de la cortinilla me hicieron girar la cabeza. Sus ojos exaltados me pusieron al borde del abismo. Apoyando mis nalgas en la mesa camilla y con mis manos agarrándola. Levanté mi mentón y lo miré a los ojos con orgullo. En dos pasos se situó delante de mí. Paso su mano por mi cintura y me llevo hacía él.

—Te dije que sería el primero en besar tu tatú y es lo que vengo a hacer.
—Ahí está —haciendo un gesto con mis ojos para que lo mirase—. Tómalo y hazlo tuyo. Tal y como me tenía cogida por la cintura, me apretó contra él y me subió a la camilla para dejarme sentada en ella.
—Y Salva —dije tensándome—.
—Le he pedido que nos deje solos, me ha dejado las llaves y se ha ido.
—¿Estamos solos?
—Si y con la puerta de entrada cerrada.

Clavó sus ojos en los míos y sin dejar de mirarme descendió. Lo vi clavar una de sus rodillas en el suelo al tiempo que cogía mi tobillo entre sus manos. Lo acercó a sus labios y sin abandonar sus ojos a los míos lo besó. Sentí en ese beso su pasión. Mi piel reaccionó. Se erizó. El recorrer de mis endorfinas me hizo sentir un sutil escalofrío que recorrió toda mi espalda. Mi imaginación se puso a volar. Me relajé totalmente. Fue patente mi abandono. Me abandoné a mi Señor.

Se incorporó y sus manos se posaron en mis caderas acariciándolas con un sutil masaje al tiempo que sus labios sellaron los míos. Lo abracé rodeando con mis brazos su cuello y lo apreté contra mí. Lo deseaba intenso y ardiente. Pegado a mí. Sin dejarle la posibilidad de separarse. Saboreando su boca. Saboreándome él a mí. Con destreza y presionando sus dedos contra mi falda, sus manos siguieron el contorno de mis caderas descendiendo camino de mis rodillas. Sentí como llegaba y las sujetaba con fuerza sin separar sus labios de los míos. Las separó todo lo que mi ceñida falda le permitía. Su rabia por no poder hacerse espacio se apoderó de él. Separó sus labios de la tarea en la que los tenía comprometidos e hizo girar mis nalgas sobre la camilla. Me obligó a tumbarme con un sutil gesto de su mano y una orden verbal. Mi corazón palpitaba a toda máquina. Todo el poder que emitía su voz penetró en mi tímpano.

Me enseñó sus manos como hacen los magos. Nada por aquí, nada por allá. Se las metió en los bolsillos de la americana y de ellos sacó dos corbatas del mismo color. Me las enseñó. Las hizo bailar delante de mis ojos. Con otro gesto muy elocuente y de nuevo su profunda voz, reclamó para él mis muñecas. Se las acerqué poniéndolas a su disposición. Una sobre otra. Pensé que las quería así. Anudó una corbata en cada muñeca haciéndome estirar mis brazos por encima de mi cabeza. Así me tuvo durante un par de minutos. Mis sienes tocaban a arrebato bombeando sangre a un ritmo trepidante camino de mi cerebro.

Se situó a la altura de mi cabeza y ató los extremos de las corbatas en cada una de las patas de la mesa quedando mucha corbata suelta y dejando mis brazos sin ninguna tensión. Dio la vuelta a la mesa y se puso a los pies de la camilla. Se agarró a mi cadera y estiró de mí haciéndome arrastrar mi espalda. Las corbatas quedaron tensas y mis brazos también. Mis nalgas quedaron reposando en el borde creándome una sensación de ingravidez. Mis piernas las mantenía en el aire sin más hasta que las sujetó con sus manos haciendo que las pusiese en su cadera. Así me tuvo unos minutos observándome.

Me deshacía por dentro pensando en cuál iba a ser su siguiente movimiento. Sentí como esa espera tensa me estaba humedeciendo. Mi vientre palpitaba. Mis pechos se habían endurecido y mi vulva se empezaba a descontrolar por la impaciencia. Mis endorfinas se estaban disparando. En mi mente una pregunta... ¿A qué cojones estás esperando cabrón? ¡Fóllame de una puta vez!

Lo vi enfurecido. Sus ojos se le salían de nuevo de sus órbitas. Su respiración al tiempo que la mía se aceleraba por momentos. En un arranque de furia agarró mi falda y la subió hasta mi cintura. No lo vi venir. Se abalanzo sobre mí. Su boca vino a parar a mi coño. Hincó sus dientes y me mordió. Mordió mi pobre coñito que estaba rabioso por la espera. Humeando por él. Mi cuerpo se tensionó por completo. Sentí una pequeña convulsión en todo mi ser. ¡Como me ponían esas situaciones que solo él era capaz de idear!

Siguió mordiéndome hasta saciarse de mí. Agarró con sus dientes mis bragas estirando de ellas. Las arrancó de un tirón. Ya en sus manos las rompió en mil pedazos. Tiró los trozos al suelo. Separó mis piernas y se quedó pasmado mirándome. Observando como mi humedad iba mojándolo todo.

Su boca cayó de nuevo sobre mí. Esta vez fue el tacto de su lengua lo que sentí penetrándome. Su lengua viciosa de mi sexo. Lo saboreó tanto como quiso sin dejar ningún recoveco por visitar. Cogió mi botoncito entre sus dientes para que no se le escapase mientras lo relamía dentro de su boca. Mis temblores fueron en aumento. A más presión más temblores. A más lengua más locura. Sorbió todo mi coño hasta sentírmelo dentro de su boca. ¡Dios que placer! ¡Qué locura! ¡Qué calor! Me vi vencida ya. Mis movimientos compulsivos iniciaron el camino de no retorno. Vi el cielo abierto. No pude resistirme por más tiempo y me corrí en su boca. Olvidé pedirle permiso para hacerlo y no tardó en darme un escarmiento. No pude contenerme. No quise contenerme. Ahora me tocaba pagar las consecuencias.

Me miró con su boca totalmente empapada de mi humedad. Sus ojos me decían sentirse satisfecho. Los míos le daban las gracias. Mis jadeos empezaron a calmarse. Mi excitación seguía a flor de piel. Se agachó al suelo, dejando mis piernas colgando en el aíre, para coger los restos de mis bragas. Se secó la boca restregándolas por sus labios sin dejar de mirarme a los ojos.

—Perra te has corrido sin pedir permiso.

¡Con qué énfasis pronunció esa frase! Mi piel reaccionó y mi estómago también. Un nudo en mi vientre me hizo retorcerme.

—Te voy a castigar por lo que acabas de hacer. Por no pedirme permiso.

Levanté el mentón y llamé a la chula que llevada dentro de mí. Mi diablillo me pedía guerra. Guerra sin cuartel.

—Y... ¿Cómo piensa castigarme el Señor?

Me puse soberbia ante él para calentarlo aún más si ello era posible. Se puso a mi lado y levanto mis piernas hacia arriba. Pasó su brazo por debajo de ellas. ¡Oh no! Me lo vi venir. Toda su tecnología digital para mí. Me penetró con sus dedos. Me taladró hasta el fondo sin piedad. Entró y salió. Retorció sus dedos dentro de mí provocando una catarata de placer sin igual.

—Así aprenderás a no correrte sin pedir permiso.

Su ritmo empezó a ser frenético. Mi respiración fue a más. Alterada por sus constantes incursiones en mis profundidades vaginales. Ya estaba otra vez al borde del precipicio. Me mordí la lengua. No pensaba decir nada. No iba a pedir permiso alguno. Solo deseaba correrme en silencio y ganarme otro castigo. Me deje ir. Me convulsioné como una posesa y me corrí.

—¿Otra vez? Eres una perra. Ahora veras tu...

Salió de mi coño muy enojado. Me gustaba verlo así. Sabía que ahora su agresividad iría en aumento pero me daba igual. Lo deseaba salvaje. Mi fiera descontrolada. Levantó aún más mis piernas y con su mano plana empezó a azotar mis nalgas. No sabía porque pero esos azotes me volvían loca. Mi piel incandescente pedía más. Me azotó hasta que se cansó o declinó seguir. No pregunté.

Se fue otra vez a la zona baja de la camilla. Me agarró por la cadera y volvió a estirar de mí al tiempo que me volteaba sobre la camilla para dejarme boca abajo. Mis brazos se cruzaron a la altura de las muñecas. Mis manos se agarraron con fuerza de las corbatas para no perderme. Mis pies tocaron suelo por primera vez y mis nalgas quedaron al descubierto. A su total disposición.

Dos nuevos azotes me enervaron. Mis piernas tomaron tensión y mi culo se levantó levemente. Escuche como descorría su cremallera. Mi diablito saltaba alborozado de alegría. No se hizo esperar. Su entrada fue descomunal. De golpe y hasta el fondo de mi coño. Sentí su pubis chocar contra mis nalgas al tiempo que recibían acompasados cachetes. Me puse a temblar. Sentirlo así dentro de mí me hizo muy feliz. Su polla por fin me estaba follando. ¡Mi triunfo!

—Ahora quiero que te corras para mí.

Esa orden no la esperaba. Me pillo concentrada en ser el recipiente de su placer. En darle satisfacción sin hacer nada más que dejarme follar. Ser follada sin remisión. Sentir como gozaba de mí. Como se servía de mí para satisfacer su deseo.

—Voy a hacer una cuenta atrás y quiero que me lo des.
—5

No estaba segura de poder llegar. Un nuevo envite me hizo reaccionar.

—4

Dos azotes y otra penetración en profundidad. Empezaba a sentirme.

—3

Empecé a temblar al tiempo que su ritmo se descontroló. Entraba y salía a placer. Me sentía totalmente empapada.

—2

Por favor, di uno, di uno, di uno.

—1

Me volvió a llevar donde él quería. Donde él deseaba tenerme. En ese punto en el que casi pierdo la consciencia, cerré los ojos, apreté los dientes y fue suyo.

—Es suyo mi Señor. Solo suyo.

Un alarido salió de mi boca sedienta. Estaba muerta. Vencida. Satisfecha. Relajada. Me había hecho correr tres veces y el aún estaba por empezar. Acarició mis nalgas con sus dos manos. Una mano, una nalga. Las masajeó. Las acariciaba para aliviar el sonrojo de mi piel castigada. Mi respiración fue volviendo a su ritmo. Dejé ir todo mi cuerpo sobre aquella mesa camilla. Me solté del todo abandonándome por completo. El ritmo trepidante al que me sometía me dejaba extenuada y sin fuerzas.

Separó mis nalgas. Sus dedos acometieron mi ojete acariciándolo. En gratitud él respondió palpitando. Recorrió todo su contorno mientras esparcía un líquido viscoso. Di un respingo con la cabeza en el momento que me penetró con un dedo para repartir bien el lubricante. Cerré mis ojos para sentirlo en tanto me iba dilatando.

El tacto de su polla en mi culo me avisó de lo que iba a hacer. Mis ojos se abrieron de par en par. Golpeó con ella en la puerta de entrada un par de veces. Me relajé para que me pudiese penetrar. Deseaba sentirlo en mí. Me moría de ganas por sentirlo dentro. De un envite entro su glande y se quedó allí, parado, esperando a que terminase de dilatar. Apreté los dientes y cerré los ojos. Para no perder su costumbre cuando sintió que yo ya estaba preparada, entró de sopetón, hasta el fondo. ¡Qué placer! Saberlo dentro de mí. Sometiéndome a sus deseos. Saciándose. Su placer era mi placer.

Inició unos lentos movimientos de cadera. Saliendo y entrando en mí con total impunidad hasta que arrancó su motor turbo diésel. Su ritmo se aceleró de una forma trepidante. Me folló el culo sin piedad. Se agarró a mis caderas con las uñas, clavándomelas. Cada vez lo sentía más dentro de mí. Deseaba que me rompiese con su brutalidad. Babeó. Su rugido de placer acompañó a su descarga. Se derramó dentro de mí. El calor de su néctar serpenteando me convulsionó. Temblé y antes que él se saliese, mi coño se estremeció provocándome un nuevo, prolongado y satisfactorio orgasmo.

Su respiración cansina fue calmándose al tiempo que recobraba mi conocimiento. Mi alma soplaba y resoplaba por todo lo que me había provocado. Mi cuerpo intentaba recuperarse de su ataque. Mi diablillo saltaba de alegría por haberlo disfrutado. El tiempo paso sin darme cuenta que transcurría. Desanudó las corbatas y me pude incorporar. Me puse en pie ayudándome de mis sudorosas manos. Recompuso mi falda y la colocó en su lugar. Le ayude acomodando mi blusa. Rodeé su cuello con mis brazos para robarle un beso. Primero me dejó y luego me castigó.

—Ahora te irás al trabajo sin bragas como castigo. Ya te puedes ir.
—Si mi Señor. Lo que Usted me ordene.

Cogí mi bolso y me encamine hacia la puerta de salida. Me paró con su brazo para cogerme entre los suyos. Ahora fue él quien me besó apasionadamente.

—Lo siento cielo, Dimitri me está esperando y no quiero que sospeche nada. Sal tu primera. Yo cerraré la puerta y le dejaré las llaves a Salva en el bar de al lado.
—Un beso mi Amo.
—Un beso mi esclava.

Hice cuando me ordenó. Salí de la tienda sin mirar atrás camino del trabajo. Tenía una sensación rara. Nunca había salido a la calle sin bragas. Era su castigo y lo tenía que obedecer. Esta vez sí. El recuerdo de nuestro reciente encuentro estaba en mi ánimo. Me sentía tan feliz que acabe olvidando que no llevaba ropa interior. Una idea fija se clavó como una espina. ¿Cuándo? ¿Cuándo? ¿Cuándo? ¿Cuándo se volvería a repetir?

Capítulo 28

Me quedé observando a través de la cristalera. Miré mi reloj que me anunciaba el imparable transcurso del tiempo. Alertado de mi propia inconsciencia me dispuse a dejar aquel lugar lo más rápido posible. A pesar de todo me regalé unos minutos extras para verla marchar. Me encantaba espiarla así. Su elegancia al caminar era indiscutible. Hubiera estirado mis brazos para abducirla y retenerla a mi lado. Disfrútala un minuto más me dije. Me descomponía verla marchar. Aún no se había ido del todo y ya la sentía en falta. Se me partía el alma. Era consciente que en nuestro mundo paralelo también había un tiempo. Un tiempo limitado. Una furtiva lágrima se me escapó. Se alejaba con paso firme. Ajena a mí. Altiva en su caminar. Todo su cuerpo danzaba al hacerlo.

El minuto de gracia llegó a su fin. Me di la vuelta para asegurarme de apagar todas las luces. Dejar la mesa camilla bien colocada y que no quedasen restos de nuestras tropelías. Una vez comprobado todo me dispuse a salir. El tintineo de la puerta resonó en el silencio de la tienda de Salva. Cerré la puerta con la llave que me había dejado y me apresuré a dejársela en el bar.

Camino del hotel de Dimitri fui meditando sobre el asalto al que la había sometido. Las imágenes que captaron mis retinas mientras permanecimos juntos se repetían una y mil veces. Saborearlas en mi memoria me hacía sentir plenamente satisfecho. Mi ego sobresalía de mi propio ser. Deseaba que ella se sintiese igual de plena pero no le podía preguntar. Mi teléfono recibió un mensaje de WhatsApp.

—Mi Señor hoy me ha hecho feliz. 15:55
—Tú también a mí. 15:56
—Aún estoy en una nube. Espero no caerme al bajar. 15:56
—Yo tampoco me quiero caer de la nube. 15:57
—Me siento la mujer más deseada del mundo. 15:58
—Hablamos luego. Bye. 15:59

Hubiera seguido con ella en el WhatsApp hasta llegar al hotel pero preferí dejarla en "modo espera". Los silencios también tienen su sentido. Tensar esa espera cuando se está sintiendo la mujer más deseada del mundo acrecienta su inquietud y su impaciencia. Son los ingredientes necesarios que un dominante debe saber gestionar en su justa medida.

Me ganaba muy bien la vida y más que me la iba a ganar con la propuesta que me había hecho mi amigo Dimitri con el nuevo negocio del suministro de carburantes pero con todo y con eso todavía hay cosas que no se pueden comprar con dinero. No existe ningún negocio dedicado a ello por ese mismo motivo. No se puede comprar el morbo, ni el deseo, ni la satisfacción, ni la felicidad, ni ese estado en el que Mar estaba sumida, ni las emociones que estaba viviendo con ella.

Llegue al hotel Calton y me fui directo al mostrador de recepción. Me pasaron una nota. Era de Dimitri. Que le esperase unos minutos que se iba a retrasar. No decía nada más la nota así que me dispuse a esperarlo. Dejé aviso que cuando él llegase estaría en el salón Senator. Me senté en uno de los mullidos sillones orejeros y me abandoné. Un sopor me inundó la mente. La vista se me enturbiaba y los ojos se me iban entornando. Mi cuerpo cansado me pedía un receso. Mi cabeza buscaba un lugar donde caer. Me quedé plácidamente dormido.

De entre las tinieblas de mi turbación apareció la tienda de Salva. La sensación de ingravidez se apoderó de mí. La visitante de mis sueños se había hecho presente. Estaba en la mesa camilla. Mirándome con descaro. Provocándome deliberadamente. Me acerqué a ella mirándola fijamente a los ojos. Cuando estuve cerca le cruce la cara con dos bofetones para acallar su gallardía. Su cara siguió el camino que mi mano le imprimía, girándola a un lado y al otro. Ya no le iba a permitir más insolencias. Bajó su mirada al suelo. Me quedé a su lado. Respirando cerca de su oreja para que escuchase mi excitación. Puse mi mano en su hombro y la obligue a arrodillarse. Deseaba verla en su lugar. Saqué de un bolsillo imaginario una cinta ancha de tela. Me puse frente a ella. Acerqué la cinta a sus ojos para privarla de la visión y la anudé en su nuca. Planté mi mano sobre su cabeza para acariciar su cabello. Di unos pasos atrás para observarla. Una imagen sublime. Me deleité un buen rato admirándola.

—Franc, Franc, Franc.
—¿Qué? ¿Qué? ¿Qué?
—Que te has quedado dormido.

Abrí los ojos y ahí estaba él. Don Dimitri el gran inquisidor sacándome de mi placentero sueño.

—Pues ya me podías haber dejado un rato más.
—Jejeje ¿Tu también eres de esos de los cinco minutos más?
—Pues sí.
—Desde luego como sois los españoles con eso de la siesta.
—Dimitri es toda una institución. Si se pudiese exportar ya veríais lo que es. Y si fuese negocio tú serías el primero en sacarle tajada.
—Bueno ¿Qué? ¿Nos vamos?
—Lo que tú digas. Tú eres el que me ha hecho esperar.
—Si te hecho esperar es porque estaba preparando la reunión de esta tarde.
—¿Reunión esta tarde? —dije yo.
—Pues sí. Vamos a empezar a vender combustibles, jejeje

Su sonrisa socarrona resonó en todo el salón. Estaba convencido que este cabrón ya había cerrado todos los tratos sin más y ahora solo quedaba sentarse en una mesa para hacer la puesta en escena. Como si no lo conociese.

—Venga vamos. Tenemos la primera reunión en media hora.
—¿La primera? ¿Cuántas vamos a tener hoy?
—He programado tres. Vamos que el tiempo apremia.
—¿Tres? ¿Te has pensado que vamos a una maratón?
—Una maratón no, pero si una montaña rusa. Y nunca mejor dicho.

—Para ser ruso, jejeje —dije.

—Bueno, ¿Nos vamos?

—Dimitri dame la mano y estira que me he quedado encajonado. ¿Con quién has quedado?

—Para la primera visita he quedado con el gerente de PetroServices. ¿Lo conoces?

—Pues la verdad es que no.

—Es el señor Garrido. Ese es el primero con el que nos vemos. De las otras dos citas ya te lo explicaré sobre la marcha.

—Y... ¿Qué le vas a decir?

—Vamos, Franc, vamos. Que vamos los dos.

—No Dimitri...lo que vas a decir tu. Tú eres el creador de la idea, del negocio. Yo solo soy tu brazo ejecutor.

—Lo que tú digas, pero me acompañas y no se hable más.

Me incorporé del sillón con su ayuda. Como ya era costumbre le hice el típico saludo militar con un "a sus órdenes señor". Salimos del salón. Pasamos por delante de la recepción y de ahí a la calle. Tomamos un taxi. Dio una dirección al taxista e inició el rumbo a nuestro destino.

Dimitri andaba entretenido revisando los papeles de su cartera. Asomé mi mirada por la ventanilla. Me aventuré por los confines de un horizonte perdido. Liberando mi imaginación empecé a soñar despierto. En mi mente seguía vivo mi reciente sueño. Ya no era la visitante de mis sueños la que se hacía presente. Esta vez era la propia Mar. Imaginar todo cuanto se me antojaba hacer con ella. El recuerdo de la mesa camilla. Todo se confabuló en mí para situarme en un estado de deseo sin igual. Dimitri a sus papeles y yo perdido en mis sueños.

Las imágenes de nuestro reciente encuentro perduraban. Se me antojaba una nueva escena en la tienda de Salva con Mar como protagonista. La veía en la realidad de mi imaginación. Con mi mirada perdida en el horizonte. Empecé a degustar en el recuerdo de las mieles del placer que me proporcionaba. Su sensualidad a flor de piel. Su aroma permanecía en mí.

Olisqueé mi mano para recordarla mejor. Fantaseaba con aquella mesa camilla. La imaginaba otra vez allí. Tendida sobre su espalda. Mirando al techo desnuda. Esperándome. Silenciosa. Expectante. Alterada. Trémula. Con su piel al borde del abismo. Mi corazón alterado se batía desbocado.

Me imaginé atándole los tobillos con una corbata. Con las plantas de los pies, una contra otra.

Me corroía la imagen de como estiraba de la corbata al tiempo que sus piernas se arqueaban ofreciéndome un primer plano de su monte venus rasurado. La sonrisa vertical de su sexo me reclamaba. Su humedad era palpable. El perfume de su sonrisa clamaba. Mis pantalones se abultaron con la sola idea de dejar caer mi mano sobre ese reclamo. Azotárselo en esa posición se me presentaba como algo sublime. Excitante. Perverso. Mi erección me lo estaba advirtiendo. Escuchar su dulce voz suplicando. Más por favor mi Señor. Sus convulsiones avisándome de su descontrol. Sorprendida de su propia reacción.

—Franc, ya hemos llegado.
—Eh, sí, sí.

Desperté de inmediato de esa extraña alucinación. Las perversiones de mi otro yo me estaban llevando a un punto en el que no había un solo instante en el día ni en la noche que no tuviese revelaciones morbosas. Sumido en un estado de alteración constante. Con el corazón en un puño. Sin poder dar razón de mi estado. Salí del taxi como un autómata. Siguiendo a mi amigo Dimitri. A su espalda. Escondiéndome de sus percepciones.

Entramos en un edificio que por su aspecto de estructura metálica y los acristalamientos anunciaba ser de oficinas. En la entrada un hall con seis ascensores. Entramos en silencio en uno de los ascensores. Planta séptima. Una mirada cómplice de Dimitri a la cual respondí con un guiño. Llegamos. Para sorpresa mía toda la planta estaba ocupada por la compañía PetroServices. Entramos. Una joven bellísima nos atendió en la recepción. Dimitri arqueó sus cejas. El muy bribón. La joven nos acompañó a una sala de reuniones. Una mesa acristalada con forma oval con ocho o diez sillas. Nos sentamos a esperar. Al rato nos anunció que el señor Garrido nos atendería en breves minutos. Continuamos con la espera.

Dimitri de nuevo rebuscando en sus papeles, ordenándolos en diversos montones. Yo rebuscando en mi memoria el punto donde me había quedado. El sol del atardecer penetraba por uno de los ventanales. Me quedé atontado degustando mi fantasía. En un silencio imperturbable. Mi mano siguió azotando su vulva. De sus labios entreabiertos asomaba la punta de su lengua. En un último azote dejé mi mano inerte. Sobre ella. Sobre su monte venus. La acaricié. Estaba ardiendo de deseo. Descontrolada.

Volví a la realidad cuando escuche la puerta de la sala abrirse. El señor Garrido apareció. Se presentó a nosotros y se sentó. Dimitri inició su alocución para mostrar sus intenciones. En escasos minutos hizo una exposición clara y concisa de su propuesta. Dije para mis adentros. ¡Qué buena idea!

Al parecer fue del agrado del señor Garrido. Conclusión a la que llegué por su lenguaje verbal y no verbal. Había sintonía entre los dos. Con una sonrisa y un apretón de manos sellaron el acuerdo. En algo menos de media hora se había escenificado lo que ya tenían medio acordado.

Como idea no estaba nada mal. Ofrecer a los clientes del astillero bonos de descuento en las gasolineras de la cadena de PetroServices a cambio de consumir nuestros carburantes. El barco que menos cargaba no bajaba de los dos mil litros. El negocio era redondo. En realidad daba lo mismo, los descuentos. Lo importante estaba en los consumos y los márgenes que esos consumos dejaban.

Salimos de la primera reunión con el acuerdo debajo del brazo. No esperaba menos de Dimitri. Estaba hecho un lince. No perdía ocasión alguna. Su instinto en los negocios le venía de su aprendizaje en su Rusia natal. Aprendió. Y como aprendió. Se había forjado a si mismo.

–¿Qué te ha parecido Franc?

–Impecable Dimitri, impecable.

–Si te he pedido que me acompañes es porque quiero que los conozcas personalmente. Yo me iré pronto y tú tienes que seguir el contrato con ellos. Me interesa mucho que te conozcan. Que sepan quién eres para que todo funcione a la perfección.

–De eso ya me he dado cuenta. No te preocupes tal y como cierras el trato está claro para todas las partes. No caben dudas. Si quieren abastecer a nuestros clientes tendrá que ser a condición de aceptar nuestros bonos descuento que luego nos los entregaran para recuperar los descuentos al tiempo que nos compran más combustible. El círculo está cerrado.

Paramos a otro taxi para ir a la siguiente entrevista. Supuse que no tendríamos que ir demasiado lejos ya que casi todas las oficinas de las compañías importantes estaban por la misma zona.

La tarde llegaba a su fin. El anuncio del anochecer inminente asomaba por la ventanilla del taxi. El sonido de la música me transportó a la tienda de Salva. Ella seguía allí. En la misma posición donde la dejé. Masculló en mi imaginación un gruñido de satisfacción. No tuve tiempo esta vez de degustar el manjar. El taxi llegó a destino.

Un nuevo edificio ante nosotros. Otra recepción. Otro ascensor. Otra de las reuniones previstas. Me abandoné a ser el acompañante silencioso de mi jefe y amigo. En mi ánimo estaba el poder quedarme solo para deleitarme con mis sueños. Recrearme con mis recuerdos y saborear con intensidad mis nuevas emociones.

Capítulo 29

Aquel día iba a ser diferente. Quería sentir que era el primer día del resto de mi vida. El resurgir de mi voluntad. Mi mente vencedora contra mi cuerpo desobediente. Iba a por todas y no tenía ninguna intención de doblegarme. Se había terminado para mí medrar. La resistencia a caminar debía quedar en el olvido. Miré con desprecio la silla. Me levanté y me vestí. Ya le había cogido la práctica de hacerlo sin ayuda. Cogí mi nueva muleta y me aventuré hasta el comedor.

–Sr. Ulises. Pero ¿Cómo? ¿Usted solo?

–Aquí me tiene Adela. Aún no me he muerto. Este es el resultado de mi voluntad y de los ejercicios que me hace hacer Imma.

–No me lo puedo creer.

–Pues ya ve que se lo puede creer. He llegado hasta aquí y luego nos iremos a pasear.

–Eso está hecho Sr. Ulises. Tan pronto desayune nos vamos.

–¡Qué emocionante! Y que no se le ocurra a Eva decir nada que me la como.

Me fui directo a una mesa individual. Estaba cansado de mis compañeros homéricos. No me gustaba ser desagradable con nadie pero ya me había cansado de estar en una mesa con acompañantes silenciosos. Prefería estar solo. Así que había decidido que a partir de ese día ocuparía una mesa individual. Desayuné de maravilla. La sensación de libertad se instaló en mí.

Un solo deseo me persiguió durante todo el desayuno. Salir a pasear con Adela. No encontraba el momento de terminar y salir. Supuse que no iba a venir. Que solo decía de venir a pasear por darme ánimos. Quizás en su fuero interno, era solo una actitud que formaba parte de su trabajo. Una forma de animar a las personas y de ayudarlas a superarse.

Terminé y salí a la recepción. Me quedé atónito. Allí estaba Adela. Esperándome. La miré de arriba a abajo. Estaba preciosa. Nunca la había visto vestida de calle. Siempre con ese uniforme sin personalidad. El brillo en sus labios hacía resaltar su sonrisa. Sus ojos mostraban su satisfacción.

Le brindé mi brazo. Se cogió. Sentí como un escalofrío recorría mi espalda. Hacía mucho tiempo que no tenía esas sensaciones. Temí que mis piernas no soportasen la tensión. Se comportaban. No iba a dar crédito a ninguna debilidad de ellas. La sensación de bienestar del momento era más fuerte. Nos dispusimos a salir a la calle. Ella abrió la puerta para facilitarme la salida, salimos y la cerró detrás de nosotros. Cuando ya habíamos traspasado el umbral se cogió otra vez de mí, salimos a la calle e iniciamos camino hacia el mar que no distaba mucho de la residencia. Paso a paso. Con su mano cogida de mi brazo andamos y andamos. Y hablamos. Hablamos de emociones. De mis emociones. De sus emociones. Hablamos de mi evolución, de mis sueños y de los suyos. De la vida. De mi vida y de su vida.

    –Tengo que contarle una confidencia Sr. Ulises.
    –Cuente, cuente.
    –Eva ha dado su brazo a torcer. Va a cambiar el tema de la comida.
    –Eso no es una confidencia Adela. Eso es un éxito. Es el triunfo de la razón.
    –Yo me alegro por usted. Así lo tendremos más tiempo con nosotros.
    –Me iré igualmente.

Pronunciar esa última frase cayó como una losa en el ánimo de Adela. Su cara cambió. Su sonrisa se transformó en una mueca. En sus ojos se asomó la tristeza. Sus hombros se fueron abajo. Sentí como se aflojaba su mano en mi brazo.

–Adela, que no me voy a ir mañana...

–Ya lo sé. Pero la sola idea de que se pueda marchar... Usted es especial.. Nunca conocí a nadie como usted que luchase para levantarse de la silla de ruedas y caminase.

–En eso no soy el único responsable. Inma y usted han hecho mucho también.

–Nada comparado con su esfuerzo y tesón –dijo Adela.

–Siempre he conseguido mis propósitos.

–Tampoco vi a nadie plantarle cara a Eva.

–Se lo merecía. Esa necedad debía ser protestada. No era ético lo que estaba haciendo y protesté.

Seguí unos minutos más caminando y en silencio. Y me volvía a dirigir a ella...

–¿Hay algo más que me quiere decir?

–Si hay algo más. ¿De verdad se quiere ir?

–Aún no lo sé. Cuando tome la decisión usted será la primera en saberlo.

Su rostro mostró agradecimiento pero una nota de tristeza seguía con ella. Mientras seguíamos paseando fui sintiendo los cambios en sus emociones. De la alegría a la tristeza. También sentí los cambios en mí. Mis piernas empezaban a sentirse cansadas. Divisé una terraza. El aroma de los calamares a la romana me estaba abriendo el apetito. La invité a sentarnos. Nos sentamos y nos pedimos dos vermuts y una tapa de calamares. Mientras nos traían nuestro encargo le pasé la mano por su brazo y la acerqué a mí.

–Adela ¿Qué le parece la caminata de hoy?

–Asombroso. No pensé que pudiese avanzar tanto en tan poco tiempo.

–Ya le dije cuál era mi voluntad y mi deseo. He cumplido.

–De eso soy testigo. A saber que más se va a proponer que seguro que lo consigue también.

–Pues lo siguiente ya lo sabe. ¿Quiere que lo hablemos?

–Como deseé. Ya sabe que me entristece la sola idea de que se vaya.

–Y si le digo que he pensado en que se venga usted conmigo...

–¿Con usted?

—Sí. Conmigo. Me gustaría que viniese en calidad de enfermera. Supongo que tiene carnet de conducir...

—Claro que tengo carnet de conducir. ¿De enfermera? ¿Su enfermera?

—Adela, enfermera, asistenta, ayudante, qué más da. ¿Quiere venir?

—Pero... ¿Dónde vamos a ir?

—Adela como le dije una vez todavía conservo mi patrimonio. Me iría a una finca que tengo en la montaña. Pero mi familia no me dejaría estar allí solo. Si les digo que usted viene conmigo no van a poner ninguna pega.

—Dice una finca... ¿En la montaña?...

—Sí. ¿Le da miedo la montaña?

—No. Que va. Siempre me ha hecho ilusión vivir en la montaña. Alejada del mundanal ruido.

—Entonces... ¿Dónde está el problema?

—Sr. Ulises, no quiero abusar, pero considere que tengo un empleo fijo y...

—No abusa. Tiene razón. Está fácil. ¿Cuántos años llevas en esta residencia?

—Déjeme pensar... Debo de llevar unos 10 años.

—Perfecto. Pide una excedencia y la contrato yo.

—¿Me lo está diciendo en serio?

—Pues claro que se lo digo en serio. Y muy en serio. Y quiero que se quede a vivir allí conmigo. Le pagaré lo mismo que le están pagando aquí. ¿Qué le parece? Hoy estamos a día 10, podríamos irnos a final de mes.

—La verdad... Me parece un sueño. Irme a vivir a la montaña. Sin agobios. Apartarme una temporada del mundo. Creo que me ira bien. ¿Está muy lejos dónde vamos?

—Un poco. A unas dos horas de aquí. Es una finca muy bonita por lo que mi memoria me permite recordar. Hace más de ocho años que no voy allí. Es una casa de piedra de unos doscientos metros cuadrados rodeada de bosque. El pueblo más cercano está a cinco kilómetros. Por eso le dije lo del carnet de conducir.

—Me parece perfecto. Me acomodaré.

—Llamaré a mi nieto Raúl para que nos lleve y de paso que vaya avisando a la familia para que conozcan de mis intenciones.

Apuramos el último sorbito del vermut y nos dispusimos a volver. Un nuevo rumbo fijado en la carta de navegación. Una sonrisa en nuestros labios marcaba la huella de las ilusiones. Respirábamos el aroma de la libertad. Por fin perdería de vista al club de la Ilíada y el inconfundible olor de comedor de residencia. Lo iba a sentir mucho por Imma a la que todavía le debía un baile.

—Adela, ¿Qué le parecería organizar una pequeña fiesta el primer fin de semana que estemos allí? Quiero invitar a Inma. Le debo un baile.
—¡Qué buena idea! Me parece estupendo, excelente. Cada segundo que pasa tengo más ilusión. Quiero que llegue final de mes ya. ¿Qué le parecería una barbacoa?
—¡Genial! Una barbacoa. Haré que venga mi familia. Ya los conoce.
—Me parece perfecto.
—Y bailaré con Inma.

Haciendo planes llegamos caminando hasta los jardines de la residencia y entramos por allí. Dimos un último paseo antes de ir a comer. Pronto íbamos a cambiar esos jardines por los bosques de coníferas que rodeaban mi casa en la montaña. En mi imaginación rondaba la idea de convertir la explanada que había en la fachada principal en una zona ajardinada donde poder disfrutar de la eclosión floral de la próxima primavera.

Capítulo 30

La semana que iba a estar Dimitri entre nosotros llegaba a su fin. Mañana a primera hora emprendía el vuelo a su Rusia natal. Vislumbraba por fin mi libertad y tiempo para escaparme con Mar. Ambos formaban parte de mi nueva vida. Dimitri me estaba encumbrando a la cima económica y Mar a la cumbre de mis emociones. Cada uno en su parcela, se habían convertido en una parte importante para mí.

Dimitri era implacable en sus observaciones, pero ya empezaba a controlarle y me estaba saliendo muy bien de las situaciones, sin dejar el más mínimo resquicio de duda. Ella era la mujer que me había ayudado a sacar a la luz a mi otro yo, mi lado oscuro. Ese que cada noche me asediaba perturbando mi descanso.

Ya solo me quedaban unas horas para quedarme a mis anchas. Se me había ocurrido una canallada y la iba a hacer realidad. Tan pronto Dimitri tomase su vuelo iba a cogerme el día libre. Ocho horas libres para disfrutar. Toda una jornada laboral de ocio sin más partícipes que ella y yo.

Mentalmente fui haciendo la lista de la compra. Estábamos bajo mínimos de velas y enseres diversos. Visitar la tienda de prêt a Porter de doña Antonia para comprar algún que otro modelito. Recordé que la despensa estaba vacía. Bebidas para rehidratarnos y algo que llevarse a la boca para ejercer de tentempié. Aventuraba mi imaginación que iba a ser una maratoniana jornada difícil de olvidar.

Sentado en el asiento trasero del coche oficial divagaba mientras esperaba a Dimitri en la puerta de su hotel. Charly al volante. Mi reloj marcaba las nueve de la mañana. Supuse que nos esperaba otro día lleno de reuniones. Saqué mi móvil del bolsillo y abrí el WhatsApp.

—Mañana te pides fiesta a cuenta de vacaciones. 9:03
—De acuerdo Mi Señor. 9:04

Cerré el WhatsApp al tiempo que Dimitri abría la puerta del coche.

—Buenos días Franc. Buenos días Charly. Hoy nos vamos a... ¡Sorpresa!
—Buenos días Dimitri. ¿Sorpresa es una calle?
—No Franc. Sorpresa es... ¡Sorpresa! Tenemos una sola reunión dentro de quince minutos y el resto del día es para nosotros. Quiero disfrutar mi último día contigo.

Le pasó un trozo de servilleta a Charly con una dirección.

—Llévenos a esta dirección y luego ya se puede ir. El resto del día nos desplazaremos en taxi.
—Muy bien Dimitri. Allí mismo les llevo. En diez minutos llegaremos.

Charly puso en marcha el vehículo camino de un nuevo destino. Entretanto llegábamos deje volar de nuevo mi mente. Me abandoné a mis pensamientos mientras me distraía mirando el paso de los viandantes. Una chica parada en un semáforo llamó mi atención. La miré. Era atractiva y llamativa. Una falda de cuadro escocés grana y negro atrajo mis más oscuros pensamientos. Charly paro el coche. Giré mi cabeza instintivamente. Miré a un lado y a otro. Miré a Dimitri. En su cara asomaba una sonrisa de oreja a oreja.

—Charly déjenos aquí mismo por favor.
—De acuerdo Dimitri.

Nos bajamos del coche. Primero Dimitri y tras de él bajé yo. Charly aceleró y fue desapareciendo poco a poco de nuestra vista. Me quedé mirándolo. No se movía del lugar donde se había quedado al bajar del coche. Le miré a los ojos para atisbar cuales eran sus intenciones. Él seguía sonriéndome sin inmutarse. Se giró sobre sí mismo y dirigió su mano hacía un escaparate para provocar que lo mirase yo también. Miré...

—¿Vas a comprar un concesionario?
—No Franc, no. Vamos a mirar.
—¿Qué vamos a mirar?
—Un coche.

Estábamos delante de un concesionario. Su gran escaparate mostraba todos los modelos que tenían a la venta. No era cualquier concesionario. Era un concesionario de la Porche. Entramos.

—Dimitri... ¿A qué hemos venido aquí?
—Te dije que hoy teníamos una cita y que íbamos a... ¡Sorpresa!, pues bien esta es la sorpresa.
—¿Te vas a comprar un coche?
—Yo no. Te voy a regalar un coche que no es lo mismo.

En ese momento se me heló la sangre. De pronto me sentí como un niño ilusionado, como cuando escribía mi carta a los Reyes Magos de Oriente y esperaba impaciente que llegase el día después. Algo en el estómago me estaba apretando y me lo retorcía. Me empecé a impacientar por saber que se le había pasado por la imaginación. Y... ¿A cuento de qué me iba a regalar un coche?

Mis dudas, mis preguntas y mis inquietudes desaparecieron al momento. Mi amigo se acercó a un 4x4 plateado. Me lo mostró con un ademán de su mano. Abrió la puerta del conductor y con su otra mano me invitó a entrar. Más que entrar, subirme. No era mi Audi. Había que subirse literalmente. Me senté delante de aquel volante. La sensación de estar elevado en un pedestal me sobrevino. Me inundó el aroma a vehículo nuevo, intacto, impoluto. A punto de ser estrenado. Reclamando su espacio en la carretera. Agarré el volante y una sensación de dominio se apoderó de mí. Percibí que mi otro yo se adueñaba de mis emociones.

—¿Qué? ¿Te gusta?
—Eso no se pregunta. Es precioso. Pero... ¿Por qué?
—Te lo explicaré. Tu siempre necesitas tener un por qué para todo. Podría ser simple y decirte que porque me da la gana. Pero sé que no

iba a ser suficiente así que te daré los motivos. Primero porque quiero anticiparte la prima de producción que te prometí y prefiero que sea así, por anticipado. Segundo porque me parece apropiado para ti. Mi director general debe tener un vehículo acorde con su cargo. ¿Te parecen suficientes motivos?

–Dicho así parece que me estés obligando.

–Déjate de tontadas ¿Te gusta este coche?

–Dimitri, ¡Es un Cayenne! ¡Cómo no me va a gustar! ¡Es una pasada!

–Me gusta que te guste. Porque ya es tuyo. Me he tomado la libertad de ponerlo a tu nombre. Ahora recogemos la documentación y las llaves. Nos vamos de paseo. ¡Ah! Ya te dije que sorpresa es... ¡Sorpresa!.

–¿Y si no se cumplen las expectativas de ventas?

–Fácil, me quedo el coche. Jajajajaja... Anda no digas tonterías. Vamos por las llaves.

Me engañó bien engañado con la visita que decía que había programado para esta mañana. Engañado, sorprendido e ilusionado. Nadie como él para para crear ese ambiente de misterio y luego sorprender. Nunca nadie me había sorprendido tan gratamente como él.

Aún recuerdo con mucha nostalgia el primer regalo que me hizo el día que gané a su favor un pleito. Era un caso complicado de competencia desleal. Tan pronto tuve la sentencia favorable en mis manos se la envié. Al cabo de unas horas apareció llamando a la puerta de mi despacho un mensajero.

–¿El señor Franc Sirera?

–Si soy yo.

–Este paquete es para usted. Viene de Rusia. Tenga firme aquí.

Firme y recogí el paquete. Lo dejé sobre mi escritorio mientras atendía un fax que acababa de llegar. Me senté en mi despacho y miré el paquete con cierta curiosidad. ¿Qué podría venir desde Rusia? Que yo recordase no tenía nada pendiente. Tan pronto lo abrí descubrí su contenido. Primero una nota manuscrita con la letra de Dimitri.

Un pequeño presente para mi ganador
Un abrazo
Dimitri

Rompí el precinto inmediatamente. Dentro del paquete una cajita de color granate. La abrí con cierto nerviosismo e impaciencia. Un par de gemelos de oro con un brillante cada uno. La sorpresa fue mayúscula. Además de una buena minuta de honorarios un regalo de los que uno no se puede olvidar nunca. No lo hacía para agradar, era por gratitud. Las facturas pagan horas de trabajo. Con los regalos agradecía dedicación, esfuerzo y entusiasmo.

Nos subimos al flamante todoterreno de color gris plateado. El mismo al que nos habíamos subido antes. No advertí que ya estaba matriculado. Le habían camuflado bien las placas de matrícula con un plástico y cinta de carrocero para no llamar mi atención. El encargado de la entrega nos hizo esperar unos minutos para retirar el camuflaje. Mientras fui toqueteando todos los botoncitos.

–Y... ¿Ahora dónde vamos? –pregunté a mi amigo–.
–Cuando nos digan que esta todo correcto vamos a poner rumbo a lo desconocido.
–Bonita dirección –le dije– pero el GPS de este coche seguro que no reconoce el destino.
–Mira no sé muy bien cuál es la dirección donde te quiero llevar. Intentaré guiarte. ¿Vale?
–Venga. De acuerdo. Tú me haces de GPS. Ya sabes, derecha, izquierda, gire en la próxima.
–De acuerdo. Me lo voy a pasar en grande. Aunque no garantizo nada, ¡eh!
–Pues cuando nos digan, salimos.

Al final, después de esperar un rato nos dieron la conformidad. Abrieron las puertas del concesionario y me hicieron arrancar el motor. A una señal del encargado me hizo salir. ¡Qué sensación! Salir con el coche nuevo por primera vez a la calle y más a esa altura de conducción. Nunca antes había conducido un vehículo de esas características. La primera sensación es que te vas a dar un golpe con todo lo que te encuentras por el camino. Luego ya vas tomando confianza y te vas afianzando con las distancias.

–La próxima a la derecha. –dijo Dimitri.

Giré siguiendo sus instrucciones y seguí por esa calle hasta que me advirtió de una nueva maniobra.

—Ahora en la glorieta gira y coge la tercera salida.
—Vamos —dije gesticulando.

Habíamos entrado en una avenida ancha y larga con doble carril. De las que puedes ir un poco más rápido. Seguimos un buen rato por ella. Lo iba mirando a la cara de reojo. Una sonrisa en su cara me advertía que llevaba un plan.

—Pero... ¿Dónde vamos? —pregunté.
—Tú conduce Franc. Vamos a tomar una copa. Te voy a llevar a un sitio único.
—Bueno. Si no me lo quieres decir, no me lo digas. Al final lo sabré, sigue guiándome.
—Creo que la próxima a la izquierda.
—Crees o es. Dimitri que me llevas loco. Entre el coche nuevo que me estoy adaptando y tú que no sabes bien donde vamos voy apañado.
—Franc, a la izquierda. Ahora estoy seguro.

La zona me empezaba a ser familiar. Al principio dude pero cuando mi amigo me dijo que girase a la derecha y me metiese en el parking se me heló la sangre. Los pies y las manos empezaron a descontrolarse provocándome temblores imperceptibles. Mi inquietud fue tomando fuerza.

—Aparca aquí mismo Franc.
—¿A un parking me llevas a tomar una copa? —dije

Contuve mis emociones todo lo que mi sentido común me permitía. Aparqué y salimos del flamante todoterreno nuevo. Inspiré aire. Mi tensión arterial estaba muy alterada y que no decir de mis nervios. A flor de piel. Caminamos unos metros. Ya no me quedaba ninguna duda. ¡No podía ser! Dimitri me había llevado al mismísimo Templo de los Devotos del Potro. El frío se apoderó de mí. Un escalofrío recorrió toda mi espalda cuando llamó a la puerta. El portero nos abrió y entramos en el recibidor. Vi las máscaras e hice ver que ponía cara de sorpresa.

—¿Dónde me has llevado? ¿Qué es esto?
—Tú sígueme y verás. Coge una máscara. La que más te guste y póntela como hago yo.

No dije nada. Cogí una. Sin atender siquiera a su forma o color y me la puse. Me vi protegido tras esa máscara de la mirada inquisidora de mí amigo. Si me ruborizaba en algún momento no me iba a ver. Solo el recuerdo de mi primera visita a aquel local ya me tenía perturbado. Mil preguntas alteraban mis pensamientos. ¿Por qué me había llevado a ese lugar? ¿Sabría algo de mi incursión? Demasiadas coincidencias. De los miles de lugares que había en la ciudad ¿Por qué eligió este? Se me antojaba que pudiese sospechar algo.

Ahora con Dimitri allí los espacios los veía con otra perspectiva. La barra no era tan grande como la percibí el primer día. Los cortinajes que divisé en la sala de las baldosas en forma de ajedrez ya no me parecían tan espectaculares. No podía permanecer por más tiempo en silencio. Tenía que reaccionar y dejarme de contemplaciones.

–¿Dónde me has traído Dimitri? ¿Qué se supone que es esto?
–Ya lo ves. La barra de un bar.
–Venga, no me tomes el pelo. Donde se ha visto que para estar en una barra te tengas que poner una máscara.
–Franc, esto es un club privado. Un club especial para amantes del BDSM.
–¿Bms? ¿Qué?

Me hice el sueco lo mejor que pude y creo que lo despisté del todo. Entreví sus ojos a través de su máscara. Su mirada mostraba extrañeza. Una sonrisa interior se apoderó de mí. Objetivo cumplido. Mi desconocimiento fingido caló en él.

Tuvo la amabilidad de explicarme con todo lujo de detalles el sentido de esas siglas. Lo que representaban para las personas inclinadas a abrazar esa forma de ser y en algunos casos de vivir. Asentí con asombro, todos y cada uno de los detalles que minuciosamente desgranaba para alumbrar mí saber y entender. Él conocía muy bien ese ambiente. Me privé de preguntarle por lo que era obvio y evidente. Pertenecía a este mundo al igual que yo. Me quedó claro que estando Dimitri por aquí no debía frecuentar ese lugar.

Me tomé mi consumición con suma rapidez. Me incomodaba la idea de que él conociese ese reducto donde no hacía muchos días había estado con Mar. El recuerdo de aquel día me turbó de nuevo.

–¿Quieres que demos una vuelta por este local?

–Si quieres... Me resulta indiferente. Lo cierto es que me incomoda esta máscara.

Ya no sabía que decir para salir de allí. Tampoco debía ser descortés. Hubiera podido levantar suspicacias. Menudo era él para atisbar mis emociones y las de los demás. Por fin se me ocurrió como hacerlo.

–De acuerdo. Damos una vuelta, me enseñas todo esto y luego nos vamos a desayunar. Estoy muerto de hambre.

–Buena idea Franc. De esa parte te encargas tú.

Nos adentramos en la sala del ajedrez y me mostro la rueda. Me explicó que allí se hacían reuniones. Que acudían grupos para realizar sus prácticas de exhibición pública. Se deleitó dándome todo lujo de detalles de las técnicas shibari para inmovilizar a las personas pasivas. Me explicó la existencia de potros de tortura, reclinatorios y otros enseres en las estancias privadas. Creí que tenía intención de darme una exhaustiva explicación de los pormenores de una sesión en esas estancias. Al parecer se reprimió. Terminó su consumición y me propuso irnos para hacer el desayuno que le había propuesto.

Salimos del Templo sin olvidar dejar las máscaras en su sitio y nos dirigimos al coche. Mientras íbamos caminando Dimitri observó...

–Parece que no te ha gustado mucho donde te he llevado.

–No es eso. Me ha sorprendido el lugar. Me ha resultado algo extraño y desconcertante. Y luego cuando me has explicado para qué va la gente allí. Esas reuniones. La verdad. No sé qué decir. Prefiero pensar en el desayuno. Mi estómago sigue rugiendo.

–No pasa nada. Pensé que te gustaría. Ahora te toca a ti elegir dónde vamos.

–Te voy a llevar a un sitio que hacen unas flautas de pan que están para chuparse los dedos.

–Eso de las flautas no lo conozco. Ya sabes. Allí en Rusia no hay de esas cosas.

Nos subimos al Cayenne y tomé dirección a un pueblito de la costa. Recuerdo el primer día que descubrí ese lugar. En la nostalgia del tiempo quedó aquella camarera amable que ofreciéndome un abanico de posibles condimentos para esas flautas. Atún con mayonesa y olivas. Bacon con queso. Tortilla de patata. Tal y como me lo iba relatando se me hacía la boca agua. Esperaba que hoy no fuese menos y a Dimitri le gustase mi elección. Me apetecía una cerveza fresca con alguna de sus especialidades.

El sol tenue de la mañana calentaba la cristalera de la cafetería "El rincón". Bocadillos, tapas y flautas anunciaban en un rótulo. Entramos y tomamos asiento en una de las mesas adyacentes a la cristalera. Desde allí divisábamos la playa y la luz que el sol proyectaba en el agua del mar. Una camarera se acercó a nosotros y con la misma soltura que la que yo recordaba nos propuso varias versiones de flautas. Me lancé ante la propuesta de la flauta con tomate al estilo catalán. Relleno de jamón de jabugo con carpaccio de piña.

Antes de que nos trajesen el encargo Dimitri se levantó y se excusó para ir al lavabo. Aproveché el momento para dar una mirada a mi móvil. La señal redonda y verde en la parte superior izquierda me avisaba que tenía un mensaje de WhatsApp pendiente de leer.

–... Y... *¿Qué voy a hacer en mi día de fiesta? 9:06*
–*Vamos a hacer diabluras. Sal de casa a tu hora habitual. 12:15*
–*Yo te diré dónde te recojo 12:16*
–*Lo que usted diga Mi Señor. 12:17*
–*Bye. 12:17*

La camarera se acercó con nuestro pedido en una bandeja.

–Su cerveza y la de su amigo. Enseguida les traigo las flautas.
–Muchas gracias.

No tardó en volver la camarera al tiempo que aparecía Dimitri. Nuestro desayuno estaba servido. Me encantaba ver su cara de sorpresa cuando tenía delante algo nuevo para comer. Era todo un gourmet encandilado por las exquisiteces culinarias y la variedad que encontraba cada vez que venía de visita.

–Esto está exquisito –dijo Dimitri mientras de su garganta surgía un sonido gutural de satisfacción.
–Me satisface que te guste. El entorno acompaña y el desayuno es de

primera.

–No lo dudes. Me siento muy satisfecho por todo. Esta semana ha sido muy intensa y satisfactoria. Franc tu eres mi talismán. Haremos grandes cosas juntos.

–Me llena de orgullo escuchar esas palabras de ti. Yo también me siento tremendamente satisfecho de estos días. Tengo la sensación que se han puestos los cimientos de un proyecto espectacular que habrá que darle un tiempo para que fructifique.

–Desde luego que si Franc. En mi cabeza está todo previsto y calculado. El éxito está en nuestras manos. Con tu dirección, pieza clave en mi organigrama, alcanzaremos grandes metas.

–Así será. Sin prisas, pero sin pausas. Por cierto no pienses que vas a tener motivos para que te tenga que devolver el coche.

–Jejeje. De eso estoy seguro. Cuando hayamos terminado si no te importa me llevas al hotel. Esta tarde tengo un compromiso que espero se alargue hasta la noche. Mañana cojo el vuelo a primera hora.

Esto último despertó a mi diablillo interno que empezó a dar palmadas de alegría. Un alborozo se apoderó de mis entrañas poniéndome en un estado de felicidad interior.

–¿Ya me abandonas?

–No es eso Franc. Llevamos una semana juntos. Tú tienes tus cosas y yo las mías.

–No puedo estar más de acuerdo contigo.

Acabamos nuestro desayuno y salimos muy satisfechos en dirección a su hotel. Durante el camino Dimitri iba hablándome de las maravillas climáticas de estas tierras. Lo oía pero no lo escuchaba. Simplemente asentía. En el fondo de mi ser empezaba a degustar los aires de libertad. El poder ser yo de nuevo.

Llegamos a su hotel. Ambos descendimos del coche para despedirnos. Extendí mi mano y él la estrechó. Estiró de mi mano y mi cuerpo siguió tras de ella. Me hizo ir hacia él y nos fundimos en un abrazo. Nuestros destinos se habían encontrado amparándose en sus nuevos negocios. La amistad de años se había consolidado y había forjado objetivos en común.

Se giró sobre sí mismo y emprendió el camino hacia la entrada acristalada de la recepción de su hotel. En ese instante un sentimiento de pena me inundó. Pena y nostalgia. En definitiva él era mi mentor y el promotor del descubrimiento de mi yo oculto. El que me había abierto las puertas de un nuevo universo.

Me subí al todoterreno y puse rumbo a Naval Dinamic. Creí oportuno aparcar el nuevo vehículo allí y retomar mi Audi para proveerme durante la tarde de cuanto había anotado mentalmente en la lista de la compra.

Capítulo 31

¡Qué cambio! De ir subido en las nubes a conducir a ras de suelo. Mi viejo Audi aún tenía mucho que decir. Miré hacia el asiento de atrás antes de subir la rampa de salida del parking de Naval Dinamic. El recuerdo imborrable de mi primera cita con Mar persistía en mi memoria. El corazón se me encogía y se me hacía un nudo en el estómago al recordarlo. Ahora solo debía centrarme en ir a comprar lo que me hacía falta. Mañana iba a ser un día muy especial. La iba a tener de nuevo a mi disposición.

Tenía la intención de tomarme parte de la tarde libre. Dejé un mensaje a Astrid para que tuviese conocimiento de ello por si había alguna llamada inesperada. En verdad no esperaba que nadie llamase. A Dimitri lo hacía ocupado en su fiesta particular, con lo que no contaba con él para nada. De hecho ya nos habíamos despedido con lo que dudaba que pudiese haber quedado algún fleco pendiente de concretar. Resultaba difícil que le quedasen flecos a él.

Llegué a la boutique de Doña Antonia. ¡Qué casualidad! Un hueco en la zona azul justo frente a su gran escaparate. Aparqué. Al salir del coche mire hacía su interior. Lo vi y me enamoré. Un conjunto precioso. Imaginé como le quedaría nada más ponerle el ojo encima. Una blusa blanca semitransparente con el bajo redondeado para llevarlo por fuera. Tapaba justo medio culito dejando el otro medio al azote de las miradas masculinas.

Un jersey gris jaspeado, muy entallado, para encima de la blusa con un cinturón metálico y unos leggins de color azul marino. Otro complemento que iba a tener su punto. Una boina femenina de punto en color beige. Una recreación retrospectiva de la belle époque de los 70. Ya me hacía la idea de cómo iba a resaltar medio ladeada sobre su melena morena. Se me antojaba la pasajera imagen de verla desnuda con un único atuendo. Esa boina.

Deseaba organizar un pequeño vestuario y ocupar uno de los armarios vacíos. Con el uniforme del traje chaqueta de Mar se corría un peligro. Cualquier día en un exceso de pasión y con las hormonas saliéndonos por las orejas, rasgarlo y romperlo en mil girones. Cuando la pasión se apodera de los instintos es difícil ser propietario de los impulsos. Iba a hacer lo mismo conmigo mismo. También me iba a reservar un espacio para proveerme de ropa. Mil motivos. Por el placer de disponer de un vestuario adecuado y cómodo, incluso ante el riesgo que se pudiese manchar.

Terminé en la tienda de Doña Antonia. Una bolsa de papel con la compra realizada. Ansiaba ya vérsela puesta. Una sonrisa en sus labios y su lengua relamiéndose sin apartar sus ojos de los míos. Sé que no lo llevaba en la lista de la compra pero ya no podía resistirme ni un segundo más. Había algo que no iba a faltar. Entré como un kamikaze en aquella tienda masculina. Todo cuanto tenían allí era de primera calidad. Me llamó mucho la atención una chaqueta tipo cazadora de cuero negro. Fui a por ella. Negra y con innumerables atributos metálicos adosados. En toda la longitud de los brazos unos flecos de piel y en la espalda un bordado espectacular. Unas espuelas y una fusta. No dude en probármela. Encajaba como un guante incluso cerrada con su cremallera vertical. Ceñida a la cintura. Ni que la hubiesen hecho a medida. Reclamé del dependiente unos pantalones acordes a la chaqueta.

—Talla 42 por favor.
—Enseguida se lo traigo señor.

No podía resistirme tampoco a ponerme aquellos pantalones. Una vez puestos quedaban preciosos. Se ajustaban a mi cuerpo perfectamente. Cuando los tuve bien colocados y abrochados me ajusté la chaqueta. Primero la cerré por su cremallera. Levanté su cuello, estirando de sus puntas hacía arriba y me giré hacía el espejo. ¡Oh! Espectacular. Impresionante. Me asombré de lo impresionante que estaba. Todo vestido de negro. Enfundado en cuero negro. Sentía que algo me faltaba. Desde luego que sí. No podía ir con unos mocasines negros. Me lance a la caza del dependiente que me estaba atendiendo. Lo pille whatsappeando con alguna chica. Lo descubrír porque tenía en su cara esa sonrisita tonta que se nos pone a todos cuando al otro lado de la pantalla está una chica.

–¿Tenéis botas camperas?

–Por supuesto. La quiere en color negro o en color natural.

–Me refería a si tienen botas camperas de Valverde del Camino. De las que se hacen a mano.

–Desde luego que sí. Aún se hacen a mano. De la forma tradicional de toda la vida.

–Tráigame unas en negro por favor. Así iré al tono.

–¿Qué pie calza?

–En zapato un 42. El mismo número de talla que de pantalón.

–Enseguida se la traigo su equivalencia en bota.

Me quedé unos minutos solo a la espera de tener mi nuevo atuendo al completo. Una vez puestas aquellas botas negras de puntera prominente ya no me quedaba ninguna duda. El negro era mi color.

Mi inquietud iba en aumento a medida de que iba incrementando las compras de prendas de vestir. Mi imaginación desbordada por las imágenes que mi mente arrojaba. La sensación de vivir soñando situaciones aún no vividas me mantenían en un trepidante estado de excitación. La revolución de mis hormonas alcanzaba el cenit cuando mi vista se nublaba. Un calor dentro de mi cabeza me turbaba hasta el punto de desear cerrar los ojos para poder abandonar la realidad y sumergirme en la inmensidad de mis sueños. Anhelaba darme unos minutos de sosiego y a la par de privacidad. Pagué la compra de mi nuevo atuendo y salí de la tienda. Necesitaba que me diese el aire de forma urgente. Mi alteración me precipitaba al abismo de mis emociones.

La idea de vestirme al completo con mi compra de hoy subyugaba mi estado anímico de tal forma que mi mente no podía pensar en otra cosa. Absorto en la imagen que a través del espejo advertí. Una figura masculina enfundada en cuero negro. Pensar en cómo me había impresionado verme a mí mismo y en el efecto que a ella sin lugar a dudas le iba a ocasionar.

El pronóstico de lo que podía suceder era evidente. Ni bajo la prescripción de un mapa de isobaras cabía ser más preciso. Las emociones a flor de piel y el deseo desbordándose por cada poro de la piel. Destilando las esencias de nuestros cuerpos bajo la crepitante luz de las velas. Desgranando de los racimos del placer nuestros deseos uno a uno. No nos podríamos contener. La cita de mañana esperaba que fuese como un volcán de emociones en erupción. Demasiados días conteniendo el deseo.

Una bocanada de aire fresco acarició el calor de mis mejillas y me hizo abandonar por un momento la cadena de mis pensamientos. De mis ojos brotaban dos fugaces lágrimas de felicidad. Ya me faltaba poco para tenerla de nuevo entre mis brazos. Besarla. Morderla. Subyugar su voluntad y hacerla mía. Poseerla como una animal salvaje. Ya ni el aire podía enfriar el calor que me inundaba. Culpa de mi sangre que viajaba a borbotones por las autopistas de mis arterias. Debía calmar mis ánimos en la medida de mis posibilidades o no iba a llegar cuerdo a la cita. Desde que me vi ante el espejo vestido de negro, mi cuerpo y mi mente estaban bajo los efectos de un exceso de adrenalina pululando a sus anchas y haciendo fechorías.

Mi visita a la tienda de velas fue como entrar en el museo del olor. Un túnel del tiempo imaginario que me transportaba a mi niñez. Cada uno de sus rincones desprendía una aroma especial. En mi memoria olfativa el recuerdo del olor de las velas en casa de mi abuela. Cuando se le fundían los plomos de la luz y los tenía que cambiar.

El ritual de encender las velas y quedarse al amparo de su tenue luz. La pobre mujer que vivía de su exigua pensión de viudedad no podía permitirse el lujo de llamar al electricista del barrio. Así que desconocedora de la técnica aprendió a desenroscar los dos dispositivos cerámicos para verificar en cuál de los dos se había roto el pequeño filamento de cobre que servía de contacto.

El desasosiego desaparecía cuando era capaz de sustituir un pensamiento por otro. El recuerdo de esa escena de mi abuela me había sacado del bucle en el que me sentía inmerso. Mi mente no se estaba comportando como la mente de un ser racional. Transportándome a escenas futuras aún pendientes de hacerse realidad. Supuse que Mar estaba en similares condiciones así que abrí el móvil dispuesto a enviarle una misiva a su punto de flotación.

–Mañana te voy a comer entera. 17:55

Anduve un rato mirando la señal de mi móvil. No aparecía respuesta y me impacienté. Pagué el nutrido lote de velas del que me había provisto y salí de la tienda con la intención de llamarla. No me hizo falta. Sonó la vibración de mi móvil. Era ella. Escuché su melodiosa voz aterciopelada.

–Hola mi Señor.
–Hola mi niña.
–Siento decirle que mañana no nos vamos a poder ver.
–Vaya. ¿Qué hace que no nos podamos ver?
–Cosas de mi jefe. Se ha empeñado en que mañana no puedo faltar al trabajo bajo ningún concepto.

Una sonrisa se dibujaba en mis labios. Mi alma se estaba partiendo a carcajadas. Se quería hacer la dura con la bromita.

–Así que tu jefe no te da fiesta... Bueno pues nada. Ya encontraré como entretenerme
–Oye. Que era broma. No te enfades.
–Yo también hacía broma. ¿No te has dado cuenta?
–Pues no. Y me has dado un susto de muerte. Cabrón.
–Te castigaré mañana por lo que acabas de llamarme. Jejeje.

Me quedé unos segundos en silencio para preguntarle.

–¿Estás bien? ¿Todo bien?
–Claro que sí. Mañana fiesta. Y fiesta mayor, jejeje. Ahora no me faltes tú. No tengo ganas de pasarme el día metida en tu despacho y en solitario.
–Tranquila que eso no va a suceder. Ahora te dejo. Estoy de compras. Quizás luego cuando termine me pase un momento por ahí. Un beso preciosa.
–Un beso mi Señor.

Quería terminar el tema compras. Se me estaba pasando la tarde entera. Aunque productiva el tiempo corría inexorablemente. Solo quedaba el tema de avituallamiento y quizás alguna sorpresa que me pudiese encontrar en la ferretería.

Me metí en el coche, desaparqué y tomé dirección a mi antiguo despacho. La ferretería y el supermercado estaban cerca de allí así que una vez aparcase el coche podía hacer el resto andando. Seleccioné por urgencias. Estaba todo controlado. El vermut en la entrada. Algunas bolsas de patatas fritas, unas cervecitas, bueno mejor un pack de 6, unas latas, pan de molde, frutos secos, colas y bebidas rehidratantes, un poco de embutido, queso. Algo importante que ya se me olvidaba. Una botella del mejor cava y a la caja a pagar. Por suerte no tuve que esperar. Casualmente la cajera estaba de brazos cruzados esperando al siguiente cliente y ese era yo. Una vez lo tuvo todo pasado por el lector de códigos de barra y mientras le pagaba empecé a llenar bolsas. Tres bolsas de provisiones. Había comprado como para pasar un par de días sin salir a la calle.

Subí de inmediato al despacho a dejar todo el material y así poder hacer una revisión a primera vista de que más podría faltar. Abrí el armario que destinaba a la despensa para ordenar toda la compra por estantes. Un lugar para las latas, otro para los frutos secos... y así fue recolocándolo todo. Las bebidas a la nevera. Salí a toda prisa a la ferretería. Debía proveerme de unos colgadores para poner en la pared detrás de la puerta de mi despacho.

Volví de la ferretería apresuradamente, nervioso, inquieto, deseoso de ver todo el escenario preparado. Al día siguiente me quería dedicar exclusivamente a disfrutar. Repartí una parte importante del lote de velas. Sustituí las que habían medio gastadas en los candelabros y coloqué el resto por los diferentes espacios del despacho. Me propuse que esa fuese la única iluminación. Deseaba que su aroma inundase todas las estancias y que el palpitar de su luz trémula alumbrase nuestras siluetas. Coloqué los colgadores donde había previsto. Uno para el despacho y otro en el aseo. Ya solo quedaba resolver el tema ropa. Dejé mi conjunto nuevo colgado detrás de la puerta atendiendo a que no se rozase con la pared. Lo suyo lo deje en el cuarto de baño.

Correr, correr y correr. La vida era correr. Todo correr para después parar. Para no perder esa mala costumbre salí a toda prisa. Me apetecía llegar a Naval Dinamic antes que se fuese todo el mundo. Quería verla. Ver su mirada, ver sus labios. Verla al completo. Saborear en el aire el perfume de sus hormonas.

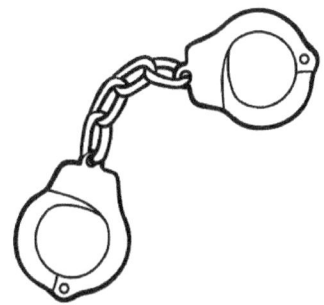

Capítulo 32

Veinte minutos antes de mí horario habitual de salir de casa ya estaba en la calle. Había pasado una noche de lo más inquieta. Impaciente por que llegase el momento de nuestro encuentro. En la ducha tuve una intensa conversación con mi alma. Me dijo que suspiraba por él. Le pedí por favor que no me tuviese con ese desasosiego. La muy descarada me respondió que formaba parte del juego y que me conformase. Que era mejor tener que desear y que me sintiese una afortunada por tener esa oportunidad de ser la protagonista activa de mí vida. Añadió que la vida son cuatro días y mal contados.

Fui dando un paseo para templar mis nervios. No podía contener mis sensaciones internas. La respiración se me aceleraba por momentos creándome la sensación de ahogo. La falta de aire la fui resolviendo. A cada bocana cogía más aire. Mi corazón iba a toda máquina. Mi estómago era un manojo de nervios anudándose en mis entrañas. Mi entrepierna iba por libre provocándome deliberadamente convulsiones y palpitaciones. Pensé que como tenía las llaves entraría a esperarlo. Me aventuré a encaminarme hacía nuestro paraíso. Mientras iba caminando decidí enviarle un mensaje de aviso.

—Voy de camino. Llegaré en diez minutos. 7:40
—Yo llegue hace un rato. Sube tan pronto llegues 7:41

–Ok. 7:41

Aquello me puso a mil. ¡Ya había llegado! Y yo perdiendo el tiempo paseando. Idiota me dijo mi alma. Imbécil me dije a mi misma. Enrabiada por mi torpeza y deseosa de llegar a la velocidad del pensamiento. Contaba cada paso. Distraje mi atención en ello. Contando los pasos que iba dando. Organizándolos en lotes de cincuenta. Ni con esa treta conseguí calmar mi ánimo. Más bien al contrario. Cuanto más cerca mayor era mi alteración. Entre mis hormonas y mis deseos estaba perdida.

Por fin llegué a la puerta de hierro de la escalera. Un último mensaje para avisarle que ya había llegado. Un "sube" seco, tajante y contundente fue la respuesta. Tomé el ascensor y mientras subía iba rebuscando en mi bolso la llave de nuestra guarida. La alcancé al tiempo de llegar. Abrí la puerta del ascensor y enfoqué la llave en la cerradura. Giré la llave y la puerta se abrió.

El primer impacto que recibí nada más entrar fue visual. El titilar de las velas que alumbraban toda la estancia. Cerré la puerta tras de mí y vino el segundo impacto. Éste fue olfativo. El aroma de la cera caliente inundaba la recepción. Y el tercer impacto fue hormonal. Franc salió de su despacho vestido en cuero negro. Impresionante. Por un momento no pensé que fuese él y se me heló la sangre. Reaccioné rápidamente al reconocerlo en la penumbra y me abalancé hacía él. Puso una mano al frente para frenarme.

–Hola Mar. Relájate. Hay tiempo para todo hoy.

Esa voz suya tan profunda pronunciando esa frase me dejó temblando. No sabía el que hacer. Me cortó. Me quedé sin saludo. Si le hubiese ido a besar, me habría hecho una cobra con todas las de la ley. Me quedé firme. Delante de él. Esperando sus instrucciones. Sus órdenes. Sus deseos. Su inestimable guía. Me hizo entrar en la habitación de su antiguo archivo. Se respiraba el aroma del café recién hecho. Había preparado el desayuno que presentaba un aspecto muy apetecible. Metido en su traje nuevo. Estaba espectacular. Tomó una pequeña tostada untada con paté. Me miro a los ojos mientras me la metía en la boca.

–Te quiero bien alimentada.

Me fue dando tostadas. Con patés de diferentes composiciones en unas y otras con mermeladas diversas. Diferentes maridajes de sabores. Me asombró el gusto de unas mini ensaimadas rellenas de cabello de ángel. Mientras, repartía dos tacitas de café. Yo le sonreía a la espera de un beso. Fueron inútiles mis esfuerzos. En su rostro afloraba una mueca de satisfacción. Tuve la impresión que se contenía. Sus labios entonaron un sutil esbozo de sonrisa. Estaba serio. Altivo. Circunspecto. Estirado. Soberbio. Hoy estaba amo, amo. Dueño de sus emociones y de las mías. Tomé la taza de café que me ofreció. Anduve un rato jugueteando con la cucharilla. Mi mirada perdida en los rodales que creaba con el movimiento giratorio de mi mano. Acerqué la tacita a mis labios y lo saboreé. Estaba delicioso.

—Ve a cambiarte de ropa. Te he dejado un conjunto nuevo en el aseo para que te lo pongas.

No respondí. Baje mi mirada al suelo. Dejé la taza sobre la mesa. Giré sobre mi misma y fui obediente a cumplir con sus deseos. En mi mente la curiosidad. ¿Qué se le habría antojado? ¿Qué había comprado para mí? Deseaba ponerme a correr y cambiarme lo más pronto posible. Ese beso que no me dio retumbaba en mi alma.

Mi tambor de guerra anunciaba venganza. Decidí que lo haría con calma. Que lo iba a hacer sufrir un rato. Su natural impaciencia se la iba a comer con queso. Entré y cerré la puerta con el pasador. Me lancé como una niña pequeña a cotillear que había comprado. Lo saqué de las perchas para mostrármelo. ¡Qué bonito! Un conjunto precioso. Me desnudé para quedarme solo con la ropa interior. Miré al espejo para recrearme.

El conjunto que me había puesto de sujetador y culotte en color granate. Aderezado con el liguero y unas medias de fantasía. Subida en mis zapatos de tacón estaba impresionante. Deseable, deliciosa, apetecible. Toda para él. Me acaricié con mis manos recorriendo todo mi cuerpo. Me sentía muy femenina. Pensé, si me viese ahora mismo se le iban a quitar las tonterías y se lanzaría a cobrar su presa.

Me saqué los zapatos para enfundarme aquellos leggins azul marino y me calcé de nuevo. Me giré para ver mi culito en el espejo. Me puse en pompa. Estaba espectacular. Me coloqué la blusa blanca semitransparente y me la abroché. La dejé suelta por encima de los leggins. Se adivinaba bajo ella el sujetador granate.

Me puse el jersey gris jaspeado. Quedaba muy entallado y me hacía un tipo muy sensual. Me ajusté el cinturoncito metálico. Lo dejé colgando un poco por delante y como toque final la graciosa boinita en color beige. Me quedé un buen rato haciendo tiempo. Quería degustar mi venganza. Cuando consideré oportuno descorrí el pasador de la puerta y haciendo un ostentoso ruido con la puerta la abrí y salí. Fui caminando lentamente poniendo un pie delante del otro. Me sentía muy sexi y eso era lo que quería transmitir. Lo quería provocar con la sensualidad de mi caminar. Quería despertar la fiera salvaje que habitaba en él.

No pudo contener su sorpresa al verme. Su expresión era inconfundible. Sus ojos reflejaban lujuria contenida. Sentí su deseo a flor de piel desbordándose. En ese punto era donde lo quería tener. Cogí una de las fresas que había en un platito sobre la mesa. Me la metí en la boca masticándola poco a poco. La saboreé mientras lo miraba a los ojos para provocarle. Sentí como se deslizaba por mi boca inundándome con su sabor afrutado. Levanté el mentón hacia arriba y tragué. Saltó sobre mi cuello como una fiera. Sus labios se posaron en él. Recorrió todo el contorno de mi cuello saciándose. Lo repasó de arriba a abajo. Cogió mis muñecas y las llevó hacia atrás, sobre mi culo y allí las sujetó con fuerza con una sola mano. Me sentí presa de él. Me mordió con rabia y me encendió el alma. Ya lo tenía como yo deseaba. Desbocado y poseído por las hormonas del deseo. Sus manos agarraron mis nalgas y clavo sus uñas en mi carne, mientras depositaba sobre mis labios un dulce beso. Lo escuche respirar con fuerza. Expulsaba el aire con mucha energía. Resoplaba y rugía como un animal. Sus labios se fueron apoderando de los míos. Me devoró con mil besos apasionados. Atrapó mis labios entre los suyos. Sentí la presión de sus dientes sobre mi boca. Me los mordió. Cuanto más me mordía más excitado lo sentía y más loca andaba yo. Nuestras lenguas danzaron juntas. Solo deseaba que me ofreciese mi momento para comérmelo entero. Lo quería sentir temblar.

Me hizo arrodillar allí mismo y se fue. Mi mente alterada con mis hormonas destrozándome. En mi pensamiento un deseo. Me quería saciar de él. Llenarme y sentirme plena. Por fin volvió. Creí que me iba a atar las manos a mi espalda pero no fue así. Su voz varonil y profunda estalló de nuevo en nuestro silencio.

—Te voy a hacer mía. Te deseo. Quiero sentirte como una gata en celo. Quiero que seas mi máquina de placer.

Me agarró la cabeza y me llevó hacía él. Mi nariz chocó contra su pelvis. El intenso olor a cuero invadió mis fosas nasales. Ya lo estaba saboreando y aún no lo tenía en mi poder. Ya estaba cerca. Me volvía loca con solo pensarlo. Soñaba despierta con sentir como se desliza por mi boca hasta rozar mi campanilla. Me hizo esperar. El muy cabrón me estaba poniendo a mil sin hacer nada más que hacerme esperar. Yo estaba salida. Sentía como me estaba empapando con mi propia humedad. Rabiando de deseo por él. Me apartó un poco y vi como descorría su cremallera. Mi respiración se aceleró. Mi corazón iba a galope tendido. Mis sienes iban a reventar. La sangre corría por mis venas impregnada con altas dosis de adrenalina. Era una sensación extraña y al mismo tiempo exquisita. Me embriagaban los sentidos. Una borrachera de deseo se apoderó de mí. Liberó su maravillosa polla de sus calzoncillos y apareció ante mi brillante y reluciente. Sentía el calor que emanaba a unos centímetros de distancia. Acercó su glande a la puerta de entrada de mi boca. El roce de mis labios con la piel sensible de su miembro me hizo estremecer. Temblé de excitación. Ya casi lo tenía en mí. Saqué mi lengua para darle la bienvenida. Un saludo cálido y húmedo. Milímetro a milímetro fue penetrándome con suma pasividad. La envolví con mi lengua para que se acelerase. La quería toda entera para mí. Solo deseaba centrar todos mis sentidos para darle todo el placer que fuese capaz de ofrecerle. Por fin llegó a la última estación. Sentí como mi garganta atrapaba su glande mientras mi lengua jugueteaba intranquila por su tronco. Devoré cada rincón de su centro del placer con sumo deleite. Tuve una arcada y se apartó de mí. Me cruzo la cara en un viaje de ida y vuelta para penetrarme de nuevo. La empapé entera con mi saliva para que se deslizase mejor hacia mi garganta. Lo hice una y otra vez con ansia y lujuria. Lo sentí temblar. Sentí orgullo por provocarle esos temblores de placer. Me crecí y lo agarré por sus nalgas para sujetarme mejor. Paseé mi lengua por toda su polla, lamiéndola lentamente de arriba abajo, mientras la succionaba con mis labios para que me invadiese de nuevo. Empecé a temblar yo también. Ambos iniciamos el sinuoso camino al éxtasis. La acometí con muchas ganas desde su prepucio, sorbiéndola hasta el fondo. Mis acometidas fueron en aumento a un ritmo trepidante. Ya solo deseaba mi preciado regalo. Lo quería mío. Me enloquecía su sabor y lo buscaba con deseo. Me quería saciar. Susurró, gritó. Lo agarre con más fuerza de su culo para podérmela envainar hasta lo más profundo que me fuese posible. La quería toda dentro cuando llegase el momento. Y así fue. Se desbordó al tiempo que hincaba mis dientes en la base de su polla. El instante fue tan excitante que sufrí un estremecimiento que me llevó a tener la sensación de haber tenido un orgasmo. Se apartó de mí con su respiración alterada y entrecortada. Palabras inconexas salían de su boca. Su satisfacción era evidente. La mía la llevaba en mi alma. Sentí mi orgullo en las nubes.

Sus ojos se habían quedado en blanco. Extasiado. Con la respiración entrecortada. Sujetándose en la mesa para no caerse. Lo vi volver en si poco a poco. Recuperando el aliento. Sosegándose del tremendo orgasmo que le había proporcionado. Loca de satisfacción. Orgullosa de mí. Mi boca estaba rebosante del sabor de su néctar. Mi alma me pedía más.

Me cogió de la mano y me hizo levantar. Me envolvió por la cintura con su brazo. Me sujetó con fuerza acercándome a él. Nos fundimos en un abrazo. Acercó sus labios a los míos y me beso. Un beso largo y apasionado. Cuando terminó sacó una cajetilla de cigarrillos rubios. Sacó dos. Uno para él y otro para mí. Nos los encendimos. Él acarició mi mano al hacerlo. Sentí la sensibilidad de su piel. Su calor. Su ternura. En el fumar sosegamos un poco nuestros impulsos. Fue una pequeña tregua a nuestra pasión.

Terminado el cigarrito seguimos un rato más con el desayuno. Un cuerpo bien alimentado está preparado para el ejercicio. Jugueteamos un rato con las fresas. Solo había comido una y de una forma bastante ostentosa. Solo para provocarlo. Ahora me apetecía comérmelas y saborearlas mejor.

Me miró a los ojos como si quisiese traspasarme con su mirada. Penetrando en lo más profundo de mi mente. ¡Qué mirada! Me quedé inmóvil. Sin saber el que hacer. Sin saber el que decir. Esa forma de mirar me era ya familiar. Algo me decía que se estaban activando sus instintos más básicos. Baje mi mentón y mi mirada la fijé en el suelo. Instintivamente cruce mis manos a mi espalda esperando instrucciones. Me mantuve erguida en modo espera. Empecé a calentar motores. Mi jet privado inició camino a pistas. Él inició sigilosos movimientos alrededor mío. Sus silencios solo se alteraban por el sonido de sus pantalones de cuero y ese leve taconeo de sus botas camperas. Ese ritual me enervaba. Acercó su cara a la mía para hacerme sentir el calor de sus labios. Un susurro penetro en mis tímpanos al tiempo que me envolvía por la cintura con su brazo.

—Vamos. El desayuno ha terminado.

Fue guiando mis pasos hacía donde él quería llevarme. Lo sentía detrás de mí. Acompañándome. Llevándome por mi cintura. Siguiendo mis pasos. Me llevó a su antiguo despacho. Al llegar me hizo girar sobre mi misma para encontrarme con él de frente. Deseaba besarlo pero no debía tomarme esa libertad así que le hice un mohín a ver si picaba. Y picó. Vaya si picó. Me avasalló. Me invadió primero con sus labios y luego con su lengua. Me encendió cuando me mordió los labios. De mi boca se pasó a mi cuello y ahí se sació de mí. Esa boca suya me volvía loca. Su cuerpo acompañó al mío. Paso a paso me fue llevando. Yo caminando hacia atrás hasta que mi culo se dio de bruces con el escritorio. Me hizo sentar subiéndome desde la cintura con sus manos. Mi imaginación empezó a volar. Los recuerdos invadían mi memoria. Poco a poco me fue llevando a los confines de mi propio deseo. Ya me tenía vencida de nuevo. A su entera disposición para que hiciese de mí lo que desease. Cerré los ojos y abandoné mi voluntad. No cabía más voluntad que la suya. Mi deseo complacer el suyo. Su posición cambió y se puso a mi lado. Acompañó con sus manos mi cuerpo mientras me invitaba con un gesto a estirarme sobre la mesa. Me dejé caer. Cuando me tuvo totalmente tumbada su cabeza cayó sobre la mía. Mis labios se habían secado. Labio sobre labio. Un nuevo beso vino a saciar mi sed. Los humedeció en un arrebato de pasión. Con su mano izquierda agarró por mi cintura los leggins. Cambió su posición. Se fue a la altura de mis pies y desde allí estiro de mis pantaloncitos hasta situarlos a la altura de mis tobillos. Anudó una cinta de tela a mis pantalones arrugados. Estiró de esa cinta hacía arriba. Mis tobillos cedieron por la fuerza de su estirón. Mis piernas se doblaron. Mis rodillas se separaron entre sí. Me quedé como una ranita. Totalmente abierta para él. En mi cadera ató otra cinta y con otras dos sujetó los tacones de mis zapatos. Mi mitad inferior estaba totalmente inmóvil, sujeta y asegurada.

—Me encanta este conjunto granate. ¿Te lo has puesto para mí?
—No. Si te parece me lo he puesto para el vecino...

Un azote cayó por encima de mis braguitas sobre mi monte venus. Suspire. Me pilló desprevenida. Mi insolencia se lo había ganado. Mi soberbia recibía su merecido. Uno tras otro fueron cayendo sobre el mismo lugar. Azote tras azote con la palma de su mano me fue calentando. En un instante me sentí ardiendo. La sangre se apelotonaba concentrada en la zona azotada. De pronto paró en su frenesí azotador. Tome aliento y una bocanada de aire. La tregua duró un microsegundo. Su boca. Su maravillosa boca vino a tropezar sobre mi alterado coñito. Por encima de mi culotte sentí el calor de sus labios. Se apoderó de él con sus dientes. Lo mordisqueó con sus fauces predadoras. Yo estaba al borde de la locura. El deseo se desbordaba por todo mí ser. Me tenía a rabiar. Maniobró con sus dedos haciendo a un lado la braguita. En ese punto creí perder mis sentidos. El dulce tacto de su lengua húmeda contra mi clítoris me puso en órbita. Mi visión se nubló asomando la sensación de un desmayo. Su lengua siguió su incursión sobre mi botoncito. Repasándolo de arriba abajo. De derecha a izquierda. No pude evitar mi natural instinto. Estiré mis brazos por encima de mi cabeza para desentumecer mi cuerpo al tiempo que toda mi musculatura se tensaba por el placer que me estaba proporcionando. Él seguía haciendo las delicias de mi deseo. En un momento de delirio cogí su cabeza entre mis manos. No debía pero me importaba un bledo. Acaricié su pelo mientras seguía destrozándome con su encantadora lengua. Mi alma le pedía mil disculpas por lo que iba a hacer. Apreté mis dientes y con ellos mis labios. Rabié de placer justo en el momento que le agarré la cabeza contra mí. Rompí en llanto con los espasmos que me ocasionó aquel tremendo orgasmo que me sobrevivo cuando le tenía sujeto. Salvaje, bestial, irrepetible, despiadado. Cargado de lujuria y al tiempo de sentimiento. Este hombre me estaba haciendo descubrirme a mi misma de una forma alarmante. Nunca pensé que...

¡Dios, no! Me hizo girar sobre mi misma encima de la mesa quedándome de lado. Con las piernas encogidas y atadas por los tobillos con aquel improvisado cinturón.

Ofreciéndole mis ya maltrechas nalgas. No tardó en recriminarme mi acción. Que lo había agarrado de la cabeza. Que iba a pagar caro mi atrevimiento y se fue dejándome en aquella posición mientras recuperaba mi aliento que aún jadeaba.

En mi alma los tambores de guerra no se habían apaciguado. Quería más y más. Había entrado en una espiral sin límites. Ya me había acostumbrado a ese ritmo frenético y hoy no pretendía menos. No lo podía ver pero lo escuche volver. Me dio la pista el crujir de sus pantalones. Venía cargado de pertrechos que dejó a mis espaldas. Intenté mirar pero me fue imposible. Escuche como se sacaba los pantalones. Tenía ganas de saborear su castigo. Él que me iba a infligir. Dicho y hecho. El primer latigazo vino sin avisar. Uno, dos, tres, cuatro y cinco. Abandonó el instrumento de tortura para tomar otro más detestable. Sus dedos. Sus magníficos dedos. Con su mano izquierda me taladró. Perforó mi coño con tres de esos estiletes mientras con su dedo pequeño me penetraba por la puerta de atrás y su pulgar sobre mi clítoris. Imperceptibles movimientos de su mano me empezaron a ponerme en el punto de salida. Lentas fricciones que me estaban enloqueciendo al tiempo que con la otra mano soltaba azote tras azote sobre mi culo. ¡Qué combinación más explosiva! Me sobrevinieron de nuevo los espasmos y le pedí permiso. Como es propio de una sumisa en presencia de su Amo. Me dijo que no. Que me estaba prohibido correrme y que ese era mi castigo. ¡Joder, joder yo que estaba a punto! Apreté los dientes para poder resistir. Creí que me iba a ser imposible contenerme pero me comporte. Anduve un buen rato en mi resistencia. Obedeciendo su prohibición. Conteniendo mi orgasmo. Mis parpados no pestañeaban. Mis ojos saliéndose de las órbitas. Aguanté y aguanté hasta que su voz me liberó.

–Dámelo. Lo quiero ahora.

El sonido de su voz fue un estruendo de emociones para mí. Me sentí estallar en mil pedazos entre sus manos. Los espasmos sobrevinieron sin contención. Mi cuerpo entero saltaba sobre la mesa temblando por el inusitado placer que solo él era capaz de proporcionarme. Con sus castigos. Con sus juegos. Con sus tretas. Otro tremendo orgasmo había aflorado en mí. Me sentí desfallecer. Aún sin haber recuperado el aliento su voz resonó de nuevo en el silencio de aquel despacho.

–No estoy satisfecho. No pares. Quiero otro.

De hecho no había salido de mí. Su maravillosa mano izquierda seguía ahí. Impasible. Parada. Esperando el momento de provocar un nuevo ataque a mi pobre y desvalido cuerpo. Inicio un sinuoso movimiento girando su muñeca al tiempo que su mano y sus dedos seguían el impulso. Girando y girando, rebuscando en las profundidades de mi sexo. No tardé ni un minuto en enlazar otro magnifico y extraordinario orgasmo. Su mano salió de mí. Trémula por la nueva manifestación de placer me cogió por el vientre aún tembloroso y me atrajo hacia el borde de la mesa. Mi culo quedó medio colgando de la misma esquina.

Sentí una fría viscosidad en sus manos con las que me impregno. No me dio tiempo a pensar cuales eran sus intenciones. Aun recuperándome de mi éxtasis me sorprendió el tacto de su glande entre mis nalgas. No se lo pensó dos veces y entró. En un primer momento dilaté. Mi puerta se abrió hasta que todo su glande estuvo dentro de mí. Una de sus manos vino a agarrar mi pelo. Estiró de él al tiempo que se deslizaba dentro de mí hasta lo más profundo de mis ser. Sentí como entraba.

Me relajé para que me disfrutase a su antojo. Sus salvajes embestidas me perforaban una y otra vez. Su pelvis chocaba contra mis nalgas en sus entradas más profundas. Me estaba poniendo mucho el momento. Esas energías y su vigorosidad. El cómo me tenía agarrada del pelo. Me sentía perra. Su perra. Poseída y dominada en todos los sentidos. Usada como él deseaba usarme. A su entera disposición. Dilató y dilaté. Su miembro se creció aún más. Mi culo totalmente ultrajado era testigo de su tamaño. El pálpito de su polla me anunció que había cruzado su punto de no retorno. Paró unos breves instantes intentando contenerse. ¡Qué mal que me comporte! Tosí y con el toser mis cavidades presionaron su miembro. No lo pudo evitar. Salió y volvió a entrar como una fiera hasta las profundidades de mis entrañas. Chilló, rugió y se desparramó dentro de mí. Sentí el calor de su néctar recorriéndome. Se quedó jadeando y resoplando. Insertado entre mis nalgas. Derrotado detrás de mi espalda. Sujetándose como podía. Me abrazó y me besó el cuello. Mientras su miembro se iba aflojando y con ello fue saliéndose de mí.

Me quedé enroscada sobre mi misma. Abrazando mis piernas. Con mis rodillas en los hombros. En posición fetal. Él recuperando el aliento tras de mí. Yo recuperándome de su asalto. Invadida de felicidad. Una sensación de bienestar inundaba mis emociones. Plena de gozo. Satisfecha por haberle satisfecho. Saciada. En mi alma pocas ganas de rebeldía. Los tambores habían dejado de sonar. Me había agotado.

—¿Sabes qué hora es? —dijo Franc.
—No. Dímelo tú.
—Son las once cuarenta y cinco. Llevamos casi cuatro horas. Recomponte un poco vamos a salir a dar un paseo.

–De acuerdo.

Hice lo que me mandó. Me recompuse. Me quité las cintas. Me recoloqué los leggins y el resto de la indumentaria. Preparada para salir con el modelito que me había comprado.

–¿Dónde vamos Franc?
–Es una sorpresa.

No debí preguntar. Total para qué. Con este hombre nunca se podía saber nada. Su capacidad de improvisación me desbordaba. ¿Qué se la habría ocurrido ahora? Ya estábamos bien donde estábamos. Mi único deseo era estar entre sus brazos. Fuera no lo podría abrazar. Me embargó un poco la tristeza que me provocó ese pensamiento. Le seguí el paso. Él, inmutable abrió la puerta de entrada y salí tras de él. Llamó al ascensor. Entramos y nada más cerrarse la puerta se abalanzó hacía mí. Me tomo entre sus brazos por la cintura y depositó un dulce beso en mi frente. Me tuve que conformar. Yo quería sentir otra vez el calor de sus labios sobre los míos.

Nos metimos en el parking. Como bien supuse a coger su coche dirección a lo desconocido. Sabía que no iba a soltar prenda. Así que ni pregunté. Me subí a su coche y nos fuimos al destino incierto que habitaba en su mente. Donde su voluntad apuntase. Esta vez me dejo ir de copiloto. Enfocó una gran avenida. Giró la glorieta y cogió la tercera salida. Habíamos entrado en otra avenida ancha y larga con doble carril. Seguimos un buen rato por ella. Lo iba mirando a la cara de reojo. Una sonrisa en su cara me advertía que llevaba un plan.

–Vamos a tomar una copa. –dijo Franc.
–Vale, de acuerdo.

Giró a la izquierda. La zona me empezaba a ser familiar. Al principio dude pero cuando lo vi girar a la derecha y meterse en el parking ya no tuve ninguna duda. Los pies y las manos empezaron a descontrolarse provocándome temblores imperceptibles. Mi inquietud fue tomando fuerza. Alterada. Y qué no decir de mis nervios. A flor de piel.

Habíamos vuelto al Templo de los Devotos del Potro. Un escalofrío recorrió toda mi espalda cuando llamó a la puerta. El recuerdo de la primera vez que estuvimos allí me tenía perturbada. El portero nos abrió y entramos en el recibidor. Ya sabíamos que hacer. Cogimos dos máscaras y nos las pusimos.

En la larga barra no había nadie más que el camarero. Nos acercamos.

–Buenos días señores. ¿Qué desean?

Franc sin siquiera preguntarme le respondió.

–Pónganos dos vermuts negros por favor.

El camarero se fue al otro extremo de la barra para atender la comanda dejándonos solos. Aproveche para preguntarle...

–¿Cómo has sabido que me apetecía eso?
–Lo he intuido. Mal si no soy capaz de saber lo que tu mente quiere. Si no se reconocer tus pensamientos.

Regresó el camarero con los dos vermuts y unas aceitunas. Los dejó delante de nosotros y se volvió a ir de donde vino para dejarnos en nuestra intimidad.

–¿Qué te parece? –me preguntó Franc– ¿Quieres que entremos en una mazmorra?

Lo miré con cara de asombro. Yo me sentía rendida de toda la actividad de la mañana. Me desconcertó el pensar que a él todavía le quedaban reservas. Tragué saliva. Levante mi mentón y lo miré a través de mi máscara con ojos desafiantes. Si quieres... por qué no.

Me tomó por la cintura. Dejamos nuestras consumiciones en la barra y me llevó caminando a su lado. Atravesamos la sala del ajedrez. Nos quedamos parados frente a la cruz de Wartemberg, la rueda de tortura del medievo. Me miró. Creí que pretendía colocarme allí. Acercó su boca a mi oído para decirme en un susurro...

–¿Para qué vamos a usar esto cuando tenemos en nuestra guarida una maravillosa cruz de San Andrés?

Sonreí y asentí. Sin mediar palabra mi mirada le respondió. Volvimos a la barra para apurar nuestro vermut. El dulzor del vermut con su carga alcohólica junto al sabor de las aceitunas al masticarlas era único. Esa mezcla de sabores me sabía a gloria.

Terminamos y salimos del club no sin antes dejar las máscaras en la recepción. Ideé un parchís imaginario. De la puerta al coche y cuento diez. De parking a parking y cuento veinte. Y si llegaba antes que él al despacho contaba treinta y me lo comía entero. El aperitivo me había devuelto las fuerzas.

Aparcó. Salimos y nos metimos en el camarín del ascensor. Él apretó el botón para subir en dirección a la calle. Al salir me indicó que cada cual tomase un camino diferente. Que ambos sabíamos llegar al despacho. La discreción era nuestra seguridad y que los dos teníamos llaves de la guarida. Dijo que teníamos que entrar por separado. Entramos a escasos minutos de distancia. Franc iba por detrás de mí. No sé cómo lo hice pero le tome ventaja. Ese tiempo me fue muy valioso para la ocurrencia que había tenido.

Me subí al ascensor sin esperarlo a él. Llegué arriba y salí deprisa. Intuí que ya había entrado y que estaría esperando que liberase el ascensor. Entre y fui directa al almacén de material. Me saque el cinturón metálico y el jersey. Desabroché algún botón de la parte de arriba de la blusa semitransparente recién estrenada y la entreabrí. Cogí lo que precisaba y volví a la entrada a esperarlo. Era ya cuestión de segundos que entrase. El sonido renqueante del ascensor me advirtió de su inminente llegada. Me apresuré a tomar posiciones. Deseaba volver a ver su cara de sorpresa y admiración.

Su perra en celo lo estaba esperando arrodillada. La blusa entreabierta. Con el collar puesto en el cuello y la correa en la boca. En mi pelo una goma para hacer una bonita y práctica cola de caballo. Mi mirada chocó con sus ojos al entrar. Enseguida bajé mi mirada al suelo quedando en mis retinas la impresión de su sorpresa. Cerró la puerta. Dio dos pasos y se situó delante de mí. Impasible se cruzó de brazos mientras con una de sus manos se acariciaba el mentón.

Capítulo 33

Su osadía no tenía límites. ¡Qué soberana sorpresa! Entré y la vi esperándome. Arrodillada. A través de su blusa entreabierta advertía el color granate de su sujetador. Mis turbinas del deseo arrancaron. El olor inconfundible de sus hormonas despertó mi adrenalina. Agarré con furia de la correa que me tenía ofrecida entre sus dientes. Estiré. Un pequeño estirón para hacerla iniciar la marcha. Arrancó a cuatro patas y la hice deambular unos instantes. Me puse a su lado para acompañarla y guiarla en su cánido caminar. Después de un par de vueltas cuando la tenía justo debajo de la barra elevada la hice sentar en el suelo. Con sus nalgas sobre sus talones. Las manos sobre sus muslos con las palmas hacia arriba. Me quedé unos instantes mirándola y disfrutando del momento. Mientras daba un par de vueltas a su alrededor me fue aumentando el nivel de adrenalina en sangre. Mi cerebro empezó a recibir dosis letales de esa dura droga. Inicié el periplo de ceguera temporal transitoria al nublarse mi visión con solo imaginar todo lo que mi perversa mente me estaba recomendando hacer con ella.

Me incliné a coger sus dos muñecas y con un leve impulso la invite a levantarse del suelo. La quería frente a mí. La tomé por la cintura y la acerque todo lo que la física de los cuerpos puede permitir. Cara a cara la reté con mi mirada. Desafiante. Mantuvo sus ojos frente a los míos. Imperturbables. Entre mis manos su correa. Su atrevimiento le llevó a recibir un bocado en los labios que saboreé con alevosía. Recreándome en el placer de mordérselos. En el bolsillo trasero de mi pantalón llevaba un par de cintas de tela. Las saqué. Anudé una a cada muñeca. Me puse tras de ella. Tomé una a una las cintas para anudarlas a la barra. Primero la izquierda y cuando estaba asegurada cogí su mano derecha para hacer lo mismo. Se quedó inmóvil y sujeta. La observé desde detrás. Con sus brazos en tensión dejó caer su cabeza atrás. Su cola de caballo quedó moviéndose como un péndulo.

Me pegué a su espalda. Pase mis manos por su cintura para cogerla por su vientre. En un arrebato subí mis manos por su blusa para abrirla aún más. Oteé desde atrás por la abertura de su blusa desabrochada las curvas de sus maravillosas tetas. Le agarré con furia del sujetador para estirar de él y hacer saltar por encima sus voluptuosos pechos. Los agarré con pasión y desenfreno. La presión de mis manos la hizo dar un respingo. Mi cabeza acompañó a la suya hasta que la tuvo ladeada. Dejé caer mis labios sobre su cuello que mordí a placer. Mordí y chupé hasta saciarme de él. Cada bocado iba acompañado de un leve ronroneo de su satisfacción. El sinuoso movimiento de su cuerpo llevaba una carga explosiva de sensualidad. Me complacía sentirla así de excitada y saborear como sus emociones estaban a flor de piel. La dejé un minuto en su soledad mientras iba a coger dos elementos que me eran imprescindibles. De regreso respiré en el aire su creciente alboroto hormonal. Me embriagué con el aroma inconfundible de una mujer humedeciéndose. La palpé. Estaba totalmente empapada. Pasé mi mano por dentro de sus leggins hice a un lado su braguita y la penetré con dos dedos. Su sexo estaba excepcionalmente receptivo. Con la mano que me quedaba libre alcancé el látigo. Se lo mostré. Acerqué mi boca a su oreja y le dije...

—Me voy a deleitar con tu culito. Vas a recibir un correctivo por llamarme cabrón. Recibirás series de seis azotes. En cada serie la intensidad ira subiendo hasta que uses la palabra de seguridad.

La escuche balbucear un "De acuerdo". El sonido salió de su boca a pesar que su mente ya estaba cegada. Inicié el primer lote. Sus gruñidos y exalientos de satisfacción me aceleraban aún más. Cada azote le reportaba un aumento significativo de su humedad que percibía resbalar entre mis dedos. Imprimí más energía en el segundo lote. No hubo queja alguna salvo la de mi muñeca que empezaba a pedir descanso. Terminé en lo que había considerado que tenía que ser ese correctivo. Cogí la tijera que me había puesto en el bolsillo trasero de mi pantalón y corte las ataduras. Sus brazos descendieron. La hice volver a la cánida posición inicial. Mostrándome la figura y el contorno de su lindo culito aún oculto. Di un pequeño corte en la costura de sus leggins. La volví a meter en mi bolsillo. Agarré con fuerza las dos partes traseras de sus pantaloncitos recién estrenados y estiré con rabia de ambas. La costura cedió abriéndose hasta un poco más allá de la mitad. Hice a un lado el culotte y la penetré. Cuatro de los dedos de mi mano entraron en ella sin piedad. Su cuerpo convulso iba acompañado de unos jadeos avisadores. Sus signos externos me daban a conocer el placer que le estaba proporcionando mi incursión en las profundidades de su ser. No la dejé llegar. Salí y me incorporé. Me saqué mis pantalones de cuero negro. Saqué mi miembro por un lado del calzoncillo. No me lo pensé dos veces. Mi tensión me exigía penetrarla ya. Sus convulsiones también. Agarré y estiré hacía atrás de su cola de caballo lo que la hizo arquearse más. Me arrodillé detrás de ella y la penetré sin compasión.

El contacto de mi prepucio con su vagina totalmente preparada para recibirme me produjo un inusitado placer. Entré en su fuente del deseo al tiempo que le azotaba las nalgas con la mano plana. De una forma brutal y salvaje mis azotes fueron poniendo sus nalgas al rojo vivo. Cuanto más caliente tenía mi mano mayor era la carga de adrenalina que recorría mis venas y mayor el deseo de explotar dentro de ella.

Sus jadeos eran la representación melódica de una sinfonía de placer. La sensación de dominio no existiría sin sentir ese estado de entrega total y absoluta. Estiraba de su coleta hacía mí en cada envite. Su cuerpo arqueado por mis acciones me facilitaba aún más mis incursiones en su interior. La satisfacción que me producía sentir su coño totalmente lubricado. Impregnado de su humedad. Me hizo acelerar el ritmo de mis penetraciones. Creciéndose. Creciéndome por sentirla así. Creciéndonos los dos juntos a un paso del clímax. No tardaron en asomar sus convulsiones. Todo su cuerpo tembló del éxtasis. El palpitar de su sexo mientras tenía su orgasmo me hizo inevitablemente llegar a mí también. Entré de golpe y hasta el fondo cuándo la primera y más larga detonación dio muestras que iba a estallar. Le di un último azote. Apreté mis dientes y mis labios. Rugí de placer. Me quedé inmóvil disfrutando de mi eyaculación. Sentí como se lo llenaba a rebosar. Esperé unos segundos. Debía salir rápido si deseaba materializar una exquisita perversión.

Le hice apoyar la cabeza en el suelo y salí de ella. No quería permitir que de su coño se le saliese nada. Quería evitar que se precipitara de su interior el néctar que con tanto esmero le había introducido. Con las piernas aun temblando del frenesí fui a buscar una de las copas en forma de V plana que había en el almacén. La coloqué en el suelo cerca de su vagina. Le hice levantar la cabeza e incorporar su cuerpo. Quedó arrodillada sin sentarse sobre sus talones y con las rodillas separadas. Entre sus piernas la copa. Se empezó a desbordar. Fui ajustando la copa en el reguero primero y el goteo después llenándose paulatinamente. Para concluir la perversión acabé pasando mis dedos por su vagina para recoger los últimos restos que se resistían a salir.

La mire a los ojos y le expliqué que forma parte de las obligaciones de una buena perrita limpiar a su Amo. Acerqué mi mano a su boca. La miro e hizo un leve movimiento de su cabeza para acercarse un poco más. Le brindé mi mano. Abrió la boca y succionó mis dedos para disfrutarlos dentro y poderlos lamer. Entornó sus ojos lentamente hasta cerrarlos del todo de una forma placentera. Mostraba satisfacción y concentración en lo que estaba haciendo. Los limpió a conciencia. Dejé de juguetear con su lengua cuando entendí que había terminado con su cometido.

Tomé la copa de entre sus piernas y la hice sentar sobre sus talones. Las manos sobre sus muslos con la palma hacia arriba como le había enseñado. Me quedé de pie frente a ella. Su mirada enfocando al suelo me permitió admirarla en silencio. Le mostré la copa. En su mirada reflejaba sorpresa. Se la brinde para que la tomase entre sus manos y así lo hizo. Alzo sus manos para tomar entre ellas el cáliz con el néctar de la vida.

—Es para ti. Bebe y disfruta del preciado bien.

Acercó el borde de la copa a sus labios y con cierta pasividad fue degustando y saboreando su contenido saciando su sed de lujuria. Cuando terminó arranqué la copa de sus manos que quedaron temblorosas y la arrojé contra la pared rompiéndola en mil pedazos. No se movió.

—Donde has bebido de mí, nadie más tiene derecho a beber.

La sensación que me pertenecía en cuerpo y alma me inundó. Un sentimiento extraño de protección se instaló en mí. Era mía. La sentía mía. La tomé por detrás de su nuca. La acerqué a mí para abrazarla con pasión entre mis piernas. La aprisioné apasionadamente. Bajé mi cabeza para besar la suya. Olisqueando el aroma de su pelo intentando recoger en mi memoria todo aquello que me sirviese para recordar ese día.

No la quería dejar escapar. Un día entero con ella en nuestra guarida había cercenado mis emociones. Una presión en el pecho me anunciaba que estaba cerca la hora de la despedida. En mi alma el estruendo de un llanto silencioso. Sin lágrimas. Mis vísceras se retorcían de dolor. Su cercana ausencia me partía en dos. Miré mi reloj. Marcaba las seis de la tarde. Me arrodillé frente a ella. La abracé. La estruje contra mí. Solo deseaba permanecer así. Sintiéndola. Saboreé el calor de sus labios. Cerré mis ojos para poderla percibir mejor mientras la besaba. Hice eterno ese beso apasionado. La solté de la tenaza que le había hecho con mis brazos. Enjaulada en las redes que había tejido con sus emociones. Inevitablemente el reloj corría en nuestra contra. Me separé unos centímetros para poderme levantar. No me dejó. Se agarró a mí. Se abrazó a mi cuello dejando sus labios frente a los míos.

 —Una sumisa no hace eso —le dije.
 —Yo solo ofrezco lo que tengo mi Señor.

No pude evitarlo. La tome entre mis brazos. La besé. Caímos los dos al suelo enroscados en un abrazo prolongando. Nuestros cuerpos juntos el uno al otro no querían separarse. De sus ojos se escapó una lágrima. Mis labios instintivamente dejaron de besarla para atrapar esa lágrima cuando ya andaba recorriendo su mejilla. Me pertenecía su cuerpo, su alma y esa furtiva lágrima que escapaba sin control.

Tuve que contener mis sentimientos. La solté. Me giré y me eché sobre mi espalda mirando al techo. Mis ojos enfocando a un horizonte imaginario con una idea en la mente. Has estado un día viviendo en el paraíso de las emociones, guarda la esencia de los momentos en la maleta de los mejores recuerdos de la vida.

 —Mar incorpórate. Te has de marchar ya. No quiero que tengas problemas.

—Si, tienes razón. Habrá otros días, otros momentos. Debo irme.

Se levantó y se fue al aseo. Escuche como abría el grifo para darse una ducha. Dejó la puerta abierta pero no quise entrar. Mi dolor punzante me apretaba. No quería mostrárselo. Me quedé sentado en mi antiguo escritorio. Mirando la mesa. Resiguiendo el contorno de su cuerpo sobre la mesa vacía. Recordándola como la había tenido hacía solo unos instantes. Apoyé mis codos en la mesa y reposé mi frente en mis manos. Apesadumbrado. Me quería ocultar de todo. Incluso de ella.

Me recompuse al escucharla cerrar el agua y salir de la ducha.

—Las toallas las tienes en el armario del aseo.
—Gracias, ya las había dejado preparadas. Salgo en cinco minutos—dijo Mar.
—Vale, de acuerdo.

No me iba a ver así. Me levante y me puse frente a la puerta del aseo a cierta distancia para verla salir. Sus cinco minutos fueron casi exactos. Salió con su uniforme de traje chaqueta impecablemente elegante.

—¿Nos vamos?
—Ve tú. Yo me quedo un rato más.
—Vale. Vine en taxi y me vuelvo en taxi. La empresa pagará el desplazamiento.
—Pero pide el ticket, que no se te olvide.

Reímos los dos de la ocurrencia de Mar. Se acercó a mí. Me dio un beso de soslayo. Se giró y tomó camino hacia la puerta de salida. Cogió del pomo, abrió la puerta y sin girarse se fue. Escuche como llamaba al ascensor. El característico sonido del recalcón al llegar. Abrió la puerta y lo tomó para bajar e irse.

Me quedé solo. Aun no me había vestido. Abracé mi cuerpo desnudo. Me entró congoja y rompí en un sollozo. El que estuve conteniendo cuando la abracé arrodillado frente a ella. No pude retener por más tiempo ese dolor y en mi soledad lloré. Lloré desconsolado su ausencia aferrándome al recuerdo de las emociones vividas. Las lágrimas fruto de mi llanto caían a raudales por mi cara. Dibujé su cuerpo con la ayuda de mis recuerdos resiguiendo en el vacío su contorno con mis dedos. Estaba a punto de abrazarme a ese dibujo imaginario cuando el sonido del WhatsApp me sacó de mi estado mezcla de felicidad, satisfacción, tristeza y nostalgia.

> *—Gracias por el día que me has hecho vivir. 18:30*
> *—Gracias por estar tú. Ya hablamos. 18:31*

Me deshice de mis tonterías sentimentales y me metí en el aseo para regalarme una buena ducha. Mi cuerpo se merecía ser acariciado por un buen chorro de agua caliente para relajarme y retomar mi senda. No precise esperar a que saliese bien caliente. Acababa de ser usada. Tan pronto abrí el grifo se llenó toda la cabina del vapor que emanaba. Abrí la mampara y me metí. Disfrute del placer de recibir ese chorro caliente en mi cara y degustar como mi cuerpo iba tomando calor. Poco a poco fui recuperándome de la batalla. Dejé aparcadas mis emociones con las que pacte una cita que debía tener en los próximos días.

Capítulo 34

Me desperté con cierta inquietud. Todos los días eran especiales. Hoy aún más. Venía a verme Raúl. Supuse que mi nieta Irene, su prima, también vendría. Miré el reloj. Marcaba las nueve. Tiempo suficiente para levantarme, regalarme una buena ducha, vestirme y salir a desayunar en la privacidad de mi solitaria mesa. Me puse en marcha. Una hora puede parecer mucho pero el tiempo es efímero y más que correr, vuela. Habíamos quedado a las diez. Cuando terminé de arreglarme me fui a desayunar. Volví a mirar el reloj cuando me senté en la mesa. Aún me quedaban veinte minutos. Me abrí el periódico y empecé a desayunar. Al salir del comedor me cruce con Adela.

–Buenos días Ulises.
–Buenos días Adela.
–¿Qué? ¿Hoy es el día?
–Si Adela. Hoy es el día. Voy a la sala de visitas a esperarlos.
–Suerte Ulises.
–Gracias Adela pero no la voy a necesitar. Juego en casa.

Ya solo faltaban unos minutos. Sabía de su puntualidad. Mi natural impaciencia me tenía con los nervios a flor de piel. Salí al salón a esperar. Me senté en el brazo de uno de los sillones que había en la sala de visitas y me quedé con los brazos cruzados. Los quería sorprender. Que me viesen sin la puta silla de ruedas. El reloj de la sala marcaba las diez. Mi inquietud crecía por momentos.

¿Me había tuteado deliberadamente Adela? Estaba en ese pensamiento cuando apareció por la puerta Raúl. Me incorporé de mi posición y me puse en pie a caminar hacia él. No recordaba haberle visto nunca semejante cara de asombro y sorpresa en él. Percibí en sus ojos un brillo especial. Levantó sus cejas y de sus labios asomó una sonrisa.

—Abuelo... ¿Y? ¿Y? ¿Y? Pe... Pe... ¿Pero? ¿Y la silla de ruedas?
—No tartamudees. Raúl... A tomar por el culo con la silla de ruedas. ¿Qué te parece?
—¿Cómo me ves?
—Excepcional abuelo. ¿Cómo lo has conseguido?
—Con esfuerzo, tesón y la ayuda de las personas adecuadas. ¿Ha venido tú prima?
—Sí, ahora viene. La he dejado aparcando el coche. Ya verás que sorpresa se lleva ella también.
—Espero que no se ponga también a tartamudear.

El semblante de Raúl reflejaba su sorpresa. No salía de su asombro por mis avances. Sus ojos se habían quedado totalmente abiertos cuando me vio acercarme a él caminando. Me acerqué a él para darle un abrazo. Lo tenía en gran estima. Quería hablar con él para que fuese la punta de lanza de mi nueva vida. Después del efusivo abrazo esperamos unos minutos a que Irene llegase. Quería contar con una aliada más.

—¡Abuelo! ¿Pero qué haces de pie?

Escuché decir a Irene mientras se iba acercando a nosotros. Su sorpresa fue tan mayúscula como la que se llevó Raúl. Llego frente a mí alegre y sonriente. Levantó sus brazos, dio un saltito y rodeó mi cuello para abrazarme.

—¿Cómo lo has hecho? Estás en pie. ¿Caminas?
—Claro que camino. Venid vamos a pasear un poco.

Me los llevé al jardín. Uno de cada brazo. Ver sus caras sonrientes ya había valido la pena el esfuerzo. Resultaba muy gratificantes verlos tan contentos por ver mi recuperación. No pude esperar más y al salir por la puerta acristalada que da al jardín lo solté de sopetón. Sin anestesia ni nada.

–Chicos, me voy de esta residencia. Quería aprovechar vuestra visita de hoy para que seáis los primeros en saber de mi decisión. Y os avanzo que es una decisión irrevocable. Os lo digo para los mentecatos de vuestros padres se hagan la cuenta que va a ser así.

–¿Lo saben? –dijo Raúl.

–No. No saben nada. De hecho espero que seáis vosotros los que deis la noticia.

–Me gusta. Por fin le voy a dar en los morros al dictador de mi padre.

–Raúl, por favor, que es mi hijo.

–Ya lo sé abuelo. Es que a veces me resulta insoportable.

–¿Dónde piensas vivir, con Raúl o conmigo?

–De eso también os quería hablar. Con ninguno de los dos. Me voy a vivir a la casita de la montaña.

Adivine en sus caras la sorpresa, el asombro y un cierto toque de pánico. Los dos a unísono respondieron.

–Abuelo ¿Qué se te ha ido la cabeza?

–Chicos calma. ¿Dónde veis el problema?

–¡Hombre! No te puedes ir allí a vivir solo –dijo Raúl e Irene asintió.

–Bien ¿Creéis que esa va a ser la única pega que pueden poner vuestros padres?

–Desde mi punto de vista es la única pega que pueden poner. Es la única que yo encuentro –dijo Irene– Visto que te puedes mover por ti mismo. No se me ocurre ningún inconveniente más.

–Y si os digo que... Adela se viene a vivir a la casita...

–¿Adela? ¿La enfermera? –preguntó Raúl.

–La misma.

–De acuerdo abuelo. Y... ¿En calidad de qué? ¿A cuento de qué va a ir Adela contigo? –Preguntó Irene con un cierto tono de perspicacia.

–Irene... Adela se viene conmigo en calidad de enfermera. Le he hecho la propuesta de contratarla y ha aceptado. Ella gana en tranquilidad, sosiego y económicamente. Yo gano en una mejor atención. Además hemos fraguado una buena amistad en todo este tiempo y me dolería perderla.

Raúl buscaba en la cara de Irene alguna muestra de aprobación. Se miraron entre ellos. Su complicidad seguía intacta. Raúl dio el paso.

–Abuelo cuenta conmigo.

–Y conmigo también –dijo Irene. ¿Cuándo has pensado hacer el cambio?

–Jejeje

Me reí. Una carcajada nerviosa afloró del fondo de mis entrañas. El primer paso estaba dado. Ahora faltaba lo peor. Explicarles el cuándo...

–Raúl, Irene... ¿Qué día es hoy?

–Abuelo es martes. ¿Por qué?

–Pues nos quedan tres días. El sábado por la mañana cuento con vosotros dos para hacer el traslado. Raúl pídele el coche grande a tu padre y que no te pongas pegas. Si dice algo le recuerdas de mi parte que se lo compré yo.

–Abuelo no tenemos tiempo. Hay que hablar con nuestros padres. Hay que...

–Chicos un momento. A vuestros padres no les vais a pedir consentimiento alguno. Todos somos mayores de edad. En todo caso les comunicáis mi decisión y punto pelota. Si quieren venir pueden venir, pero que tengan claritas las cosas. Y si tienen mucho trabajo y mi decisión les produce un trastorno que sigan con sus quehaceres y que no vengan. No estoy de mucho ánimo para abroncarlos. Ya no tienen edad para ello. Además me vine solo y me puedo ir solo. Menos con vosotros dos no cuento con nadie más aparte de Adela. Podéis explicar también que Adela se queda a vivir en la casa.

–¡Qué huevos abuelo! Así se dice.

–Vamos fuera de la residencia que aquí quiero estar el tiempo justo – les dije– ¿Queréis ir a celebrarlo?

A ambos les pareció una magnífica idea. Ya habíamos rodeado todo el jardín. El calor del sol y el bienestar que me proporcionaba me había trasladado mentalmente al bar que fui el último día con Adela. Me resultaba un lugar muy agradable.

–Irene cariño, ¿Nos llevas?

–Como no abuelo. ¿Dónde quieres ir?

–A un bar que está aquí cerca pero hoy ya no me atrevo a forzar mucho más mis piernas. Pensad que el otro día fui andando hasta allí. Ida y vuelta.

–Voy a por el coche. Esperadme a la salida del jardín que os recojo –dijo Irene complaciente

Se fue en busca de su coche con diligencia y paso firme. Entretanto que nos quedamos solos Raúl aprovecho para preguntar.

–Ahora que nos hemos quedado solos abuelo... ¿Qué tal la novela?

–¿La novela? ¿Qué novela?

–Abuelo la novela que te regale. ¿No te acuerdas?

Pensé que ahora no era el momento. No teníamos tiempo y yo pocas ganas de explicar nada. Comprendí la inquietud que en su juventud podía despertar este tipo de novelas y que quisiese saber. Después de llevar más de media novela leída ya me hacía a la idea del resto de contenido. Me hice el despistado para dar tiempo a que llegase Irene.

–Te la regalé para tu cumpleaños. Sellamos un trato abuelo –dijo con voz condescendiente–.

–Raúl me acuerdo perfectamente de mi trato. Pero ahora no es el momento. Ya lo hablaremos. Quizás cuando me lleves a la casita de la montaña.

–Abuelo tomo nota. Pero del sábado no pasa.

–Vale Raúl. El sábado lo intentamos. Mira ahí llega Irene. Vamos.

Nos subimos al utilitario de Irene para acercarnos al bar de tapas del otro día, donde fui con Adela. En coche tres minutos. Andando habríamos tardado veinte. Nos dejó en la puerta. Salimos del coche e Irene se fue a aparcarlo bien.

–Abuelo no te olvides del sábado.

–No te olvides tú que me tienes que hacer el traslado.

–Sigues implacable como siempre. No serías mi abuelo sino fueses así.

–Anda. Espabila que Irene ya ha aparcado. Vamos a sentarnos en esta mesa. Aquí da el sol. Estaremos a gusto.

–Como quieras abuelo. ¿Pagas tú?

–Serás miserable. Anda déjalo. Lo detraeré de tu herencia.

Como se reía el condenado. Y yo con él. Llegó Irene y le hicimos partícipe de la merma en la herencia de Raúl. Irene estalló en carcajadas.

—Que cosas se te ocurren abuelo –dijo Irene.

—Bueno. Vamos a lo serio. ¿Os apetecen unos chipirones con un vermut?

—Yo no puedo tomar un vermut abuelo –dijo Irene–Tengo que conducir.

—Pues un refresco.

—De acuerdo.

—¿Entonces nos pedimos los chipirones?

—Claro que sí –dijo Raúl.

Pedimos al camarero el vermut, el refresco y los chipirones. Mientras nos lo ponían empezamos a planificar el sábado.

—Chicos, ¿Cuento con los dos para el sábado?

—Desde luego que sí. Yo fijo que sí –dijo Raúl.

—Y yo también.

—Entonces iremos los cuatro juntos.–dije

—¿Los cuatro? –preguntó Raúl.

—Sí. Adela viene con nosotros. No quiero pasar un solo día en la casita de la montaña sin nadie. Es por seguridad y también porque es lo que hemos acordado.

—Vale, de acuerdo. ¿Hay muchas maletas?

—Por lo pronto dos. Lo que falte ya haremos una lista. Creo recordar que tengo el armario con ropa pero si falta algo ya nos organizaremos. Quizás Adela precise algo pero tiene carnet de conducir así que ya iremos a su casa a buscar lo que le falte.

—Abuelo lo tienes todo pensado ¿Eh?

—Llevo unos cuantos días planeándolo todo así que el sábado nos vamos. ¿Cuento con vosotros para una barbacoa el domingo? Es solo para familia y amigos. Se lo decís a vuestros padres para que vengan si quieren y si les va bien. Esta tarde se lo diré a Imma, la masajista, para que venga también.

—Esa sí que es buena idea. –dijo Irene.

Entre chipirón y chipirón Raúl se anticipó a mis pensamientos. Como buen ingeniero que era había adquirido ese sentido de la anticipación y de previsión propio de la profesión.

—Creo que nada más llegar el sábado tendremos que hacer una revisión de los servicios. Que funcione bien la luz y sobre todo que tengáis suministro de gas.

—Raúl, recuerdo que el gas iba con bombonas. Creo que habían de reserva llenas, pero hace tanto tiempo que... no sé. Mejor que lo revises todo. Y otra cosa que te vas a tener que encargar. Que tengamos leña.

—Abuelo —dijo Irene— Y habrá que repasar el tema de comida. Si hay algo almacenado habrá que tirarlo. Fijo que está caducado.

—Pues, seguro que sí. Iremos a cargar provisiones al pueblo. De todas formas haremos una revisión general de todo para que cuando os vayáis lo básico esté resuelto.

—¿Ya nos echas? Y yo que pensaba quedarme a dormir —dijo Raúl.

—Pues ahora que lo dices chiquillo. Es verdad. No tiene sentido irse el sábado para volver el domingo.

—Vaya veo que lo has captado abuelo.

—No solo lo he captado sino que me parece genial. Ves no había pensado en esa posibilidad. Si queréis podría venir algún amigo o amiga. Ya sabéis que en la casa hay sitio para dormir. Cuantos más seamos más nos aseguramos terminar con todo.

—Sí. Y más manos para trabajar. Para el tema de la leña hacen falta manos y brazos —dijo Irene.

—Llamare a Oscar y Ramón —apuntó Raúl—. Con estos dos tenemos el problema resuelto.

—No se me había ocurrido pensar en tus dos amigos Raúl —señaló Irene—. Esos sí que hacen una buena pila de leña en nada.

—Luego los llamaré.

Mientras Raúl concluía su particular selección de personal para el aprovisionamiento de leña y otros menesteres aproveché para darle un último trago al vermut.

—¡Chicos! Yo ya terminé.

—Nosotros también.

—¿Emprendemos camino de vuelta? —les comenté.

—Vale. De acuerdo.—dijeron los dos al mismo tiempo.

Los observé mientras me incorporaba de la silla. Me sentía muy orgulloso de ellos. Vi marchar a Irene en busca del coche. Toda una mujer. Y qué decir de Raúl. Con las ilusiones renovadas y un cierto grado de euforia me puse en el borde de la acera a la espera que volviese Irene con su flamante utilitario. Percibí por el rabillo de un ojo que Raúl me estaba vigilando.

–Raúl. Tranquilo que no me caigo.
–No te miro por eso abuelo. Te observo porque te admiro.

Llegó Irene. Me abrieron la puerta y me cedieron el asiento del copiloto. Me senté. Me quedé en silencio meditando. La última frase de Raúl se me había clavado en el corazón. Mi alma sedienta de afecto se quedó satisfecha. Un llanto de alegría deseaba brotar. No lo dejé surgir. Partimos de regreso a la residencia.

–Irene. Por favor. Déjame en la puerta del jardín. Entraré desde ahí andando.
–De acuerdo abuelo.
–Y no os olvidéis. El sábado a las nueve de la mañana os estaré esperando.
–No te preocupes. Estaremos antes. Un besito abuelo.
–Otro beso para vosotros dos.

Demoré todo lo que pude mi entrada. Intenté pasear por el jardín aunque tenía otras prioridades en aquellos momentos. Una de ella era dormir una gratificante siesta. La otra la cumplí al encontrarme a Adela por los pasillos.

–Adela todo está arreglado. El sábado nos vamos.
–Muy bien. Yo ya lo tengo todo preparado. Ya avisé a Eva de mi inminente excedencia.
–Estupendo. ¿Dijo que venía conmigo?
–No. No hizo falta. Era demasiado evidente que es así.
–Aquí la dejo. Me voy a la cama un rato.
–De acuerdo. Nos vemos luego.

Me tumbé un rato en mi cama para darle un descanso al vermut. El espiritoso empezaba a hacer mella sobre mi maltrecho organismo. Mi mente se enturbiaba por momentos al tiempo que una sensación de bienestar me inundaba. Tuve la misma sensación que el último día que fui con Adela al mismo bar. Esta vez no tenía su brazo para apoyarme. Ni me acompañaba su sonrisa. En ese pensamiento me abrazó un sueño profundo. Fui consciente del instante en que me quedé dormido.

Tuve un extraño sueño. Adherencias imaginativas fruto de trasladar la lectura al mundo de la imaginación y de ahí a los sueños. Sentí el indescriptible morbo que me producían aquellas sensaciones. Mi cuerpo instintivamente estaba reaccionando a impulsos olvidados en las tinieblas de mi pasado. Agudicé mis sentidos. Una voz femenina resonó como un eco. Me vi como un tiburón blanco contoneándome en las aguas marinas. Serpenteando en busca de esa voz. De ese eco. Esa voz que mi sueño rebanaba y me traía de un lugar desconocido. Perseguí su sonido aleteando con fuerza para llegar a su origen. Mi cuerpo no pesaba. Flotaba. No representaba ningún esfuerzo moverme. A pesar que cuanto más rápido iba yo más se alejaba el origen del eco. Más lejos de la fuente del sonido. Parecía que nunca iba a llegar. Que nunca iba a saber quién me estaba reclamando. El agotamiento por la persecución de ese eco empezó a manifestar sus primeros síntomas. Me abordó un tremendo cansancio y me dormí.

Entré en otro plano al dormirme dentro de mi propio sueño. Un plano en otra realidad. En un estadio diferente. En mi nuevo estado comprendí lo que mi inconsciente pretendía. No corría tras del eco. Había desaparecido el tiburón. Estaba de pie. Con mi cuerpo estático. Erguido. La cabeza ligeramente levantada. Sacando pecho. Ya no me quedaba ninguna duda. Ordené al eco. ¡Detente! y se detuvo.

Estaba desafiando las leyes fundamentales de la física del sonido. Sus cualidades; la intensidad, el tono y el timbre se presentaban ante mí para que dispusiese de ellas a mi antojo.

Vi sus ondas circundándome. Sin vibración alguna. En completo silencio. Esperando mis instrucciones. Curiosamente tenían color. Nunca le atribuí al sonido color. Una mezcla de tonos entre rosados y morados.

—¿A quién perteneces eco? —pregunté.
—Hay dos tipos de pertenencia —respondió el eco—. Pertenencia por procedencia y pertenencia de obediencia. ¿A qué pertenencia se refiere tu pregunta?
—Respóndeme a las dos preguntas.

—Soy el efecto de una causa. Busca el emisor y sabrás de donde procedo. Una vez se emite el sonido el eco ya solo pertenece a quien lo domine. Y ya te he mostrado a quien pertenezco por obediencia.

—Respondido estoy. Buscaré el emisor y conoceré así también tu procedencia.

Desperté del segundo sueño para pasar por el primero y de ahí a un estado de semiinconsciencia. El emisor era la dulce voz de Adela que me reclamaba. ¿Estaría velando mis sueños? En el camino previo a la consciencia y despertar me hice una pregunta... ¿En verdad somos la herencia de nuestros sueños?

www.ingramcontent.com/pod-product-compliance
Lightning Source LLC
Chambersburg PA
CBHW071132260626
47162CB00003B/758